JN057247

Issues in International Studies
and Regional Development

Crisis and Transformation

国際地域学の課題

小谷一明
黒田俊郎
ハワード ブラウン
水上則子
柳町裕子

［編著］

小鳥遊書房

はじめに

私たちが世界と向きあうために
——国際地域学への招待——

黒田 俊郎

　本書は、新潟県立大学国際地域学部の二冊目の学部教科書である。一冊目は、『国際地域学入門』の題名で、2016年に刊行された（小谷一明、黒田俊郎、水上則子編、勉誠出版）。それから8年の時が刻まれ、学部メンバーの世代交代が進み、執筆陣は新たな顔ぶれとなっている。また前著は「国際地域学のフロンティア」、「国際地域学概論」、「国際地域学点描」の三部構成だったが、今回は「私たちの課題」と「これからの言語教育」の二本立てで、内容も一新されている。国際地域学部は、英語、ロシア語、中国語、韓国語、日本語を主とした言語教育を基盤として、そのうえに専門コースが展開されるカリキュラムを持っているが、二冊の教科書とも、この学部のカリキュラムと科目群に依拠している点では共通である。ただし前著刊行の2016年時点では、国際社会、比較文化、東アジア、地域環境の人文・社会・自然科学分野の四つの専門コースだったものが、大学に国際経済学部が新設され、地域環境コースが同学部に統合されたのに伴い、現在は、国際関係、比較文化、露中韓の三つの人文・社会科学コースに再編されており、本書はこの最新のコース編成に基づくものとなっている点で違いがある。

　国際地域学は、固有の対象、方法、伝統をもった一つの学問分野というよりは、言語と文化の複数性を土台として、国際研究と地域研究が交錯する場に生みだされる広範で学際的な知の領域と捉えたほうが、その実情に近いように思われる。したがって国際地域学は多様で多彩な側面をもつものであるが、その教育的な特徴のひとつが「世界への窓」として機能することである。国際地域学部に入学した新入生たちは、学部の科目やフィールドワークを履修することによって地域を経由して世界と

出会い、あるいは世界を通して地域を再発見し、現在だけではなく、過去や未来の他者たちとも巡りあい、交流する。国境や時代の枠にとらわれない越境的な対話がそこでは可能となるのである。

　もちろん世界との出会いは学問の独占物ではなく、人の一生は絶えまない出会いと別れ、それによる自己革新と把握することもできるであろう。皆さんは、アンナ・ド・ラ・メサという少女をご存知だろうか。彼女をめぐる物語をここで簡単に紹介しておきたい。

　アンナはパリに住む女の子で、ジュリー・ガヴラス監督の『ぜんぶ、フィデルのせい』（2006年、フランス、イタリア）という映画の主人公である。Wikipedia（日英仏）をはじめ、インターネット上の各種映画情報やDVD版（ギャガ・コミュニケーションズ、2008年）も参考にしながら映画の概要とあらすじをまとめると次のようなものとなる。

　　概要：原作はイタリアの女性作家、ドミティッラ・カラマイ。原作では1968年から1970年までのローマが舞台となっているが、映画では1970年代前半のパリでの出来事に翻案されている。そして自由選挙を通しての史上初の社会主義政権の成立（1970年）と崩壊（1973年）というチリでの出来事が重要なエピソードとして劇中に取りいれられている。

　　あらすじ：1970年。弁護士の父フェルナンドと、女性誌編集者の母マリーをもつ9歳のアンナは、パリ・セーヌ左岸で庭つきの一軒家に住み、カトリックの名門ミッション・スクールに通学している。弟フランソワとともにバカンスは母の実家ボルドーで過ごし、身の回りはキューバから亡命してきた家政婦に面倒をみてもらっている。ある日、フランコ独裁政権に反対する伯父の死で、スペインを逃れてきた伯母と娘がアンナの家にやってきて同居することになり、それをきっかけに父の態度が変わり始める。父は突然母とともに大統領選挙で沸くチリに旅立ち、帰国した両親は「キョーサン主義者」（共産主義者）へと変貌していた。活動家となってしまった両親によって

アンナの生活は激変し、学校で宗教学は受けられなくなり、小さな
アパートに引っ越すことに。家にはヒゲのおじさんたちが入り浸り、
ミッキーマウスは取り上げられてしまう。いきなり訪れた新しい環
境にアンナは不満爆発。「元の生活に戻りたい！　これってぜんぶ
フィデルのせい!?」しかしやがて新しい生活に翻弄されながら、ア
ンナはこれまで聞きなれない「キョーサン主義」、「チューゼツ（中
絶）」、「ダンケツ（団結）」などの言葉に触れてゆき、彼女なりに「自
由な社会」について考えるようになる。

いくつか補足的な解説を付加しておこう。

① 父フェルナンドはスペインのトレド近郊の伯爵家の息子、母マリーは
ボルドーの豊かなワイン醸造家の娘なのだが、大西洋に面するフラン
ス・アキテーヌ地方の中心地ボルドーは、中世の頃、イングランド王
の領地だったこともあり（ボルドーの赤ワインはクラレットの名で英国で
愛飲された）、後の百年戦争では英仏の係争地となるなど、イギリスと
の関係で知られているが、実は歴史的にはスペインの王侯貴族との縁
も深いのである。[1]アンナの両親の出会いの背景には、きっとそんなボ
ルドーの土地柄があるに違いない。

② フェルナンドは、姉が亡き夫とともにフランコ独裁下で民主化のため
に闘ってきたのを知りながら何もできなかったことに対して後悔があ
り、南米チリに出かけていって自分を変えようとし、「富の公平な分配」
を掲げるアジェンデ政権に共感し、パリでの支援活動に従事していた
のである。

③ 母マリーもチリへの旅行をきっかけに「五月革命」（1968年）を背景に
当時活発化していた女性たちによる中絶合法化運動に参加し、夫から
の性暴力や貧困などを理由に非合法な中絶を余儀なくされてきた女性
たちの証言を本にまとめようとしていた。

④ アンナが「これってぜんぶフィデルのせい!?」と思い込んだのは、キュー
バ革命（1953-59年）で祖国からの亡命を余儀なくされたキューバ人家
政婦（フィロメナ）に「悪いことはすべて革命の指導者フィデル・カス

トロのせいだ」と吹き込まれたため。宗教学の授業が受けられなくなったのは、もちろんフェルナンドが「キョーサン主義者」になったからだが（「宗教は大衆のアヘンである」とはマルクスの有名な言葉）、それに加えてフランスでは、カトリック教会は、革命（1789-99年）後、王政復古を企む保守反動勢力とみなされてきたためでもある。そしてミッキーが取りあげられたのは、中南米を「裏庭」扱いするアメリカ帝国主義の象徴だからである。ちなみにアンナは、フィロメナのあと、パナヨタ（ギリシア人）とマイ・ラン（ベトナム人）の二人の家政婦に出会い、それぞれの国の神話や童話に親しむことになる。前者の夫は軍事独裁下のギリシアで囚われの身であり、後者は、戦火から逃れてきたインドシナ難民である。

アンナは、映画のなかでさまざまな出会いを繰り返しながら、成長していく。その結果、アンナは、ブルジョワ家庭のお嬢様から自由で自立した「女性」になる。映画の終盤、2001年の米国同時多発テロ事件（9・11）以後、もう一つの「9・11」と呼ばれることになるチリでの出来事が描かれている。1973年9月11日、チリの首都サンチャゴで米国に支援された軍事クーデタが勃発、世界史上初の選挙で成立した社会主義政権は崩壊する。サルバドール・アジェンデ大統領は政府宮殿での戦闘で死亡、以後18年間ピノチェット軍事政権がチリを支配することになったのである。アジェンデの死を伝えるテレビの傍らでパリの街並みを沈痛な表情でみつめる父フェルナンドにアンナは静かに寄り添ってその手をそっと握りしめる。映画の前半、やはりテレビでポンピドー大統領が国民にドゴール将軍の死を伝えた際、「すべて終わった」とつぶやく祖父（母の父）の心情を理解することができなかったアンナだが、このときは、父の悲しみを前にして、その悲しみを我がこととして理解している。その表情には子どもの面影はない。そこには父と娘ではなく、対等な二人の人間が佇んでいるのである。

　アンナは、おそらくジュリー・ガヴラス監督の分身なのだろう。監督の父は、パリで映画を学び、パリで暮らしたギリシアの名監督コスタ・

ガヴラスである。イブ・モンタン主演の三部作（『Z』、『告白』、『戒厳令』）、なかでも『Z』は、ギリシアの軍事独裁政権批判として名高い。映画のラスト、カトリックの私学から政教分離の公立への転校を自らの意思で決めたアンナが初登校する日、公立学校の子どもたちが初めての学校の雰囲気にとまどうアンナを遊びの輪に招き入れるシーンでは、少し上からアンナと子どもたちをとらえるカメラの目線はとても暖かい。

　アンナは、このあと学校でいったい何を学んでいくのだろう。フェミニズム、現代政治、あるいはギリシアやベトナムの歴史や文化かもしれない。いまはフランス語しか話せないアンナだが、きっと近いうちに英語やスペイン語、そしてもしかしたらギリシア語やベトナム語を喋れるようになっているかもしれないのだ。いずれにせよ、映画に描かれたアンナと世界の出会いは、幸福なものであったといってよいように思う。

　他方、戦火の中の子どもたちのように世界と不幸なかたちで出会う場合もある。そこでは他者は、敵という表象を身にまとって現れ、子どもたちの柔らかい心を蝕むかもしれない。しかし人間存在の意味と可能性を真摯に考察するならば、私たちは世界を通して他者と巡りあうために生きているのであり、多様な言語と文化の海のなかで出会った私たちは、お互いを完全に理解しあうことはできなくても、親しみあい、睦みあい、愛しあうことはできるはずなのである。たとえこの世界が直面する問題に対峙して、時には人の世の正しさを守るために闘わなければならないとしても、である。

　本書に収められたさまざまな文章がそのための一助となれば、執筆者一同、それに優る喜びはない。

註

[1] コロンブス以前、中世ヨーロッパにおけるアキテーヌ公国については、たとえば、永川玲二が興味深い指摘をおこなっている。永川玲二『アンダルシーア風土記』（岩波書店、1999年）第10章「レコンキスタの歌」、第12章「レオノールの系譜」参照。

【目次】

第2章
世界の中の地域
グローバルとローカル
——私たちにできることは何か——

第3章
国際関係
協調か対立か、何故か

第4章
文 化
文化は誰のものか

第5章
人間と社会
日常に潜む危機とは
──感情と構造から考える──

【第2部】
これからの言語教育

● 註と参考・引用文献等は各章末にまとめた。
● 註は該当箇所に ［ ］ の数字で示した。

第１部

私たちの課題

序 論

真の意味での学際的学びを目指して

柳町 裕子

　大学での学び方は、分野によって違う。何らかの専門性を深めるため
にカリキュラムが組まれていて、どの科目をどう学ぶべきかわかりやす
い分野もあれば、科目選択の大部分が学生の主体性に任されている分野
もある。国際地域学は、後者である。国際地域学を学ぶ国際地域学部は、
そのカリキュラムが外国語系、人文社会系、国際関係系という複数の分
野の科目群から成り、それらによる「学際的」な学びを目指している。「学
際的」な学びとは、なんだろう。それは、単にいろいろ選べるというこ
とではない。国際社会や地域が抱える問題は、それぞれさまざまな要因
が複雑に絡み合って生じている。それらを深く理解するためにはさまざ
まな学問の視点から捉える必要がある。そして、それらの問題の解決方
法を考えるためには、学んだことを主体的に組み合わせて自分なりの答
えを生み出す努力をしなければならない。また、一人で考えるだけでなく、
専門分野や考え方が異なる者同士が討論したり協働したりして、解決に
向けて挑戦することも求められる。これが、国際地域学の目指す「学際的」
な学びである。この学びをより意味のあるものにするために、もう一つ
大切なことがある。それは、世界で起こっている問題を他人事のように
みるのではなく、それぞれの問題に自分たちもかかわっていることに気
づき、そして、どのようにかかわっているのかについても学ぼうとする
姿勢である。そのような学びは、自分と世界の繋がりについて、そして
自分自身についても、より深く考えるきっかけになるだろう。もちろん、
現実の問題はとんでもなく複雑で、これらの学びから解決策や答えが簡
単に見つかることはないだろう。それでも、大学という場所で、学生と

教員が、そして学生同士で、よりよい答えを求めてとことん対話し、共に考える経験をする。その経験自体が、大学卒業後に現実社会で生きていくためのスキルを磨き、そして力になると信じている。

　「学際的」学びとは、つまり、共通の課題に対してさまざまな分野の知恵を出し合って協働的に学ぶことである。この教科書は、そのような学びを体験してもらうために作られている。第1部は五つの章に分け、それぞれ共通の課題を設定し、さまざまな専門分野の研究者がそれぞれの視点からその課題について考察し論じる、という構成になっている。第1章「世界」では、今まさに私たちが向き合わざるを得ない「紛争はなぜ繰り返されるのか」というテーマについて、国際政治学、比較政治学、東アジア国際関係史、そして哲学の視点から考察している。第2章「世界の中の地域」では、グローバル化が進む中でその重要性が見直されている「地域へのまなざし」に注目し、「グローバルとローカル／私たちにできることは何か」というテーマのもとに、国際開発論、文化人類学、地域経済論、文学の分野の論考が寄せられている。第3章「国際関係」では、「協調か対立か、何故か」をテーマとし、分断が深まっているようにしか見えない国際社会において国際関係をどう理解し、考えるべきかについて、国際関係論、国際関係史、実証国際政治学というさまざまな専門的知見から学ぶことができる。第4章「文化」では「文化は誰のものか」、第5章「人間と社会」では「日常に潜む危機とは／感情と構造から考える」というテーマをたて、民俗学、文学、思想、歴史、そして法学の視点から論考が展開されている。

　第2部についても少し触れておきたい。第2部では、地域社会の多文化多言語化とAI（人口知能）の急速な発展という、歴史的にもこれまで経験したことのない社会の大きな変化の渦中にあって、これらの二つの変化と切り離して考えることができない言語教育に焦点をあて、その意義と可能性を再考している。以上のことでわかるように、第1部と第2部のテーマは、その背景に現代社会における大きな変化があるという点で共通している。変化には、不安感や危機感が伴う。でも、それらこそが学びのモチベーションになる。世界が大きく変化しているからといって、これ

まで長い年月をかけて蓄積された知識や試行錯誤の中で作られてきた学問の方法論が役にたたないわけではない。それら自体の中には答えはないかもしれないが、最初に述べたように、それらの知識や方法論を主体的に、協働的に駆使して学びの可能性を広げることで、世界の変化を受け身で捉えるのでなく、より主体的な変革の契機にすることができるかもしれない。そうしてほしい。本書のタイトル『国際地域学の課題 Crisis and Transformation』には、その思いが込められている。

　「学際的」な視点の重要性について、私が専門とする言語学の分野からも確認しておこう。言語学の初回授業でよく「世界にはいくつの言語が存在するか?」という問いをたてる。実は、その問いに対する明確な答えはない。参考にできるデータはある。ユネスコのThe World Atlas of Languages[1]のサイトによると、現在（2024年3月時点）までに、8324の言語が国や研究機関によって記録されていて、そのうち約7000の言語がまだ使われているという。記録された言語の数は増え続けている。それは、それまで存在が知られていなかった言語（その言語を話す集団）が調査研究によって発見されたり、さらに、一つの言語とみなされていたものが、何らかの理由で二つ以上の言語に分かれたりすることがあるからである。たとえば、旧ユーゴスラビアが存在した時代にはセルビア・クロアチア語は一つの言語として扱われていたが、旧ユーゴ解体とそれに伴う紛争の時代を経て、現在は、クロアチア語、セルビア語、ボスニア語、モンテネグロ語の四つの言語として認知されている。一方で、実際に使われている言語の数は、減り続けている。話者や使う人がいなくなると、言語は消滅する。ユネスコによると、1950年から2010年までの間に230の言語が消滅し、さらに3000を超える言語が消滅の危機にあるという。このように言語の数は変化する。

　言語の数が定められない理由はまだある。たとえば、日本で話されている言語の数は幾つかと問えば、多くの人は日本語とアイヌ語の二つと答えるだろう。一方、ユネスコは、日本で使われている言語の数を15としている。沖縄や奄美大島など、各地で話されていることばを「方言」ではなく「言語」とみなしているからである。沖縄のことばを、地元の

人たちはウチナーグチという。ウチナーグチの語彙や文法が本州の日本語とかなり違うことはよく知られている。それでも日本語とウチナーグチは一つの国で話されていて、言語学的な系統関係が認められるので、後者を方言とみなす考え方もある。その違いの大きさや沖縄の歴史から、ウチナーグチを一つの言語とみなす考え方もできる。一つの言語として成立するかどうかには、言語そのものの特徴だけでなく、話者のアイデンティティや社会的な（ときに政治的な）要因がかかわっているのである。

　言語の定義だけでなく、地域や話者の言語状況はもっと複雑である。沖縄の人の多くは、本州の日本語とウチナーグチの両方を使っている。両方が混ざり合ったウチナーヤマトグチという言語を話す人たちもいる。つまり、ウチナーグチといっても一様ではなく、また、一人の人の中に複数の言語を話す能力があることもわかる。ヨーロッパのような国境が陸続きの地域の言語状況はもっと複雑である。ウクライナ戦争が始まってから、ウクライナ東部の言語状況についても報道されるようになった。ウクライナ東部には、ロシア人だけでなく、ロシア語を話すウクライナ人も多い。ウチナーヤマトグチのように、ウクライナ語にロシア語が混ざったスルジクと呼ばれることばを使う人たちもいる。ロシアによるウクライナ侵攻が始まってからは、より標準的なウクライナ語を話そうとする人たちが増えているという報道もある。このように言語は、地理的にも時間的にも流動的であり、個々の言語がそれぞれ独立して存在するわけではなく、混ざりあったり、一つになったり、分かれたりする。そして、一人の人が複数の言語能力を持っていることもよくある。ちなみに、一つの地域の中で複数の言語が話されている状況を「多言語」といい、一人の人の中に複数の言語の運用能力がある状態を「複言語」という。

　言語は文化と密に結びついている。言語と同様、文化においても地域における多文化状況、一人の人の中の複文化状態をみることができる。まして、文化は何をもって文化とするか、そもそも文化とは何か、という定義すら曖昧である。そう考えると、私たちは、たとえば、「日本文化」、「ロシア文化」と簡単に言ってしまうことがあるが、そのような表現の意味や使い方についてもっと深く考えるべきであることに気付くことがで

きる。同様に、一つの国や地域における言語的、文化的多様性を考えれば、国名や「○○人」という表現を主語にして何かを語る際にも慎重になるべきである。このような気付きは、何らかの定義や知識からではなく、実際の言語の姿や状況に向き合い、観察することから可能になったものである。そして、その状況のより正しい理解のためには、学際的視点が不可欠である。

　○○学と聞くと、何か難しいもののように感じてしまうかもしれないが、実はそうでもない。すべては、対象の実際の姿や状況をしっかり見ることから始まる。学びとは体験である。世界や地域に関心をもち、多くの人たちと対話し、本を読み、映画もみて、ときに音楽も聴き、実際の世界と向き合いながら学んでほしい。

註

[1] https://en.wal.unesco.org/world-atlas-languages

第1章

世界

紛争はなぜ繰り返されるのか

1

政治学と平和学の狭間で考える

黒田 俊郎

　2016年に刊行された学部最初の教科書『国際地域学入門』に寄稿した小論「理想の世界」（黒田 2016）では、暴力の吹き荒れる世界で「理想」を語ることの意義とはなにか、そのことに問題を限定して、国際関係を学ぶことの意味を、米国の国際政治学者スタンレー・ホフマンの論考を手がかりに検討した。今回、「紛争はなぜ繰り返されるのか」という共通テーマの下、改めて稿を起こすにあたって、そこで示した私の考えに基本変わりがないことをまず確認しておきたい。前稿では、シリア内戦と「イスラム国」台頭を背景として2015年11月、パリで発生した同時多発テロ事件に焦点をあて、国際関係の推移を追ってみたが、その後の世界もまた暴力に満ちていることは否定しようがない。コロナ（Covid-19）禍を経て世界が一息つこうとしていた2022年2月、ロシアがウクライナに侵攻、さらにハマスの奇襲（2023年10月）に端を発するイスラエルのガザ侵攻はこれまでも繰り返されてきた人道危機をよりいっそう破局的なかたちでパレスチナの地にもたらしている。他方、シリア内戦はいまだ終わりがみえず、スーダンでも内戦が再燃している。「冷戦が終結し、20世紀が終わっても、戦火はやむことはなかったし、テロと貧困、差別と偏見が世界に遍在しているのが現状である。」（黒田 2016:2）前稿でのこのような指摘は残念ながらいぜんとして有効であろう。以下、前稿での議論を踏まえつつ、紙幅の制約もあるので、いくつかの新たな論点、今後掘り下げて検討すべきポイントのみを先学の助けを借りながら提示してみたいと思う。

　ロシアの文豪トルストイは、その晩年の名作『復活』を次のように書きだしている。

何十万という人びとが、あるちっぽけな場所に寄り集まって、自分たちがひしめきあっている土地を醜いものにしようとどんなに骨を折ってみても、その土地に何ひとつ育たぬようにとどんなに石を敷きつめてみても、芽をふく草をどんなに摘みとってみても、石炭や石油の煙でどんなにそれをいぶしてみても、いや、どんなに木の枝を払って獣や小鳥たちを追い払ってみても——春は都会のなかでさえやっぱり春であった。太陽にあたためられると、草は生気を取りもどし、すくすくと育ち、根が残っているところではどこもかしこも、並木道の芝生はもちろん、敷石のあいだでも、いたるところで緑に萌え、白樺やポプラや桜桃もその香りたかい粘っこい若葉を拡げ、菩提樹は皮を破った新芽をふくらませるのだった。鴉や雀や鳩たちは春らしく嬉々として巣づくりをはじめ、蠅は家々の壁の日だまりのなかを飛びまわっていた。草木も、小鳥も、昆虫も、子供たちも、楽しそうであった。しかし、人びとは——もう一人前の大人たちだけは、相変わらず自分をあざむいたり苦しめたり、お互い同士だましあったり、苦しめあったりすることをやめなかった。人びとは神聖で重要なものは、この春の朝でもなければ、生きとし生けるものの幸せのために与えられた、この神の世界の美しさ——平和と親睦と愛情に人びとの心をむけさせるその美しさでもなく、互いに相手を支配するために自分たちの頭で考えだしたものこそが、神聖で重要なものだと考えているのであった。（トルストイ 1980:6）

　カチューシャに対する贖罪を契機として主人公ネフリュードフ公爵がたどる魂の復活への道程を描いて名高い長編の冒頭を飾る、変わらぬ自然の美しさとその豊かな復元力を、人の世の救いのない愚かさと対比した、いかにもトルストイらしい平易かつ象徴的な名文だが、前者については、私たちはもはやトルストイの人間の愚行を治癒する自然の回復力への素朴な信頼を共有することはできないであろう。トルストイの自然に対する信頼の背後には、彼が生涯を過ごし、今も眠る、モスクワの南、トゥーラ郊外、ヤースナヤ・ポリャーナの豊かな自然があるが、現在私

たちが対峙する自然は、人間に牙をむいて襲いかかる存在と化している。海面上昇は島嶼国家の存亡に関わり、大規模な旱魃や土壌の枯渇は水や土をめぐる紛争を誘発するだろう。熱波、森林火災、豪雨、豪雪、洪水、巨大なハリケーンや台風の襲来、あるいは感染症の拡大は、人の暮らしと生態系に深刻な被害をもたらしている。また海水温上昇による海洋の酸性化や貧酸素化など海洋の変化とその生態系への影響が、ある種の戦慄をもって語られはじめてもいる。そしてこれら環境危機の原因が人為的なもの、「化石燃料の時代」とも呼びうる、工業化と人口増加による人間活動の活発化（とりわけ温室効果ガスの排出）に起因する気候変動（地球温暖化）にあるという認識が広く共有されてきている（IPCC 2023）。またそれは、あらゆる「富」の商品化を特徴とする資本主義的な生産様式の世界的拡大という観点からも考察できるであろう（斎藤 2023）。共有地が囲い込まれ、工業に加えて農業の効率化もまた加速された。熱帯雨林は伐採され、水が汚染され、地球の平均気温が上昇したのである。19世紀の初め、工業化が始まった頃10億人程度だった世界の人口は、現在、80億人を超えている（United Nations 2022）。米国の経済社会理論家ジェレミー・リフキンは、一人ひとりの人間がいかに地球生命圏全体の重荷となっているかを次のように印象的に叙述している。

　　私たちの一人ひとりを死から遠ざける非平衡状態に保つために必要とされる、地球の天然資源の莫大な量について、一歩下がってじっくり考えてみることはあまりない。化学者のG・タイラー・ミラーは、人間が非平衡状態を維持するために、どれだけ多くの地球の有効エネルギーが各自の体を流れる必要があるかを理解させようと、単純化した食物連鎖のモデルを紹介している。この食物連鎖は、草を食べるバッタ、バッタを食べるカエル、カエルを食べるマス、マスを食べる人間から構成されている。人間一人を1年間生かしておくためには、マスが300匹必要になる。それらのマスは、カエルを9万匹食べ、それらのカエルは2700万匹のバッタを食べ、それらのバッタは1000トンの草を食べなければならない。（中略）文化史家でも

あったエリアス・カネッティは、人間が生きていることで現出する恐ろしい光景を捉え、「私たちそれぞれが、死骸に埋め尽くされた野に立つ王だ」と述べた。(リフキン 2023:58-59)

　「死骸に埋め尽くされた野に立つ王」としての人間。カネッティのこの言葉を真摯に受けとめるならば、現在進行中のすべての紛争が終結を迎え、核兵器が廃絶され、貧困、格差、差別、偏見が消え去り、この世界にカントが予言した「地に平和 (Peace on Earth)」が実現されたとしても、それだけでは問題解決というわけにはいかなそうである。人は生きるために環境に依存し環境に負荷をかける存在である。気鋭の平和学者前田幸男がのべるように、私たちはいま「ヒトだけを見れば済む時代の終焉」に立ち会っており、来たるべき時代においては、ヒトはノン・ヒューマン（多種多様な生命体を包摂しながら人間を取り囲んでいる「自然」）とのフラットな関係性に基づく「真の平和（Genuine Peace）」の構築という新たな課題に直面することを余儀なくされているのである（前田 2023）。
　さてここで話しを上述のトルストイの文章の後者、面子と利害にしがみつき、守旧的で短絡的で排他的な愚かな大人たちの支配をめぐる争いに移すとすると、それは政治学者たちにとっては見慣れた馴染みの光景となろう。たとえば、私の大学院時代の恩師、高柳先男の次の二つの文章に目を通してみてほしい。

A. 政治を闘争あるいは戦いだとみなす見地にはまぎれもなく一定の真実が含まれている。それは洋の東西を問わずリアリズムの政治的思惟を触発してきたものであった。およそこの社会が、社会関係を調和的に築きあげるのに十分なほどの社会的諸価値（人的、精神的、物的資源）を有していないのだとすれば、そうした価値の獲得・維持・増大をめぐる闘いの発生は社会の常態といわなくてはなるまい。そのうえ人間が「観念形成能力」をもつ存在だとすれば、イデオロギーあるいは価値観の相剋は不可避的なものとなるであろう。どんな政治的思惟も、政治的紛争の起源にこの利益体系および価値体系を前

提にしないものはない。ところで、政治における闘争の特徴は、こうした諸価値の獲得・維持・増大の方法として、あるいは自己の価値体系の実現の手段として、権力を措定し、したがって権力争奪の闘争に収斂していく点にこそある。というのも、権力はなんらかの制裁力を背景にして社会的価値をめぐる争いに決着をつける手段にほかならず、手段価値としての権力がそれ自体目的として争奪の対象となるからである。(高柳 1981:193)

B. 闘争が根源的には物理的暴力を行使してまでも敵を破壊、打倒せずにはおかない運動を含みもっているのは明白であろう。闘争の根柢には、「奴は敵だ。敵は殺せ」という原理があるのである。(中略) ところで政治とは、暴力の契機をいかに排除するかという点にこそなりたつということもたしかなのである。実際「政治とは他の手段による内戦」であるということは、とりもなおさず内戦の否定を意味する。「戦争が始まるとき政治は失われる」という近代合理主義政治思想の命題は、政治闘争がより流血の少ない手段によってなされるものだとの前提に立っている。それゆえ暴力を介在させる闘争は政治の喪失なのである。近代主権国家の成立は、「頭をたたき割るかわりに頭数をかぞえる」ことによって国内における闘争を制度化させ、逆にその主権性によって、国際社会には戦争という直接的暴力行使を国際法のなかに公然たる地位を占めさせた。その限りで国際政治は疑似政治でしかなく、「戦争とは別の手段による政治の延長」との命題は、とりもなおさず国際間における政治の否定を意味した。最強者の法則でなりたつ闘争は、国際間でのみ認められ、国内では多数者の法則でなりたつ闘争に置きかえたところに、近代国家の基本的性格があったのである。(高柳 1981:195-196. 傍点は原文)

　Aの文章は権力闘争という政治の「現実」を、Bの文書はその「現実」に対する非暴力化のための実現可能な処方箋として「闘争の制度化」を提示したものであり、いずれも西欧政治思想の一つの到達点を示すもの

といえよう。前者（権力闘争としての政治）との関連で付言すれば、トルストイは、その長い生涯の最後の時期、革命到来前夜、帝政末期の醜悪なロシアの現実を直視しつつも、あえてネフリュードフに次のような独白をさせていることは記憶に留める価値があるかもしれない。

　　正義とか、善とか、掟とか、信仰とか、神とかいったような言葉が、すべて単なる言葉だけにすぎず、この上なく野蛮な利欲と残忍さをおおいかくしているなどとは、とても考えられないことではないか。（トルストイ 2004:174）

　後者（闘争の制度化）については、それは確かに「政治が暴力的闘争を根柢にはらむがゆえにそれを制度化する」（高柳 1981:196）という西欧近代が発見した政治モデルの精髄かもしれないが、闘争の制度化が完成したかにみえる国内政治においても制度化の綻びからクーデターや内乱が発生し、あるいはその制度化が過度に独裁や権威主義に傾斜したかたちで実現された場合は、抑圧的な国家制度の下、嘘と密告が横行し、不当な逮捕・拘留や拷問・暗殺が常態となる。そして国際政治においては、核時代にいたってもなお、闘争の制度化は実現されていない。その意味で戦争は、国際関係の病理ではなく、いぜんとしてその生理なのである。そしてクーデターや内乱、あるいは戦争が起これば、殺し合いの果て、人の命が失われ、専制的政治体制の下では人間の尊厳が毀損される。
　ところで人が人を殺すとは、具体的にはいったいどういうことなのであろうか。立ち止まってそのことについて考えてみたい。1980年代から90年代にかけて世界の戦場を駆けめぐった米国の戦争写真家ジェームズ・ナクトウェイは、彼の活動を記録したドキュメンタリー作品のなかで次のように語っている。

　　なぜ戦争を撮るのか。写真で人間の行為は止められるだろうか。有史以来続いてきた蛮行を写真を撮ることで・・・現実の大きさに比してあまりにささやかだが、これが私の行動の動機だ。私にとって

写真の強さとは、人間の感覚を呼び覚ます能力にある。戦争が人間
性の否定とすれば、写真は戦争とは逆の立場にある。正しく使えば、
写真は戦争の強力な解毒剤になりえる。自由な意志をもった一個人
が危険覚悟で戦場に赴き、戦争の真実を外の世界に知らせようとす
る。平和の道を探ろうとする。おそらくそれが戦争を遂行する者が
写真家を嫌う理由だ。戦場ではすべてが瞬時に進行する。戦場で目
撃する現実は、雑誌に載った写真とまったく違う。現実は広告ペー
ジの隣に載った写真ではない。それは救いのない苦痛と不公平と悲
惨さだ。たった一度でいい、皆が戦場に来て、自分の眼で見たら、
リン化剤の粉で焼かれた子供の顔、たった一個の銃弾の声も出ない
ほどの苦痛、榴散弾の尖った破片で吹き飛ばされた足、皆が自分の
眼で戦争の恐怖と悲しみを目撃したら、きっとわかるはずだ。戦争
は、たった一人の人間にさえ許されない行為を万人にしているのだ
と。しかし皆はいけない。だから写真家が戦場に行き、現実を見せ、
事実を伝え、蛮行を止めさせる。(フレイ2001)

　写真家ナクトウェイの生きかたの原則を伝えるメッセージであり、そ
の中核には確固たる反戦の決意がある。『Inferno（地獄）』と題されたナ
クトウェイの写真集に収録された作品の印象は、たとえば、ベトナム戦
争期の名カメラマンたち、ラリー・バローズや沢田教一の作品とは大き
く異なる（Nachtwey 1999）。バローズや沢田の写真には、ナパームで子
どもたちが焼かれていたとはいえ、まだそこには戦場における人間のド
ラマが垣間みえた。しかしナクトウェイの幾多の写真に私たちが見出す
ことができるものは、解剖学的正確さで写しとられ記録された殺戮、あ
るいは飢餓の光景のみである。そこには夥しい死と弔いが蝟集している。
ナクトウェイは、「飢え」について次のように指摘している。

　　私はキャリヤの半分をアフリカで費やした。様々な問題を追ったが、
　　そのなかでもっとも悲しく悲劇的で破壊的な問題は"飢え"だ。主と
　　してそれらの飢えは、自然にではなく戦争が原因で起こる。飢えは

歴史的にも最も古く原始的な大量虐殺の方法で、非常に効果がある。写真を見る人に知ってほしいのは、飢えの犠牲者の写真を撮った場所は、ほとんどが難民キャンプで食糧が配られる場所だということだ。飢えで苦しむ人を写真に撮るだけで、見殺しにしたわけではない。（フレイ 2001）

　このような紛争の現場に現出する地獄の如き黙示録的光景を前にして、いったい私たちはなにができるのであろうか。ナクトウェイの写真を見ていると、そう自問せざるを得ないのであるが、ここで私はやはり、前稿でも紹介したホフマンの論考「理想の世界」（ホフマン 2011）を読者諸賢と改めて共有しておきたい。この論文の結論部分でホフマンは、若き日からの知的盟友、米国の政治哲学者ジュディス・シュクラーの「恐怖のリベラリズム（The Liberalism of Fear）」（シュクラー 2001）に着目し、その国際社会への拡張を主張している。恐怖のリベラリズムは、「今世紀（20世紀 – 引用者註）の男女が共有するひとつの記憶、つまり、『1914年以来の世界の歴史』とその残忍性」に基づく思想であり、「希望や理性への信念や進歩や調和にもとづくリベラリズムが崩壊してしまった現在」、私たちに残された唯一可能な自由と平和への道であるとホフマンは述べ（ホフマン 2011: 268）、次のようにその重要性を指摘している。

　シュクラーのアプローチの最大の長所は、それが他のリベラリズムに比して、哲学的・宗教的多元主義や善の概念の多様性の問題から解放されていることであろう。彼女の考えるところ、最高善に関する見解は数多くあるが、究極的な悪はただひとつしかない。つまり、「残酷さであり、この残酷さが惹き起こす恐怖であり、恐怖そのものについての恐怖」である。彼女は、トーマス・ネーゲルの著書のタイトルを使いながら、自分の観点を「どこでもないところからの眺め」だと記した。いかなる社会、文化、教説からの見解でもなく、むしろ犠牲者がいたるところに存在する以上、あらゆる場所からの見解である。（ホフマン 2011: 269）

恐怖のリベラリズムは、全体主義の時代経験に由来する国家の根源的な暴力性への警鐘であり、「人格の尊厳の必要条件」に対する世界市民の立場からする普遍的要求であるとホフマンは次のように論じている。

　　諸個人は、協同団体や共同体に所属することを望むし、そうする必要がある。しかし、人間は、それらによって押しつぶされたり、閉じ込められたり、存在理由を与えられたりする必要はない。言い換えれば、協同団体や共同体は危険になりうる——そして、そうしたもののうち最も危険なのが国家なのである。恐怖のリベラリズム、そして残酷さと専制からの保護義務から重要な諸原理が引き出されうる。シュクラーは、危害や権力の過剰や抑圧をもたらすような不平等から弱者を守る消極的自由の意義を説いた。そして同時に、「それなしには自由が想像不可能となるような」諸制度に関する積極的措置の必要性を主張した。権力の分立と分散、効果的で自発的な協同団体、手続き的公正さ、情報に通じた用心深い市民の存在の重要性を主張したのである。（ホフマン 2011: 269. 傍点は引用者）

　そしてホフマンは最後に、恐怖のリベラリズムの国際政治への拡張は、シュクラーの早世によって未着手に終わったが、もしそれが可能となれば、それは国際社会において「人権の保護、少数派と移民の扱い、飢餓と貧困などの問題を判断する基準」となるであろうし、「そうした考えは、すべての社会と文化に見出される類似した犠牲者たち、つまり、最も無力な人びとの『同意』に訴えかける」ことを通して国際立憲主義の礎石となりうるものであると主張している（ホフマン 2011: 270）。
　ホフマンは2015年秋に亡くなったが、彼の願いとは裏腹に、その後世界は、その残酷さの度合いを増しているように思われる。しかしそうであればこそ、残酷さが惹き起こす恐怖と絶望に対抗して、「恐怖のリベラリズム」が指し示す人の命の尊厳を守ろうとする努力への連帯をいかにして構築し世界へと拡げていくか、その実現の道筋が検討されなければならないであろう。同時に紛争と弾圧の渦中にあってさえも、私たちは、

ナクトウェイがおこなったように、暴力を記録し、暴力に対峙する義務
がある。そして紛争や抑圧のなかで理不尽にも殺戮され、あるいは踏み
にじられた人びとの生の軌跡を記憶し継承する、その実践的で創造的な
技法（アート）の可能性が探求されなければならないのである。

参考文献

黒田俊郎 (2016)「理想の世界」小谷一明、黒田俊郎、水上則子編『国際地域
　学入門』勉誠出版.

斎藤幸平 (2023)『ゼロからの『資本論』』NHK出版新書690.

シュクラー、ジュディス (2001)「恐怖のリベラリズム」(大川正彦訳)『現代思想』
　青土社、2001年6月号.

高柳先男 (1981)「闘争」日本政治学会編『政治学の基礎概念』年報政治学
　1979、岩波書店.

トルストイ、レフ・ニコラエヴィチ (1980)『復活』上巻（木村浩訳）新潮文庫.

―― (2004)『復活』下巻（木村浩訳）新潮文庫（30刷改版）.

フレイ、クリスチャン (2001)『戦場のフォトグラファー――ジェームズ・ナ
　クトウェイの世界』メディア・スーツ.

ホフマン、スタンレー (2011)「理想の世界」同『スタンレー・ホフマン国際
　政治論集』(中本義彦編訳) 第9章、勁草書房.

前田幸男 (2023)『「人新世」の惑星政治学――ヒトだけを見れば済む時代の終
　焉』青土社.

リフキン、ジェレミー (2023)『レジリエンスの時代――再野生化する地球で、
　人類が生き抜くための大転換』(柴田裕之訳) 集英社.

IPCC (Intergovernmental Panel on Climate Change: 2023), *Climate Change 2023:
　Synthesis Report*. https://www.ipcc.ch/report/ar6/syr/ （最終閲覧日:2024/03/15)

Nachtwey, James (1999), *Inferno*, Phaidon Press.

United Nations(2022), "A World of 8 Billion," Department of Economic and Social
　Affairs, Policy Brief, No.140. https://www.un.org/development/desa/pd/sites/
　www.un.org.development.desa.pd/files/undesa_pd_2022_pb_140.pdf（最終閲覧
　日:2024/02/28)

2

アイデンティティと紛争
——移民政策における包摂と排除の政治——

陳 柏宇

はじめに

2011年からのシリア内戦に起因した難民危機が発生して以来、ヨーロッパでは反移民感情が高まり、右翼ポピュリスト政党への支持が広がった。議会においては、反移民を主張する極右政党が著しく台頭し、議席が伸びただけでなく、与党として成功を収める事例も増えてきた。たとえばドイツではAfD（ドイツのための選択肢）が、2017年の国政選挙で、国内議会において最も強力な第三勢力になった。イタリアでは、2022年の国政選挙で、反移民色が強い極右政党「イタリアの同胞」が与党になり、さらなる厳しい移民・難民政策が予想される。また同年、フランス大統領選挙の決選投票において、極右候補のマリーヌ・ルペンは敗れたものの、2017年の大統領選挙と比べ得票率を伸ばした。アメリカでも2016年に反移民政策を掲げていたトランプが大統領として選出された。

移民と難民はしばしば「よそ者」、「テロリスト」、「犯罪者」などのレッテルを貼られ、受け入れ国と社会との対立が頻繁に生じてきた。たとえば2023年にフランスで発生した事件では、交通検問中にアルジェリア系の少年が警察に殺され、フランスの各地でアルジェリア系の住民からデモや暴動が起こった。統計によると、フランスにおける交通検問での警察の発砲による死者の大半は、黒人かアラブ系だという。これはフランスで起こった同時多発テロ事件と関連があるとされている。シンクタンク「経済平和研究所」によれば、フランスは2015年以降、イスラム過激派によるテロ犠牲者が、欧米最多の260人を超えている。[1] 実行犯の多くが仏国籍を持つ移民系住民だったことから、「移民がテロをもたらす」との

訴えは、右翼政党による反イスラム動員に繋がり、国民に浸透しつつある。

　労働力の補充と期待される移民・難民は結局「脅威」として見られているが、そもそもテロとは関連するものでもない。単一文化的な国民国家を理想とし、外集団と見られる外国人を国民に対する脅威と見做す、人種主義的ナショナリズムとしての排他的本土化主義（nativism）というイデオロギーの働きは、反移民感情の根底にあると指摘されている。例としては、2011年7月22日に、ノルウェーのオスロとウトヤ島で起こった大量射撃事件があげられる。それは第二次世界大戦以来のノルウェー国内での最悪の事件で、77人が死亡した。犯人は「単一民族国家が保たれている国」として日本や韓国を手本にするべきだと主張し、犯行を計画した。[2] 移民はナショナル・アイデンティティを撹乱する存在で、社会から排除すべきだという主張は、自由民主主義を掲げた国家では、決して珍しいものではない。近年、ヨーロッパの政治社会における従来の左派・右派の対立軸が不鮮明になり、移民に対して包摂か排除かの対立に変わりつつある。[3]

　本稿では、まずアイデンティティから移民「問題」を説明し、次に移民政策における包摂と排除の政治を取り上げ分析し、最後に移民と共生できる社会の可能性について探究する。

1．アイデンティティと移民「問題」

　社会の領域において、つねにわれわれという「内集団」と彼らという「外集団」が分類されている。内集団とは「私たちと似ている」人びと、外集団とは「私たちと異なる」人びとで、この分類は、個人行動をガイドする働きがある。アイデンティティの領域は多様であり、宗教、性別、階級、民族などからアイデンティティが形成される。血統主義からのみでなく、文化が共有されているコミュニティから形成される場合が多い。とくに今日の社会においては、文化は、外集団との区別を認識する媒体として、ますます中心的な役割を果たすようになっている。しかし、アイデンティティはしばしば政治的な目的を達成するために動員されることもある。たとえば、女性（フェミニスト）、LGBTQ+運動からの分離主

義運動や、カナダのフランス語圏ケベック、植民地後のアフリカやアジアなどの地域から民族またはナショナリストの対立が挙げられる。[4] アイデンティティは、政治的な動員のための経路となっていると言えよう。

　なぜアイデンティティはしばしば紛争の要因になるのか。簡単に言えば、紛争は、外集団への偏見と差別から生まれたものであり、差別や暴力の行為を正当化した結果である。集団アイデンティティが際立つ場合、とくに内集団に対しての脅威と見なされる場合、外集団に対する偏見が著しくなる。移民を脅威として見なすことは、古くからの主観的形式である。文化や人種の多様性を示している現代のヨーロッパ諸国は、過去には同質性を重視した。たとえば、1903年にイギリスの外国人移民委員会で証言した人びとは、イギリスへの新規移民が「彼ら自身の伝統、習慣、および慣習に従って生活する傾向がある」と危惧した。または、「ヨーロッパの病的に虚弱で悪質な製品」が「イギリスの人種に接ぎ木される可能性がある」という懸念も指摘された。イギリスで初の移民法である1905年の外国人法は、主にヨーロッパのユダヤ人の流入を抑制するために設計されたものである。[5] 19世紀末の日本でも、外国人に対し、国内における自由な居住、旅行と営業（いわゆる「内地雑居」）を許可するかどうか激しい論争となり、とくに中国人が議論の対象となった。「内地雑居」に反対する理由としては、中国人が持つ「悪習慣」による風紀の乱れや、中国人との「雑婚」による民族的統一性の喪失などの「弊害」が挙げられた。[6]

　しかし、外集団への差別と敵意が内集団への好意（内集団贔屓）から自然に生まれるわけではない。社会的構造と動機づけ条件を必要とする。集団アイデンティティは自然なカテゴリではなく、社会的な相互作用から生まれるものである。「われわれ」と「彼ら」の対立感情が煽られたら、そもそも同質ではない「われわれ」は、違いや対立を見過ごし、「彼ら」とは本質的に異なる存在と認識してしまう。

　移民研究の分野においては、アイデンティティと移民に対する態度の相関性について、多くの知見が蓄積されてきた。ナショナル・アイデンティティを測定するとき、主に「エスニック・アイデンティティ」と「シ

ビック・アイデンティティ」という二つの異なった概念をアンケートで測る。「エスニック」は、民族という基準で外集団と内集団の境としている。個人が自分を特定の民族や民族グループに所属すると感じる程度を指す。エスニック・アイデンティティは、文化的な共感や言語、宗教、歴史的なつながりなど、共通の特徴やルーツに基づいて形成されるものである。それに対し、「シビック」は、特定の政治的な価値観と制度を受け入れることを基準とする。また、民主主義や法の支配を支持し、国家の憲法や価値観に共鳴することが、シビック・アイデンティティの一部とされる[7]。たとえば、独裁主義を拒絶するドイツの「憲法愛国主義」は、ドイツ社会において共有されている政治的な価値観である。

エスニック・アイデンティティを重要視するネイティブ住民は、しばしば「国」を定義する際に、移民を排除しようとし、移民に対する否定的な態度を持ちやすいと指摘される。移民は民族文化の基準を満たすことができないと考えられることが一般的だからである。移民に対する態度は、移民と土着民族との間の民族的または文化的な類似性・相違性に左右される。一方、シビック・アイデンティティを重要視するネイティブ住民には、外国人でも学習のプロセスを経て、外集団から内集団へ変えることができると考えられる。したがって、民族文化の概念に執着する国民よりも、移民からの脅威を感じにくいと推測される。エスニック・アイデンティティとシビック・アイデンティティは、完全に対立するだけではなく、同時に存在することもある。もし両方が存在し、競合している場合、移民への態度は不安定になると指摘される。

経済要素は移民に対する態度への影響も大きいが、実証研究によると、特定の民族や文化に強く帰属感を持つ人びとにとっては、経済的な利益が帰属感よりも重要視されない考えが強い[8]。つまり、彼らは経済的な利益よりも自分の文化や民族的アイデンティティを守ることが重要だと考えている。したがって、移民が移住国の経済福祉にほとんど否定的な影響を及ぼさないことが示されても、移民が脅威として認識される場合、移民の存在は依然として不快感の源となっている。

フランシス・フクヤマ（Francis Fukuyama）によると、「アイデンティティ

政治は、経済的利益ではなく、尊厳をめぐる政治である。人間には、他人と平等な存在として尊敬されたいという要求と、ほかより優れた存在と認められたいという欲求が普遍的に備わっている。しかし自由民主主義諸国に暮らす人びとが平等な尊敬を得られる保証はない。とくに社会の周縁に追いやられてきた歴史を持つ集団の人びとは尊厳を得難い」と指摘している。[9]「社会の周縁に追いやられている」と感じる人びとは、欧米社会における主流である白人にも、移民の中にも存在する。かつては元々優位に立っていた白人労働者は、移民や女性の労働市場への参入に伴い、その優越性が認められなくなり、移民やリベラル政策に対する不満を抱くようになった。さらにポピュリスト政党の扇動により、ポピュリストを支持するようになる。一方、移民も差別を経験し、自分たちの尊厳を求める気持ちが高まり、受け入れ国の住民との対立が増加する可能性が高まっている。本土の国民と移民のニーズをどのように調和するか、それが移民政策の課題である。

2．移民政策における包摂と排除の政治

　移民政策は、移民を統合する手段と考えられるが、外国人労働者を含め移民の数をコントロールすることは、移民政策の重要な課題である。移民に就職、居住の権利を与え、経済福祉を充実させた結果、大量に移民が流れ込んでくることになる。逆に移民の権利に制限をかけ、移住の資格を厳格に選考すれば、移民の数が大きく減ることになる。したがって、移民政策はこのような包摂と排除の政治だと考えられる。受け入れ国の「国民」として移民を認めるか、認めないか、それぞれの国の基準が異なる。より包摂的な政策をとれるかどうかは、つねにナショナル・アイデンティティの考え方に関わってくる。多文化でも、ナショナル・アイデンティティの重要要素として誇りを持つカナダのような国があれば、排他的な本土化主義を強調するデンマークのような国も存在する。

　このように、国によって移民政策は多様であるが、主に移民の権利を本国民と比べ、どの程度与えるべきか、どんな条件を課すか、または移民の文化をどの程度尊重するべきかの考えによって策定されている。し

たがって、移民政策において、移民の文化を重視する多文化主義と、ホスト国の言語や文化などを身につけることを重視する市民統合という二つ主要な方針がある。多文化主義とは、個人や集団が持つ言語、宗教、風習などの文化的背景を尊重し、文化的相違によって移民が不利益を被ることがないような、平等な社会を目指す理念をいう。[10]カナダとオーストラリアは多文化主義を採用する代表的な国であり、両国とも1970年代から多文化主義を採択した。カナダは憲法に多文化主義という用語が明記されている唯一の国でもある。かつて有色人種の移民を禁止し、白豪主義を掲げたオーストラリアでは、食生活を含む移民生活の文化に配慮し、公共サービスの充実化を通して移民をサポートした。80年代のオランダでは、移民の政治参加と自立の達成を目指し、移民の生活インフラの整備を助けていた。市民統合とは、受け入れ社会の価値や制度を守ることを前提として移民を受け入れ、移民と受け入れ社会の統合を図っていくものである。極端な市民統合政策は、移民に自身の文化や言語を放棄させ、同化主義に近いものと思われる。多文化主義と市民統合政策が同時に進んでいる国は今日において少なくない。

　カナダやオーストラリアを見習い、多文化主義を移民に伴う社会問題の解決策と見ていたヨーロッパ諸国は少なくなかった。しかし、ますます多文化主義自体は社会問題の原因と考えられるようになった。2010年以降、イギリスの首相デイビッド・キャメロンやドイツの首相アンゲラ・メルケルを含む主要な政治家の一部が、多文化主義を公然と非難し、その危険性について発言した。[11]「多文化主義の失敗」という言説はオランダの自由の党からフランスの国民戦線まで、ヨーロッパ全体で極右政党やポピュリスト政治家の成功を助長した。

　多文化主義はなぜ「失敗」だとされたのか。主な原因は、移民が移住国の社会と交わらない「並行社会」の問題にあると思われる。並行社会になる原因は、移民の言語的困難、教育水準、労働スキルの不足、労働市場での差別などが指摘されている。移民が住む地域とネイティブ住民が住む地域がかけ離れ、受け入れ国の言葉も話せないまま生活している状況は現代でも見受けられる。[12]たとえば、オランダのアムステルダム、

ハーグなどの都市には、「ディッシュ・シティ」と呼ばれる移民の居住地が点在する。ディッシュとは、移民たちが母国の番組を視聴するために屋外に設置した衛星アンテナのことである。地元の人とは交流のない隔絶された空間になっている。社会経済的分離と文化的分離が重なった結果、失業や貧困状態に陥りやすくなり、移民の子どもも閉鎖的な環境で育てられるため、ネイティブ住民の子どもとの学力の格差が顕著になりやすい。

　ネイティブ住民が移民を問題視し、偏見を抱くことで、孤立された移民もマジョリティ社会への不信感を持つようになる。それは、両者の間に対立を生じ、デモや暴動をしばしば起こさせる。移民と国民の不満を抑えるためには、多文化主義を見直し、新しい移民統合政策を展開する必要があるという考え方が広がっている。移民に移住国の言語や文化・慣習教育を施し、移住国に適応するよう統合させる考え方だ。したがって、市民統合政策は、多文化主義の「失敗」への解決策として、ヨーロッパ各地で展開されてきた。市民統合の代表例はオランダである。オランダは、EU圏外出身の移民に対して、オランダ語講座や市民教育を含む一年間の統合コースへの参加と試験の通過を義務づけている。かつてオランダは多文化主義の模範国とされていたが、90年代末には移民の権利を重視するよりも、オランダ語の習得と就労の促進を中核とする市民統合政策に転じた。

　フランスでは2003年から新規移民への市民教育とフランス語講習の受講を課すことになった。フランス政府は移民の宗教的なアイデンティティを抑圧する「戦闘的」な政教分離（militant laïcité）を強調している。2004年に制定された公立学校におけるヒジャーブ（スカーフ）禁止の法律に続き、2010年に、公共の場での全顔覆いの着用を禁止した。[13] 禁止法は、信教や表現の自由を認めたヨーロッパ人権条約に違反するかという議論を生じさせた。オランダでも、2017年に地方自治体が顔の下を覆うフェースベールを外すことを拒むムスリムの女性に対して、福祉を削減し、法廷は自治体の措置が正しいとの判決を下した。2019年にブルカ（全身を覆うベール）禁止法がオランダの国会で通過し、実施された。[14]

文化、言語、宗教が移民排除の起因となっている。移民や難民の受け入れを大幅に厳格化する動きが強まっている。手段としては、言語や社会地域の試験を課すこと、不法滞在外国人への社会保障アクセスを遮断すること、難民認定を厳格化することである。これらは受け入れ国の言語、文化を共有できない移民を排除する「進歩的な排外主義」と呼ばれる。「進歩的」というのは、リベラル価値観や人権の立場から、イスラム教の前近代的な価値を批判することを指す[15]。しかし、移民排除、難民排除は、リベラル価値観や人権の立場と矛盾することは否めない。なかには、リベラル価値観に頑固に反対する立場から移民・難民の受け入れを反対する指導者もいる。たとえば、2015年の欧州難民危機を受け、右翼保守政党に属するハンガリーのオルバン・ヴィクトル首相は、「自由云々などを語る時代はもうおしまいである」と発言し、また演説で、リベラル・アイデンティティの代わりに、ナショナル・アイデンティティとクリスチャン・アイデンティティの威信と魅力を取り戻すべきと述べた[16]。

　果たして多文化主義は本当に失敗なのか。そもそも多文化主義の失敗を宣言した国が、カナダのような多文化主義を実施していたのだろうか。「失敗」というのは、事実というより、政治的目的を含む言説であると指摘される。たとえば、大量のトルコ移民が暮らしているドイツでは、いわゆる「トルコ人問題」に対処するために、多文化主義の政策を採用した。1980年代から、政府はトルコ人移民に自分たちの文化、言語、生活様式を保持することを奨励した。ただし、この政策は多様性を尊重するものというよりも、共通の包括的な文化をどのように作るかという問題を回避する、便宜的な手段であったと言える。その結果、多文化ではなく、経済学者アマルティア・センが提言した「複数の単一文化主義」なるものが生まれた。これは、住民と移民へ教育をおこなわない並行社会を助長する政策となってしまう。イギリスでは、失敗論は有効ではないと考えられる。まず、多文化主義が何であるかが明確にされていない。またイギリスの移民がイギリスの社会へ溶け込むことを拒絶している確証もない。貧困問題や人種差別への恐れこそが並行社会の原因なのである[17]。

　確かにヨーロッパ全体は、市民統合政策を強めている。しかし、多文

化主義政策が後退しているわけではない。たとえば、前述のドイツでも、学校におけるムスリム子弟に対する宗教教育が進められている。オランダでも、国は市民統合を強めているが、地方自治体が移民団体の活動を助成しており、とくに移民の社会への参加を積極的に支持している。これにより文化的多様性と移民の社会統合が同時に促進されている[18]。多文化主義と市民統合が同時に実施されている現状から鑑みるに、多くの国で多文化主義失敗論は成り立たないであろう。

おわりに

　本稿では、アイデンティティを移民に関わる紛争の重要な要素として取り上げ、移民と受け入れ社会それぞれのアイデンティティ問題を分析し、移民を統合するための多文化主義と市民統合という移民政策を説明した。また多文化主義失敗論も検討した。本稿は主に欧米の事例を用いて説明したが、東アジア諸国でも、人材移動の時代において、いかに移民に向き合うかは、今後も喫緊の課題となることは間違いない。外国人が占める割合が徐々に大きくなる人口構成の変化に伴い、アイデンティティの観点から、移民や外国人労働者との社会的な調和をどのように実現できるかについて、再考が必要な時期が訪れると考えられる。

註

［1］「フランスは米国に代わる標的に　パリ同時多発テロを移民排斥の主張に利用」『東京新聞』2021年9月11日。 https://www.tokyo-np.co.jp/article/130360

［2］ "Norway Killer praises Japan as model country", Reuters, July, 26, 2011. https://jp.reuters.com/article/idINIndia-58455120110726

［3］ Kenan Malik, "The Failure of Multiculturalism: Community Versus Society in Europe," Foreign Affairs, March/April 2015, pp.21-32.

［4］ Pilgrim, D. *Identity Politics: Where Did It All Go Wrong.* (Phoenix Publishing House 2022).

［5］ Kenan Malik, "The Failure of Multiculturalism: Community Versus Society in Europe," p. 24.

［6］武藤秀太郎『中国・朝鮮人の関東大震災——共助・虐殺・独立運動』（慶應義塾大学出版会 2023）、102-103頁。

［7］Emmy Lindstam, Matthias Mader, Harald Schoen. "Conceptions of national identity and ambivalence towards immigration," *British Journal of Political Science*, 2021, 51:1, pp.93-114.

［8］Peter Howley, Muhammad Waqas, "Identity, immigration, and subjective well-being: why are natives so sharply divided on immigration issues?" *Oxford Economic Papers*, 2022, gpac045.

［9］フランシス・フクヤマの近作『IDENTITY（アイデンティティ）尊厳の欲求と憤りの政治』（朝日新聞出版 2019）。

［10］永吉希久子『移民と日本社会——データで読み解く実態と将来像』（中央公論社 2020）、173-182頁。

［11］Kenan Malik, "The Failure of Multiculturalism: Community Versus Society in Europe," p.21.

［12］永吉希久子『移民と日本社会——データで読み解く実態と将来像』182-186頁。

［13］新川敏光「リベラルな国民再統合パターンの析出——英独仏を事例として」新川敏光編著『国民再統合の政治——福祉国家とリベラル・ナショナリズムの間』（ナカニシヤ出版 2017）、28-29頁。

［14］"Dutch 'burqa ban' rendered largely unworkable on first day," *The Guardian*. Aug 1, 2019.

［15］水島治郎「オランダ福祉国家の影—— 移民と福祉・労働」小川有美編『社会のためのデモクラシー』（彩流社 2019）、99頁。

［16］Ivan Krastev, "Eastern Europe's Illiberal Revolution," *Foreign Affairs*, May/June, 2018. pp. 49-56. "Muslims threaten Europe's Christian identity, Hungary's leader says," *The Washington Post*, September 3, 2015.

［17］大山彩子「多文化主義と多文化主義の政策の動向——イギリスを事例として」『生活社会科学研究』2015、22号、79-88頁。

［18］寺本めぐ美「移民統合政策の厳格化と地方自治体における多文化主義——オランダ・ハーグ市の事例から」宮島喬・佐藤成基編『包摂・共生の政治か、排除の政治か』（明石書店 2019）、263-284頁。

3

共通性なき共同体を求めて

伊藤 潤一郎

はじめに

　哲学とは何か。最近流行りの「哲学カフェ」や「哲学対話」をはじめ、さまざまなところで「哲学」という言葉が口にされ、西洋哲学に限っても2600年以上の歴史があるにもかかわらず、いまだに「哲学とは何か」という問いへの決定的な答えは与えられていない。哲学者の数だけ哲学の捉え方があるといっても過言ではないが、とはいえいくつかの特徴を挙げることはできるだろう。

　たとえば、哲学にとって合理的な思考が重要であることは多くのひとが認めるところだ。何か理解できないことが起こったとき、理性を用いて、その理由を明らかにする。あるいは、何かを主張したいとき、主張の根拠を示す。しかし、このように理性に従って理由や根拠を与えようとする態度を合理的な思考と呼ぶならば、それはなにも哲学だけでなく、あらゆる学問に共通しているともいえるだろう。そうであれば、哲学はほかの学問とどう異なるのだろうか。つまり、哲学とはいったい何なのか。この問いに答えるべく、まずは戦争の話からはじめよう。

1. 共通性なき共同体

　人類の歴史とは戦争の歴史だといってもよいほど、人間は互いに争いつづけてきた。なかでも20世紀の核兵器をともなう戦争は、人類そのものの存続を危機に陥れるものであったにもかかわらず、その後も戦争がなくなる気配はまったくない。21世紀に入ってからは、近代的な国家間の戦争は終わりを迎え、むしろ「テロリスト」と名指された集団（国家ではない集団）に対して国家が「戦争」を仕掛けるという非対称的な戦争、

いわゆる「テロとの戦争」が現れてきたともいわれていたが、2022年のロシアによるウクライナ侵攻は、いまだ国家間戦争がありうることをも示している。[1]

　このような現実を前にすると、ひとりの小さな個人にできることなど何もないとあきらめたくなるかもしれない。しかし、戦争は仕方のないことだとあきらめ、自分にできることなど何もないと思い込んでしまうとき、ひとは消極的な仕方で戦争に加担してしまっている。もし消極的にであれ戦争の片棒を担ぎたくなければ、まずは思考しなければならない。かつてマルクスは、哲学者たちは世界を変えようとせず、世界を解釈するばかりだと嘆いたが、思考することもまた世界を変えるための一歩となるはずなのだ。だからこそ、あらためて問うてみよう。なぜ戦争はくりかえされるのだろうか、と。

　手始めに、戦争と密接に結びついている共同体という問題を取り上げてみたい。一般に、共同体とは何らかの共通性をもつ人びとの集団だといえる。たとえば、地域コミュニティのような地縁共同体や血縁家族は、地縁や血縁という共通性を共有する人びとによって構成された共同体であり、全メンバーと顔を合わすことが到底かなわない国家のような大規模な共同体も含め、私たちは日々なんらかの共同体に関わりながら生きている。もちろん無人島に漂着したロビンソン・クルーソーのように、一切の共同体から離れて孤独にひとりの力で生きていくこともできるかもしれないが、生まれたばかりの幼児がひとりだけでは絶対に生きていけず、他者からのケアを必要とすることを考えれば、すでに誕生の時点において人間は共同体に巻き込まれているともいえるだろう。

　これほどまでに人間と共同体は切り離しがたいのだが、それにもかかわらず共同体はきわめて厄介なものでもある。何か同じものを共有していることが共同体の条件であるならば（ただしあとで見るように、この条件は絶対的なものではない）、共通性をもたない人びととは共同体を作れないということになる。共同体について考える際にもっとも重要なのは、このような共同体のメンバーではない人びととどのように関わるかということなのだ。たとえば、異なる共同体とのあいだで顔を合わせずに特産

品の交換をしていたとされる「沈黙交易[2]」のような場合、共同体の外部との関係は穏やかなものだといえる。だが、むしろ歴史的に何度も領地をめぐる紛争が起きてきたように、共同体と共同体が接する境界線は暴力の場所でもある。近代のヨーロッパにおいて主権国家が制度として確立して以来、領土を支配する権力としての主権と主権がぶつかることで数々の領土紛争や戦争が起きており、日本を含め領土問題を多くの国がいまもなお抱えていることに鑑みれば、国家という共同体が存在するがゆえに戦争が生じるのだとさえ考えられる[3]。国家から小さなサークルまで、あらゆる共同体はメンバーと非メンバーを区別し、その区別はときとして暴力的な排除となるのである。

　このような排除と暴力を生み出す共同体を、「図」と「地」の問題として捉えたのが、フィリップ・ラクー゠ラバルト（Philippe Lacoue-Labarthe, 1940-2007）とジャン゠リュック・ナンシー（Jean-Luc Nancy, 1940-2021）という二人のフランスの哲学者である。ナチスの理論家アルフレート・ローゼンベルク（Alfred Rosenberg, 1893-1946）が『20世紀の神話』で使った「境界」という言葉に関して、二人の哲学者は次のように述べている。

　　「境界」とは、この場合、ある形象＝図［figure］を地［fond］から浮かび上がらせ、ある類型を分離し、区別する境界のことである。〔...〕ローゼンベルクは、ユダヤ人とはゲルマン人の「対蹠点」なのではなく、その「矛盾」なのだと明言するのだが、それが意味しているのはおそらく、ユダヤ人とは対立する類型なのではなく、あらゆる雑種形成——それはまた寄生でもある——の中に現前している危険としての、類型の不在そのものであるということだ[4]。

　簡潔に整理すれば、ナチスは〈ゲルマン人／ユダヤ人〉の関係を〈図／地〉の関係として捉えていたということである。ふつう、二つの共同体があった場合、それら二つは対等な存在として考えられる場合が多いだろう（たとえば、日本とアメリカは国家であるという点では対等な存在である）。しかし、ローゼンベルクが語るようなユダヤ人に対する視線は、ユ

ダヤ人をゲルマン人と対等な存在とはみなさない。もし対等な存在であった場合、ゲルマン人もユダヤ人もひとつの「類型（type）」となるはずだが、ローゼンベルクにとってユダヤ人とは類型のない存在なのである。

　ここでいわれている「類型」とは、「図」のことであり、境界線によってはっきりと区切られて「地」という背景から浮かび上がっているもののことだ。伝統的に西洋の哲学は、明確な形があるものを理想としてきたが（プラトンやアリストテレスが語る「イデア」や「形相」も、もともとの意味は「形」である）、それは形の定まらない不定形なものを貶めることでもある。不定形なものは形あるものに比べて劣っており、地は図よりも価値がない。多かれ少なかれ、西洋哲学の伝統的な思考はそのようなパターンをくりかえしてきた。ローゼンベルクもまた、そのような〈図／地〉というヒエラルキーに従って思考することで、ユダヤ人を「図」としてのゲルマン人よりも劣った「地」とみなし、ユダヤ人の排除を正当化しようとしたのである。ゲルマン人であるという共通性をもった共同体にとって、ゲルマン人と共通性をもたないユダヤ人、ゲルマン人とは異質なユダヤ人は、ゲルマン人の「純粋さ」を損ないかねない危険な人びとであり、排除しなければならないというわけだ。

　このような〈図／地〉による排除は、一般化していえば、共同体の内と外をはっきりと境界線で区切って内側の結束を固めようとするあらゆる場面に見て取れる。「敵」を作って排除することは、「仲間」の絆をたしかなものにするための手っ取り早い手段なのである。自分たちとは異質な敵を共同体の外側に作り出すことで共同体を団結させるという手法は、現代でもおもに保守派の政治家がよく使う政治的な手管だが、それではどこまでいっても排他的な共同体が生まれるばかりで、異質な人間とともに存在することはできない。いうまでもなく、現代世界には、政治的・経済的危機によって、あるいは気候変動による環境的危機によって、住み慣れた土地を離れざるをえず、移動を余儀なくされる人びとが多くいる。にもかかわらず、国境という境界線が網目のように走っている世界においては、そのような移動する人びとは「不法移民」とされ、共同体内部の「国民」がもっている権利を剥奪されたきわめて脆弱な立場に

置かれてしまう。日本の入管においてふるわれている暴力を思い出して[7]みても、国境によって区切られた共同体がどれほど暴力を発動するものであるかわかるだろう。

　こうした現状をふまえれば、戦争をはじめとする現代世界に渦巻く暴力の多くは、共同体の内部と外部を区切り、異質な外部を敵とみなすことに起因しているといえる。そうであるがゆえに、先ほども名前を挙げ[8]たジャン゠リュック・ナンシーを中心に、現代哲学では「共通性なき共同体」というテーマが論じられてきたのだった。何らかの共通性を紐帯として結びつく共同体が、共通性をもたない異質な人びとを排除し、暴力を生み出すのだとしたら、そして人間が共同体を形成するのをやめられないのだとしたら、「共通性なき共同体」を思考しなければならない。『無為の共同体』（1986年）から『否認された共同体』（2014年）まで、ナンシー[9]は倦むことなくそのような共同体についての思考を展開してきたが、ここではナンシーの共同体論に深く立ち入ることはせず、暴力がくりかえ[10]される現在からの脱出口を別のところに探ってみたい。

2. 合理的説明のその先へ

　現代世界における戦争や暴力を考えるうえで次に手がかりとしたいのが、新自由主義についての議論である。新自由主義というと、市場への介入を控える小さな政府といった経済的な観点から語られることが多いが、実際のところ新自由主義を経済の問題としてのみ捉えるのは視野狭窄であり、下手をすると新自由主義に加担することにもなる。哲学や社会思想の分野では、ミシェル・フーコー（Michel Foucault, 1926-1984）が1970年代末におこなった講義をもとに、資本主義にとどまらない権力の作用の仕方として新自由主義を捉える議論が積み重ねられてきた。一例を挙げれば、ウェンディ・ブラウン（Wendy Brown, 1955- ）は、「現在の状況の原因やそのエネルギーを理解することは、経済的条件やその遠因となる消えることのない人種差別主義だけではなく、新自由主義的な政治文化と主体生産を深く理解することを必要とする」と述べ、新自由[11]主義をたんなる経済の問題と考えてはならないとしているが、このような

かたちで新自由主義を捉えなおすならば、私たちの日々の生活のいたるところに新自由主義的なマインドが張り巡らされているということになるだろう。

　ではそのマインドとは何かといえば、それは競争にほかならない。現在、私たちは、ひとりひとりの個人があたかも企業のように競争し、みずからの生産性を高めなければならない環境を生きている。不断に競争をつづけるために、あらゆる面で管理が進められ、たとえば教育の場面では、半期の授業回数やシラバスの事細かな書き方（「出席点」という表現は使ってはならない云々）が管理されたり、その授業を受けるとどのような能力を獲得できるかがあらかじめリストアップされている状態が目指されたり、しっかりと生涯にわたって「成長」するための「リカレント教育」が推奨されたりする。また、競争力を高めるために企業や大学では絶えず自己評価が求められ、みずからの行動を不断にチェックし、以前よりも「成長」することが求められている。このような方向へ進んでいくと評価書などの大量のペーパーワークが必要になり、存在意義のわからない書類の山が私たちの精神をじわじわと蝕んでいくのだが、しかしそれには気づかないふりをして、あたかも意味のある仕事をしているようなふりをすることが常態となっていく。しかし、驚くべきことに、現代の社会にはそのような競争に疲れた心を癒すさまざまな道具まで用意されており、あなたは「世界に一つだけの花」なのだと慰められ、キャラクターに「朝起きてえらい」だなんだとひとつひとつの動作を褒められ、今日もまた競争するための英気を養うよう仕向けられている。それほどまでに、現代では競争というマインドが社会のすみずみまで浸透しており、そこから逃れることは容易ではない。

　たしかに、私たちはこのような新自由主義的な統治がおこなわれている社会のなかに生きており、フーコーをはじめとする新自由主義についての理論が現代を理解するうえでのひとつの合理的な説明であることはまちがいない。しかし、それを合理的な説明にとどめてしまってはならないのだ。合理的であるということは、誰が語っても同じ一般性をもっているということである。現状を理解するためには説明の言葉で十分だ

が、しかし変えなければならない状況を前にして説明の言葉しか語らないことは、学問の名を隠れ蓑に現状に追従することにもなりかねない。だからこそ、非人称的な説明とは異なる言葉が必要なのだ。哲学は合理的な説明を尽くしたうえで、さらにその先へと進もうとする学問であり、ここにこそ哲学の特徴がある。

　たとえば、アルフォンソ・リンギス（Alphonso Lingis, 1933- ）の一連の著作は、そのような哲学のあり方を一種のパフォーマンスとして実演しているといえるだろう。その名も『何も共有していない者たちの共同体』では、合理的説明によって形成される共同体とは別に、「見知らぬ人に、自分自身を曝すよう求める共同体」があるといわれ、そこでの他者との関係は次のように語られている。

　　他者、すなわち見知らぬ人は、彼または彼女の確信や判断だけでなく、彼または彼女の弱さ、傷つきやすさ、死すべき運命をも、こちらに向けてくる。[14]

　合理的説明によって見逃され隠蔽されてしまうのは、「傷つきやすさ」のような合理的には説明しえない他者との関係である。たとえば、戦争で他者が傷ついているとして、その傷が戦争によるもので、その戦争が起きた理由は一方の国の領土的野心にあるなどと説明したところで、それは傷が生じた合理的説明であったとしても、ほかならぬそのひとが負っている傷に私が応答していることにはならない。他者が傷ついているとき、その傷に応答する一般的方法はなく、そのたびごとに適切な応答を手探りで編み出すしかないのである。そのような、一般法則が存在しないところで生み出される言葉を求めるのが哲学なのだ。

おわりに
　新自由主義的な統治に覆われた世界において、私たちは他者との関係を競争のモデルで捉えてしまいがちである。「いやそんなことはない、競争とはちがう次元でつきあっている友人が私には何人もいる」と反論す

るひともいるかもしれないが、ではまったく見知らぬ他者との関係はど
うだろうか。傷つき弱っている見知らぬ他者に対して、無関心になった
り自己責任だと思ったりすることはないだろうか。競争という環境のな
かで、私たちは他者の傷つきやすさに目を閉ざすよう促されているのか
もしれない。そうだとしたら、私たちからいま奪われているのは、見知
らぬ他者と共同体を作る力だといえるだろう。

　共通性をもたない人びとと共同体を作る力を取り戻すために、国家と
グローバル資本主義が生み出す暴力をしっかりと記憶し、みずからの生
と言葉を権力の言いなりにならないものへと変化させていかなければな
らない。それは、いまここで始められる抵抗である。哲学とは、共通性
をもたない人びとと共同体を作るための思考にほかならない。

註

[1] 哲学の視点から戦争を論じた著作としては、何よりもまず、西谷修『夜の
　　鼓動にふれる——戦争論講義』（筑摩書房［ちくま学芸文庫］、2015年）を参照。
[2]「沈黙交易」については、フィリップ・ジェイムズ・ハミルトン・グリァスン『沈
　　黙交易——異文化接触の原初的メカニズム序説』（中村勝訳・解説、ハーベ
　　スト社、1997年）を参照。
[3] 国家がなくなればすべての戦争がなくなるわけではないが、多くの暴力が
　　国家に起因していることは否定しえない。その意味では、私たちにとって
　　あまりに自明の存在となっている国家を疑うという視点をもつことはきわ
　　めて重要である。
[4] フィリップ・ラクー＝ラバルト、ジャン＝リュック・ナンシー『ナチ神話』
　　守中高明訳、松籟社、2002年、67-69頁。［　］内は訳者の補足であり、強
　　調は原著者によるものである。
[5] 形（かたち）に価値を置く伝統に抗して、「不定形」の重要さを説いたのがジョルジュ・
　　バタイユ（Georges Bataille, 1897-1962）である。「不定形」については、バ
　　タイユ自身の『ドキュマン』（江澤健一郎訳、河出書房新社［河出文庫］、
　　2014年）と、江澤健一郎『ジョルジュ・バタイユの《不定形》の美学』（水
　　声社、2005年）を参照。
[6] ミシェル・アジエ『移動する民——「国境」に満ちた世界で』（吉田裕訳、

藤原書店、2019年）は、2015年のヨーロッパでのいわゆる「難民危機」から、人間が移動するということを考える重要な著作である。

[7] イタリアの哲学者ジョルジョ・アガンベン（Giorgio Agamben, 1942- ）は、通常の法権利の外に締め出された生を「剥き出しの生」と呼び、そのような生を意のままにしようとする現代の権力のあり方を批判的に論じている。ジョルジョ・アガンベン『ホモ・サケル――主権権力と剥き出しの生』（高桑和巳訳、以文社、2003年）を参照。

[8] このような共同体観を文明のレベルまで広げたのが、サミュエル・ハンチントン（Samuel Huntington, 1927-2008）による悪名高い「文明の衝突」論である。9・11以降のアメリカの暴力行為を正当化するイデオロギーとなったハンチントンの議論に対する根本的な批判としては、マルク・クレポン『文明の衝突という欺瞞――暴力の連鎖を断ち切る永久平和論への回路』（白石嘉治編訳、新評論、2004年）を参照。

[9] どちらの著作も日本語に翻訳されている。ジャン＝リュック・ナンシー『無為の共同体――哲学を問い直す分有の思考』西谷修・安原伸一朗訳、以文社、2001年。同『否認された共同体』市川崇訳、月曜社、2023年。

[10] ナンシーの共同体論はときにきわめて抽象的にみえるが、以下の二つの拙著では、ナンシーが論じる共同体に「投壜通信」という具体的なイメージを与えることを試みている。伊藤潤一郎『ジャン＝リュック・ナンシーと不定の二人称』、人文書院、2022年。同『「誰でもよいあなた」へ――投壜通信』、講談社、2023年。

[11] ウェンディ・ブラウン『新自由主義の廃墟で――真実の終わりと民主主義の未来』河野真太郎訳、人文書院、2022年、15頁。

[12] ジル・ドゥルーズ（Gilles Deleuze, 1925-1995）は、管理社会における学校の特徴を次のように述べている。「さまざまな平常点の形態と、生涯教育の学校への影響が表面化し、これに見合うかたちで大学では研究が放棄され、あらゆる就学段階に「企業」が入り込んでくる」（ジル・ドゥルーズ『記号と事件――1972-1990年の対話』宮林寛訳、河出書房新社［河出文庫］、2007年、365頁）。

[13] 現代におけるムダで無意味な仕事の増加については、デヴィッド・グレーバー『ブルシット・ジョブ――クソどうでもいい仕事の理論』（酒井隆史・芳賀達彦・森田和樹訳、岩波書店、2020年）を参照。

[14] アルフォンソ・リンギス『何も共有していない者たちの共同体』野谷啓二訳、
洛北出版、2006年、29頁。

4

東アジア地域における民主主義と権威主義

権 寧俊

はじめに

現在世界では、ロシアや中国のような権威主義国家と欧米諸国とアメリカのような民主主義国家との対立が広まっている。かつて冷戦時代は大きく民主主義的国と社会主義的国に分かれていたが、今は民主主義の国と非民主主義国家いわゆる権威主義の国に区分されるようになった。冷戦が終結しても世界の民主主義は定着してないのである。現在世界の民主主義はどうなっているのか。

スウェーデンのある研究所が公正な選挙、基本的人権の尊重、言論の自由、女性の社会進出などの項目をもとに世界の民主主義の度合いについて調査したところ、自由で民主的な国は60ヵ国で、非民主的な国は119ヵ国であると発表した。冷戦終結後、民主化に向かっている国が急速的に増えていたが、1999年以降その数が下がり始め、今では民主化に向かう国は冷戦時代並みとなった。一方、権威主義化を強めている国はその二倍以上に増えるようになった。[1]この数年権威主義が目立った国としてはインド、トルコ、ハンガリーなどがあげられる。

なぜ、民主主義が後退化しているのか。一般的には冷戦終結後民主化を目指し、一旦は民主化された国の市民が指導者に失望し、反動的な指導者に支持が向かったケースが多いと言われている。また、各国でみられる政治の分極化にかかわっていることもある。格差の拡大、政治の腐敗、政治思想の分断などの問題にめぐって政党間の対立が極端に進み国民の間では、自分たちの立場を代表してくれる人物であれば、民主的な価値観にこだわれず、強権的指導者でも構わないといった風潮になっていると思われる。とくに近年では、ソーシャルメディアの普及によって

意見の対立や政治の分極化が加速している。

　そこで本稿では、東アジア諸国（とくに韓国と中国）の民主化問題について考えてみたい。東アジア諸国は「民主化」にむけてどのような過程をたどり、今はどのような状況になっていたのか。その民主化にはどのような問題があるのかについて考察する。

Ⅰ．韓国の民主主義

1．権威主義下の韓国

　実証政治学では民主主義の定義を次の四指標を使用されている。①参政権が保障されること、②複数政党をもつこと、③公選により首長を選ぶこと、④政権交代が可能な公正な選挙であること。この中の一つでも欠ければ権威主義としてみなされる。

　韓国の民主主義は1919年4月1日に中国上海で設立された韓国臨時政府の憲法から始まる。しかし、初代政権である李承晩政権は、先述の民主主義の定義から③と④が欠けていた権威主義（独裁）政権であった。

　1960年3月15日韓国では、第4代正副大統領選挙が実施された。しかし、この選挙は李承晩政権の終末をもたらす最悪の不正選挙であった。これを契機にして1960年4月19日に学生市民革命が起こったのである。学生・市民のデモは不正選挙の糾弾を超えて、李承晩退陣運動へと進み、4月27日李承晩は下野を発表し、慌ててハワイへ亡命した。いわゆる「四・一九革命」である。「四・一九革命」は学生と市民がおこなわれた歴代革命運動の中で、政権を交代させた革命として、歴史的な意義がある。韓国はこれで真の民主主義国家になると思われた。

　しかし、1961年5月16日、朴正熙少将を中心として軍事クーデターが発生した。朴正熙は軍事クーデターを成功させ、国会と地方議会をはじめ多数の政党と社会団体を解散して政治活動を禁止した。さらに、大統領が国会の同意なく国務総理と国務委員を任命できる強力な大統領中心制の新憲法を作った。こうして、1963年、第5代大統領選挙で、共和党候補・朴正熙が当選され、朴正熙軍事政府の時代が開かれた。朴正熙政権は最初から非道徳的でゆがんだ強力的な権威主義政権であった。

朴正熙は大統領になってから永久執権の陰謀を打ち出した。それが明らかになったのは、1971年4月27日におこなわれた第7代大統領選挙後であった。この選挙は朴正熙にとっては野党側の若い候補者である金大中との苦しい選挙戦であった。選挙の結果、辛うじて勝利をあげたが、朴正熙はこの後再選されるのは極めて困難なことであることを認識していた。そこで彼は1972年10月27日に「10月維新」を宣布し、永久独裁体制の道を開いた。同年10月17日朴政権は非常戒厳令を布告して国会を解散し、非常国務会議において「維新憲法」を制定した。この「維新憲法」の骨子は、「統一主体国民会議」という新たな機構を作り、大統領を間接選挙で選ぶことであった。また、大統領が議会と司法部を統制することができるようにした。これは、大統領権限を無制限に保障するものであった。12月15日には「統一主体国民会議」の代議員選挙が実施され、この代議員会議において単独候補であった朴正熙が第8代大統領に選出された。こうして朴正熙個人の永久集権が可能な維新体制が成立した[2]。

　このような、維新体制にたいする韓国民衆の反発と抵抗は強くなり、一部の学生は民主青年学生連盟を結成して全国的な連帯闘争を展開した。言論人も自由言論守護闘争委員会を結成するなど、強く抵抗した。また、第7代大統領選挙後、身の病のため日本に滞在していた金大中は、朴正熙の「10月維新」に反対し、海外において反体制運動を展開した。金大中の海外での反政府活動に脅威を覚えた朴正熙は、1973年8月8日に日本に滞在中の金大中を拉致し、殺そうとした（金大中拉致事件）。金大中は朴正熙のもっとも強いライバルであったために、排除しようとしたが、アメリカの抗議で目的が達成できなくなり、自宅に監禁された。この拉致事件以来、金大中は韓国において反政府運動のシンボルにもなった。

　このように国内外で反体制運動がおこなうなか、1979年10月26日に開かれた政府首脳晩餐会において、朴正熙は中央情報部長・金載圭によって暗殺された。こうして朴正熙時代は18年で終わりを告げたのである。民衆は新大統領によって、維新体制と軍事統治が終わり、民主化時代を迎えると期待をかけていた。これを、当時の韓国では冬の時代が去り、春の時代が訪れたということで「ソウルの春」と呼んだ。しかし、1979

年12月12日に新たな新軍部勢力・全斗煥が軍事クーデターを引き起こし、1980年9月1日に統一主体国民会議によって第11代の大統領に選出され、第5共和国の幕を開いた。これは、一歩間違えば悲惨な結果が訪れるのであるという、歴史が教えてくれる一面でもあった。

2．光州民主化運動

　1980年5月18日、全羅南道光州で新軍部政権に対する民主化要求が大規模な市民と学生のデモによっておこなわれた。新軍部はこれを鎮圧するため、戒厳軍を投入した。しかし、戒厳軍の過剰鎮圧によって多くの死傷者が発生し、これに興奮した学生と市民は武器を奪って戒厳軍と市街戦を繰り広げる事態にまで発展してしまった。戒厳軍の武力鎮圧によって5月27日、光州はようやく平穏を取り戻したが、数百名の死者を出すという悲劇の傷跡は簡単に治る問題ではなかった。

　光州を含む全羅道は、1960〜70年代の経済開発過程で疎外された地域であった。朴政権による地域偏重政策の中で、この地域の住民は、他の地域より独裁政権にたいする不満と民主化に対する熱望が高かった。また、この地域を政治的基盤として成長した金大中を新軍部が弾圧したことも抗争を拡大させた要因の一つであった。金大中は光州運動が発生する前の17日に逮捕され、軍事裁判において死刑を宣告された。それは、後にアメリカなどの反対により、実現できなかった。

　このように、光州民主化運動は、反独裁民主化運動の延長であったが、本質的には朴政権以来蓄積されていた韓国社会の構造的矛盾からはじまった。光州民主化運動は、大義名分もない新軍部の暴力性と反民主制をそのまま暴露し、1980年代の民主化運動の起爆剤となった。

3．民主化宣言

　光州民主化運動後、全斗煥軍事独裁政権に対する韓国民衆の不満は高まり、1986年になると民主化運動が加速化された。その契機となったのはソウル・オリンピックであった。1986年のアジア大会と1988年のソウル・オリンピックは、韓国政府の立場を強化するのに寄与したが、一方で民

主化運動を加速させるきっかけともなった。世界の人びとを迎える立場にある国が、民主化されていない姿を見せてしまえば国際的な国の恥であるという認識が高まり、民主化を戦い取るべきだという論議が盛んになった。こうして80年代の半ばから民主化運動が学生のみならず、政界から社会のあらゆる階層に拡大していった。この民主化運動の展開の過程で、1986年だけで3400名余りが拘束され、デモ鎮圧に使用した催涙弾購入費は60億ウォンに達したという。さらに、民主化運動の弾圧する過程で、1986年7月の富川警察署の性拷問事件、1987年1月の朴鐘哲（ソウル大学学生）拷問致死事件、6月9日には李韓烈（延世大学学生）がデモ中に警察の催涙弾に当たって死亡する事件などが発生し、国民の怒りは頂点に達して全国的な民主闘争になった。

　こうした事態に対して政府は、これ以上はもちこたえることができないと悟り、1987年6月29日に大統領直選制への改憲を中心とする八項目の時局収拾方案を発表した。これがいわゆる「民主化宣言（六・二九宣言）」である。この宣言に基づいて1987年10月に直選制改憲方案（任期5年制）が出され、12月16日に国民投票による大統領選挙が実施された。1971年からの維新体制以後、16年ぶりに国民直接選挙によって大統領を選出できるようになった。これによって韓国は軍事政権の幕を閉じ、真の民主主義国家として第一歩を踏み出すことになったのである。

Ⅱ．中国の民主主義

1．中国の民主化の波（天安門事件）

　中国では1976年に10年間の大動乱といわれる文化大革命が終結し、改革開放政策が推進された。80年代に進められた改革開放政策は、経済体制のみならず政治体制の改革にも広がっていき、経済改革に伴って生じた深刻な矛盾を背景に、民主化を要求する勢力の学生、知識人、党内改革積極派（胡耀邦、趙紫陽など）と共産党独裁体制の堅持を強調する党指導部勢力（鄧小平、李鵬など）との対決が生じた。そこで1989年6月4日に天安門において北京の学生を中心に大規模な民主化要求運動が展開された。しかし、鄧小平ら政治安定を重視する指導部はこの運動を「動乱」

と決め付け、武力でこれを弾圧した（天安門事件）。これによって「党政分離」を鍵とする政治改革の試みも挫折した。今でもこの運動は名誉回復されていない。

　中国では天安門事件によって政治改革は明らかに頓挫した。しかし、経済においては一時的に中国経済の停滞も引き起こしたが、「改革・開放政策は不変」と繰り返す鄧小平の信念により改革開放政策を加速させ、今現在、世界2位という高度成長を成し遂げた。

　経済改革と政治改革を車の両輪とみて同時に推進しようとした天安門事件前の試みは、挫折してしまったが、この事件を経て中国では一党支配体制の強化という政治引き締めと改革開放の加速という経済開放の二元的政策を採るようになった。その意味で天安門事件は中国が権威主義体制を強め開発独裁型発展モデルに近づいていく転機だったといえよう。

2．習近平政権の「中国夢」と少数民族との対立

　文革終結後中国では、政府高官の終身制を廃し、党最高指導部の合議を原則とする集団指導制を敷いた。しかし、2018年3月に憲法改正がおこなわれ、国家主席と国家副主席の任期制限が撤廃され、習近平の長期間の権威主義体制の道が開かれるようになった。その背景には習近平の「中華民族大復興の夢」があった。

　2013年9月、習近平国家主席は、シルクロード経済圏構想を提示した。いわゆる「シルクロード経済ベルト」と「21世紀の海上シルクロード」の「一帯一路」戦略構想である。この政策は、中国主導でアジア、中東、欧州にまたがる地域のつながりを強め、各国の経済発展を促す構想である。しかし、そこには、経済力で圧倒しつつ政治的プレゼンスを強め、同時に文化的ソフトパワーで世界を席捲したいという「中国の夢」が含まれている。すなわち、習近平政権の樹立以降成し遂げられためざましい高度経済成長の基盤と「一帯一路」構想戦略を通して、東南アジア、中央アジア、中東、アフリカまで包摂する「新シルクロード世界」のリーダーを夢見ているのである。それは明朝時代の過去の栄光の再現であり、「中華民族大復興」となる現習近平政権の「中国の夢」でもある。その

「夢」は、56の民族からなる中国国民統合と海外華僑・華人統合の論理「中華民族大家族・中華民族大団結」を強調する時に、資源として使われる。その産物が「中国少数民族教育＝国民統合のための教育」である。それは中国共産党政権が建国初期から一貫しておこなってきた政治イデオロギーの教育であった。[3]「国民統合のための教育」とは、漢民族に関しては民族団結であり、国内少数民族に関しては「僑民思想（中国に根を張らないで一時的居住地とみなす思想）」と「分離・独立を求める意識」を克服するものであった。

　現在、その政策がよく表れているのが新疆ウイグル族に対する政策である。ウイグル族はかつて漢族の支配に抵抗してきた歴史があり、1933年と44年には中国から独立宣言をした民族である。中国成立後の1955年に自治区となったが、90年代以降、ソ連崩壊で再び独立運動が活発化するようになった。とくに、新疆では2009年7月に「烏魯木斉（ウルムチ）動乱」が起き、その5年後、2014年4月末には習主席が新疆のウルムチを訪問する際に大規模な爆発事件が発生した。その後も相次ぐ爆発事件が起こり、習近平政権はその対応として「対テロ闘争」を宣言し、武装警察を投入して締め付けを強めていた。中国当局の強硬的な取締りはウイグル族にとっては少数民族への弾圧と映り、漢族に対する憎しみと不信の連鎖は断ち切れていない。これは「中華民族大復興」を挙げてきた習主席にとっても厄介な問題であった。

　このように、新疆では漢族が主流を占める政府側とウイグル族との長年の摩擦と葛藤が繰り返された。その背景には宗教や言語などの民族のアイデンティティにかかわる面の規約や、経済格差などへの強い不満がある。中国政府は2001年から漢族の言葉である漢語教育を小学校から普及教育として導入し徹底化した。以前は少数民族にはその民族語による「民族教育」は保障されていたが、それがすべて漢語指導に変更されたのである。さらに、中国政府はイスラム教を信じるウイグル族が過激思想に染まるのを防ぐために、新疆各地に「再教育施設」[4]を作って、愛国教育や思想教育をおこなっている。その施設では狭い部屋に多くの人が押し込められる劣悪な環境で、ウイグル語の使用や宗教活動を禁止し、中

国政権への忠誠を誓う愛国教育がおこなわれていた。この施設に対して国際人権団体や米国などは、虐待などの深刻な人権侵害がおこなわれているという疑いを指摘している。[5]

3．中国の民主化運動と挫折

　天安門事件後、中国における民主化運動は中国本土より海外や香港によっておこなわれていた。とくに香港ではその運動が現在まで続いている。現在の中国政府は、香港においては習近平主席が揚げる「愛国者による香港統治」によって「中国式の民主主義」が一層進んでいると主張している。香港は1997年にイギリスから中国に返還された。その際に50年間は資本主義を採用し、社会主義の中国と異なる制度を維持することが約束された。いわゆる「一国二制度」の維持である。

　このように香港には一国二制度という「高度な自治」が保障され、言論や報道・出版の自由、集会やデモの自由などが認められた。しかし、習政権になってから中国政府が介入を強め、「一国二制度」が今、大きな危機に直面することになった。2020年6月30日、香港国家安全維持法（国安法）が施行された。この法が施行されて以降、香港では、一国二制度の下で機能していた「三権分立」の後退が加速している。国安法のもと、多くの民主派議員や活動家が逮捕され、中国共産党・政府に批判的な香港紙『りんご日報』が廃刊に追い込まれた。選挙制度も「愛国者」でなければ立候補すらできない仕組みに変えられ、当選した議員は中国政府に忠誠を誓うことが義務化されている。政治への口出しは許さない、中国体制を批判したり、政府提出議案に反対したり、行政長官の辞任を強く迫ったりしたら議員資格が剥奪されている。この状況は中国本土と同様であり、もはや実態は「一国一制度」に等しくなった。

　このように香港の民主主義が後退し、権威主義が強化するなかで香港の若者を中心に講義デモも続いている。香港の民主化を向けた抗議デモは2003年に中国政府が国家安全条例案を制定する際に大規模のデモとして現れはじめ、2014年には民主的な選挙を求める「雨傘運動」として現れていた。「雨傘運動」は2017年香港特別行政区行政長官選挙における中

国全国人民代表大会常務委員会からの決議に対する抗議であった。この運動は香港警察によって強制排除され、失敗に終わっていたが天安門事件以降、沈黙していた中国人民が民主主義を要求する声を上げたことで「中国民主化運動」の一つのモデルになるものであったと考える。その後、香港では民主主義を要求する抗議デモが続くようになった。しかし、このような抗議運動にもかかわらず香港は、国安法の施行以降中国政府が直接指導する仕組みに変わり、共産党の指導を認めないものは「反動派」で、「人民の敵」として権利を与えずに強権的な独裁統治を加える対象になっているのである。

おわりに

　以上のように、韓国では「四・一九革命」から求められた民主主義は、軍事政権によって挫折し、長い間軍事政権の権威主義下で言論弾圧や人権侵害を受けられてきた。それが80年代の光州民主化運動を契機に民主化運動が全国的に広がれ、ようやく民主化を実現することになった。韓国の民主化過程で求められたことは、民主的な制度や価値観を定着させる取り組みをすることであった。一見効率的にみられる権威主義指導体制よりも国民が公正な選挙で指導者を選び、説明的に責任を求めることができる民主主義体制のほうが長期的に安定をもたらすことになるということを歴史は教えてくれる。

　この原理を中国にあてはめると、中国も天安門事件や香港の雨傘運動などの一例民主化をもとめる市民運動がおこなわれていたが、真の「民主化」を実現することまではできなかった。そのために、今の中国においては深刻な人権侵害や言論弾圧など国民の権利が犯されている。中国政府は今世紀半ばに社会全体が豊かになる「共同富裕」を達成し、「強国」を目指すとして、人民の団結を呼びかけている。それを中国では「中国式の民主主義」だと主張する人もいる。

　現在、中国の人権問題については欧米諸国や日本など多くの国々が、香港や新疆ウイグル自治区の状況に「重大な懸念」を示している。一方、それを上回る数の国々が中国を擁護しており、国際社会においても認識

の分断がおこなっているのである。[6]「真の民主主義」とは何なのか。

　中国の作家である江棋生は中国の民主主義について次のように述べている。「政府と同じ意見しか許されず、人びとを卑屈にさせる安定とは何なのか。言論の自由や民主主義が中国の国情に合わないとは思わない。真実を話せない社会に創造はなく、模倣と盗用では世界の先頭にはたてない。どんな国にも問題はあるが、民主主義では問題がどこにあるのかを議論できる。一党独裁とは根本的に違う」（「民主主義実現諦めず」（『東京新聞』2018年6月4日）。

　政権による厳しい取締りの中でも、市民による政権監視は健全な民主主義の維持に欠かせない営みである。

註

[1] 2021年で民主化に向かう国は15ヵ国であり、権利主義化を強めている国は33ヵ国であった。

[2] これに関しては、権寧俊「韓国の『ポストコロニアル』政策と日韓関係──朴正熙政権期を中心に」（土田哲夫編『近現代東アジアと日本』中央大学出版部、2016年を参照。

[3] 「国民統合のための教育」に関しては、権寧俊「変容する朝鮮族の民族教育」（松本ますみ編『中国・朝鮮族と回族の過去と現在』、創土社、2014年を参照されたい。

[4] 「再教育施設」の正式な名は「職業機能教育訓練センター」である。国際人権団体や米国などはこれらのセンターを「再教育施設」と呼んでいる。

[5] 「ウイグル拘束国連で懸念」（『朝日新聞』2018年11月10日）。2019年12月3日米下院はウイグル族に対する人権侵害を批判し、「ウイグル法案」を超党派による圧倒的な支持で可決した。「『ウイグル法案』可決」（『朝日新聞』2019年12月5日）。

[6] 香港や新疆ウイグルの問題については、中国やロシアなど55ヵ国・地域は「香港は中国の一部で、外国勢力による干渉は許されない」と反論しており、新疆についても、45ヵ国・地域が「中国はテロや過激主義の脅威に対応し、全民族が平和で安定した環境の中で人生を楽しんでいる」とした。「香港とウイグル問題」（『朝日新聞』2020年10月11日）。

コラム

時のタペストリーと平和
―― 『光のノスタルジア／真珠のボタン』に寄せて ――

黒田 俊郎

　新潟市のダウンタウンにシネウィンドという名前の市民映画館がある。1985年開業の名画座で、首都圏などで上映された良質の劇映画やドキュメンタリーを半年から一年遅れで上映する新潟で暮らすシネフィルたちにとっては欠かすことができない存在である。夜の外観がビクトル・エリセの佳品『エル・スール』に出てくる映画館「アルカディア」にどことなく似ているのが印象的で、今年（2016年）の夏から秋にかけても『ディストラクション・ベイビーズ』『オマールの壁』『シリア・モナムール』といった優れた作品がラインナップされた。なかでもひときわ印象深かったのがチリの名匠パトリシオ・グスマンの『光のノスタルジア』（2010年、フランス、ドイツ、チリ）と『真珠のボタン』（2015年、フランス、チリ、スペイン）二部作であった。ご覧になったかたも多いと思うが、『チリの闘い』三部作で名高いグスマン監督がアジェンデ政権崩壊後40年をへて綴った私的でありながらも普遍的な射程をもつ作品であり、現代世界における平和の意味を考えるうえでさまざまな示唆を与えてくれる珠玉の映像詩である。

　映画の舞台は、南米大陸の西海岸を南北に長く延びるチリの国土の北端と南端に位置するアタカマ砂漠（『光のノスタルジア』）と西パタゴニア（『真珠のボタン』）である。太平洋とアンデス山脈のあいだを走るアタカマ砂漠の高地は、地上でもっとも乾燥したその気候ゆえに世界中から天文学者が集う場所であると同時に、古代人のミイラが発掘され、銅や硝石の鉱山労働者たちの亡骸が手つかずのまま残る場所でもある。天文台

に隣接して先コロンブス時代の遺跡とチャカブコ収容所跡がある。前者の岩壁にはリャマや人物を描いた古代画が残り、後者は19世紀の広大な硝石工場の労働者宿舎をそのまま利用したピノチェット政権時代の政治犯収容所である。天文学者たちが遠い銀河に宇宙と生命の起源を探す傍らで、行方不明になった肉親の遺骨を捜して砂漠を掘り返す女性たちがいる。ピノチェット政権下で政治犯として捕らわれ殺された人びとの遺体がここに埋まっているからである。

　1970年、サルバドール・アジェンデが大統領選に勝利し、チリは世界史上初の選挙で成立した社会主義政権をもったが、1973年9月11日、軍事クーデタが勃発、アジェンデは政府宮殿で死亡し、以後18年間ピノチェット軍事政権がチリを支配した。彼女たちの親族縁者は独裁政権下で拉致・殺害され、遺体は砂漠に埋められた。発覚を恐れる政権は遺体を掘りかえし別の場所に埋めたり、海に捨てたりした。二度と浮かびあがることのないように遺体に鋼鉄のレールを括りつけ、海中に投下したのである。望遠鏡が映しだす星雲の数々がスクリーンに明滅し、立ち並ぶ天文台のかなたにはアンデスの山々が見える。そして1990年6月に発見されたピサグワ集団墓地のモノクロ映像が挿入される。巨大な穴のなかから数多の遺体が発掘され、なかには髪の毛や衣服が残っている遺体もあった。1万年前、アタカマ砂漠に初めて住んだ人びとは海で洗われた小石を集め、星から多くの知恵を学び、死者の埋葬を夜におこなった。考古学者たちは古代人の骨やミイラを集め、分類し、古文書を解読するように研究し、博物館に宝物のように保管している。一方で、ピノチェット時代の膨大な数の行方不明者の遺体は、ただ段ボール箱に入れられ倉庫のなかに放置されている。広場の壁に貼られた行方不明者の写真は、痛み、黄ばんで剥がれつつある。

　天文学の時間と考古学の時間、チリ現代史とグスマンの個人史（子どもの頃の星空への憧憬）がアタカマの星の煌めきと砂漠を渡る風のなか交錯して織りなす時のタペストリー、『光のノスタルジア』は、命のはかなさと尊さ、歴史の尊厳と理不尽を語って尽きることがない。そして『真珠のボタン』では、そこに人類学の時間が付加されるのである。世界最

大の群島、チリ南端の西パタゴニアには、無数の島嶼、岩礁、峡湾（フィヨルド）が存在し、海の遊動民（ノマド）が暮らしていた。カウェスカル、セルクナム、アオニケン、ハウシュ、ヤマナである。19世紀には8000人が暮らしたが、いまはわずか20名を残すのみである。彼らの運命を語るグスマンの囁きには、命への畏れと暴虐への怒りが宿り、終映後も、その透明な哀しみと平和への祈りは、木霊のように観客に纏いつき離れない。

　　人間は死んだ後、星に生まれ変わると彼らは信じていた。1883年、入植者たちが到来した。何世紀も水と星とともに生きてきたインディオはその世界が崩壊する悲劇に直面する。チリ政府は入植者たちを支援して"インディオは堕落している"と批判、"羊を盗む野蛮人だ"と。伝道本部が置かれたドーソン島に多くのインディオが避難した。そして信仰と言語とカヌーを奪われた。彼らが着させられた古着には文明が持ち込んだ病原菌が付着していた。それが原因で50年以内にほとんどが病気で死んだ。生き残った者たちは"先住民狩り"の犠牲になった。牧畜業者は睾丸一つに1ポンドの報奨金を払った。

　映画は、文明化の実験のため、真珠のボタンと交換で英国に連れて行かれた四人のインディオのうちの一人、ジェミー・ボタンと名づけられた男の生涯を語る。

　　ジェミーは船員の服を着せられた。イギリス人とともにジェミーは1年以上見知らぬ世界で暮らした。石器時代から産業革命の時代へ航海したのだ。数千年先の未来に行って、数千年後の過去へと戻った。紳士になったジェミー・ボタンを艦長はパタゴニアに連れ戻した。故郷の地に足をつけると、彼はすぐに洋服を脱いだが、かつての自分には戻れなかった。

　時が流れ、ピノチェト政権時代、ドーソン島には強制収容所が秘密

裏に建設され、拉致された人びとは胸にレールを括りつけられて海中に投じられた。裁判記録によると、その数は、生きていた者も死んでいた者もふくめて、1200体から1400体にのぼるという。そして40年後、レールの一つが引き上げられる。

　レールをよく眺めると他にも遺された物があった。一個のボタンが付着していたのだ。そこにいた誰かが遺した唯一の形見だ。ジェミー・ボタンは真珠のボタンと引き替えに祖国と自由を奪われた。そして人生もだ。彼は故郷の島に帰っても昔の自分には戻れなかった。自分が生まれた場所にいながら、追放者だった。二つのボタンは同じ物語を伝えている。奪われし者たちの歴史だ。ほかにも多くのボタンが海底に眠っているだろう。水には記憶があると言われている。水には声もあると私は信じている。水に近づいてみれば、インディオや行方不明者の声を聴くことができるだろう。

　パトリシオ・グスマンは、奪われし者たちの歴史を発掘し、その語られなかった言葉に耳を澄ませ、彼らの魂の行方に思いを馳せている。それは、追悼のひとつのかたちであるとともに、時を超える平和への祈りの詩でもある。

註

* 　文中の引用（グスマン監督のナレーション）および作品の梗概は、映画のパンフレット『光のノスタルジア／真珠のボタン』（岩波ホール、エキプ・ド・シネマ207）採録の映画シナリオとDVD版（IVC、2017年）収録の資料に拠った。なお映画の公式サイトも参照した（https://www.uplink.co.jp./nostalgiabutton/ 最終閲覧日：2024年4月12日）。初出は、日本平和学会ニューズレター第22巻第3号（2017年1月）。再録にあたって若干加筆修正をおこなった。https://www.psaj.org/publications/kiroku/

第 2 章
世界の中の地域

グローバルとローカル
―私たちにできることは何か―

1

人間の安全保障とSDGs
——新型コロナウイルス禍の経験を踏まえて——

伊藤 晋

はじめに

　新型コロナウイルス等[1]のパンデミック、気候変動或いは気候危機、またウクライナ等における戦争・紛争等、今日の世界は、複合的な危機に直面している。2030年を目標とするSDGs（持続可能な開発目標）の実現に向けた努力がおこなわれているにもかかわらず、世界中で多くの人びとが貧困や暴力に脅かされ、将来への不安に直面している。これらの問題は、私たちの身の回りの地域社会でも起こる問題でもあり、遠い国の話ではない。実際、新型コロナウイルス禍（以下、コロナ禍）は、先進国、開発途上国等の国の経済水準や、都市・地方、或いは富裕層・貧困層を問わず健康面に大きな影響を与えている危機であり、決して「遠くの国」で発生した「対岸の火事」ではなく、日本に生きる私たちが直面した危機である。コロナ禍により、これまでの「当たり前」が「当たり前」ではなく、友人と気軽に会い、会話すること、海外や国内を旅行することが出来なくなるなど、日々の日常が大きく制限を受けた。他方、清潔な水の利用やワクチンへのアクセス等の予防、また、医療体制や健康保険制度等の治療面で、国や所得水準等によって、取り得る対応が異なることから、影響は一様でなく、社会的に脆弱な人びとに大きな影響が出ていることについても、コロナ禍の経験を踏まえ、私たちは理解出来る。

　コロナ禍を経た今日ほど、「誰一人取り残さない」世界を目指すSDGsの重要性が増している時は無いのではないだろうか。また、このような複合的な危機の中にある現在、誰も取り残されず、恐怖や欠乏から自由で、一人一人が尊厳をもって生きられる社会を目指そうとする理念である「人

間の安全保障」が、従来以上に重要ではないか。本稿では、コロナ禍の
経験を踏まえ、SDGsと人間の安全保障について概観しつつ、人間の安全
保障の今日的な意義について考えてみたい。

1. 持続可能な開発目標（SDGs）

　本節では、持続可能な開発目標（SDGs）について、先ずその内容、ミ
レニアム開発目標（MDGs）との対比、課題について概観した後、コロ
ナ禍によりSDGsがどのように影響を受けているのか見ていきたい。なお、
「持続可能な開発」とは、「将来の世代のニーズを満たしつつ、現在の世
代のニーズも満足させるような開発」と定義される[2]。

1-1 SDGsの概要

　2015年の国連総会において、2030年を展望し、持続可能な世界の実現
を目指し策定された『我々の世界を変革する：持続可能な開発のための
2030 アジェンダ』、及びその具体的な目標である「持続可能な開発目標」
（SDGs）が採択された。『持続可能な開発のための 2030 アジェンダ』の
前文では、「我々は、誰一人取り残さないことを誓う。[3]」（We pledge that
no one will be left behind.）と記載されるとともに、とくに重要な概念であ
る五つのP、人間（People）、地球（Planet）、繁栄（Prosperity）、平和（Peace）、
パートナーシップ（Partnership）について説明がなされている。SDGsは、
2030年を達成期限とする17の目標と169のターゲットからなる。17の目標
は、表1のとおりであり、日本に住む私たちの生活に密接に関係してい
るものも多いことがわかる。

【表1】 SDGsの目標一覧

目標1	あらゆる場所のあらゆる形態の貧困を終わらせる
目標2	飢餓を終わらせ、食糧安全保障および栄養改善を実現し、持続可能な農業を促進する
目標3	あらゆる年齢のすべての人びとの健康的な生活を確保し、福祉を促進する
目標4	すべての人に包摂的かつ公正な質の高い教育を確保し生涯学習の機会を促進する

目標5	ジェンダー平等を達成し、すべての女性および女児の能力強化をおこなう
目標6	すべての人びとの水と衛生の利用可能性と持続可能な管理を確保する
目標7	すべての人びとの、安価かつ信頼できる持続可能な近代的エネルギーへのアクセスを確保する
目標8	包摂的かつ持続可能な経済成長及びすべての人びとの完全かつ生産的雇用と働きがいのある人間らしい雇用を促進する
目標9	強靭なインフラ構築、包摂的かつ持続可能な産業化の促進及びイノベーションの推進を図る
目標10	各国内および各国間の不平等を是正する
目標11	包摂的で安全かつ強靭（レジリエント）で持続可能な都市および人間居住を実現する
目標12	持続可能な生産消費形態を確保する
目標13	気候変動及びその影響を軽減するための緊急対策を講じる
目標14	持続可能な開発のために海洋・海洋資源を保全し、持続可能な形で利用する
目標15	陸域生態系の保護、回復、持続可能な利用の推進、持続可能な森林の経営、砂漠化への対処、並びに土地の劣化の阻止・回復及び生物多様性の損失を阻止する
目標16	持続可能な開発のための平和で包摂的な社会を促進し、すべての人びとに司法へのアクセスを提供し、あらゆるレベルにおいて効果的で説明責任のある包摂的な制度を構築する
目標17	持続可能な開発のための実施手段を強化し、グローバル・パートナーシップを活性化する

　SDGsは2015年に終了したミレニアム開発目標（MDGs）のうち、未達成の目標を含め、策定されたものであることから、次にMDGsについて見ていきたい。MDGsは、21世紀の国際社会の目標として、2000年の国連ミレニアム総会で採択された「ミレニアム宣言」の具体的目標として纏められたものであり、2015年までを達成期限として、八つの目標が策定された。但し、MDGsは同総会で新たに策定されたものではなく、1990年代に策定された国際的な合意等を纏めたものと言える。達成した目標は、八つの目標のうち、「貧困人口の割合の半減」[4]（目標1の一部）、及び「安全な飲料水を利用出来ない人口割合の半減」（目標7の一部）程度であり、多くの目標は達成出来なかった。とくに、サブサハラアフリカでの達成状況は良好ではなかった。

MDGsが開発途上国の貧困削減や社会開発面を中心としたものであった一方、SDGsは開発途上国のみならず、先進国も含めた全世界の国を対象とするとともに、持続可能な開発の三側面、すなわち経済、社会及び環境を対象とした包括的なものとなっている。また、SDGsは、各国の政府、国際機関のみならず、NGOなどの市民社会、民間企業も対象としている。このように包括的な目標であることから、表1からもわかるように、それぞれの目標が相互に関連しており、一つの目標で改善が見られると、その相乗効果等により、他の目標にも改善が見られる場合があり、他方、ある目標で悪化傾向が出ると、他の目標にも負の影響が連鎖することもある。

　SDGsは、すべての国連加盟国を対象とし、持続的開発に関する包括的な目標が全会一致で合意されたことを考えると、画期的なものであると言える。他方、批判や課題もある。目標、ターゲット、指標が多く、相互に矛盾を否定出来ない部分もある。また、ターゲットについては、「半減させる」「3％未満に引き下げる」等、達成状況をモニタリングすることが可能なものもある一方、「改善する」、「強化する」等、客観的に達成状況を評価することが困難なものもある。更に、客観的な指標が特定されているものについても、開発途上国を中心とし、信頼出来る統計情報の作成・入手が困難な国もあり、統計面での体制の強化が必要な場合もある。達成しなかった場合の罰則も無ければ、達成することによる報償等も無い。

　また、『持続可能な開発のための 2030 アジェンダ』では、「（本アジェンダは）先進国、開発途上国も同様に含む世界全体の普遍的な目標とターゲットである。[5]」（パラ5）と記載されているように、「普遍的」という用語が一つのキーワードになっている。「各国の現実、能力及び発展段階の違いを考慮に入れ、かつ各国の政策及び優先度を尊重しつつ[6]」（パラ5）との前提はあるものの、各国の歴史、文化、政治、経済、社会等の違いに必ずしも着目せず、同一の目標やターゲットを一律に課すことついても批判がある。

1-2 SDGsの達成状況

　2015年に採択されたSDGsの進捗はどうであろうか。SDGs開始から7年となる2023年は、「SDGs中間年」でもあり、2030年までの7年間にどのようにSDGsを達成していくかについて、ニューヨークの国連本部で9月、4年振りとなる「SDGサミット」が開催された。本サミットの議論のベースとして、同年7月には国連により、"The Sustainable Development Goals Report 2023: Special Edition"と題する報告書が発表された。同報告書の主なポイントは以下のとおり。[7]

　　・計測及び評価が可能な約140のターゲットのうち、順調に推移していると評価されるのは約15%に留まる一方、30%以上が、2015年の基準値から変化は無い、或いは後退している。
　　・コロナ禍により、極度の貧困の削減において30年続いた着実な前進が止まり、現在の傾向が続けば、2030年までに、5億7500万人が極度の貧困に陥ったままであり、国民の貧困率を半減できる国は3分の1に留まる。
　　・世界の気温は、産業革命以前の水準との比較で既に1.1℃上昇しており、2035年までに1.5℃以上となる可能性がある。

　本報告を受け、同サミットで採択された政治宣言では、次のようにSDGsの深刻な進捗状況について、警鐘を鳴らしている。

　　SDGsの達成は危機に瀕している。2030アジェンダの中間年において、我々はSDGsが遅々として進まないか、2015年の基準よりも後退していることを憂慮する（パラ8）。[8]我々は、世界が直面する危機と障害を乗り越えるために、すべてのレベルにおいてすべてのステークホルダーが継続的、根本的、変革的かつ緊急の行動をとることにコミットする。2030アジェンダを達成し、SDGsを実施するために、低下・悪化傾向を反転させ、進捗を加速させるための必要な緊急行動を取る必要性を認識する（パラ36）。[9]

国連のグテーレス事務総長は同サミットの冒頭、SDGsのキーワードを引用しつつ、「誰一人取り残さない、ではなく、我々はSDGsそのものを取り残してしまう危険を冒している。」と指摘した。

2．人間の安全保障

本節では、SDGsのキーワードである「誰一人取り残さない」の起源とも言える、「人間の安全保障」についてその内容、変遷について議論していきたい。

2-1　人間の安全保障の誕生

「人間の安全保障」という概念は、1995年3月にコペンハーゲンで開催された「社会開発に向けての世界サミット」を意識して作成された『人間開発報告書1994』（国連開発計画（UNDP））にて初めて言及された。同概念について、同報告書では、次のように解説している。

> 大半の人びとが不安を感じるのは世の中の激変よりも、日常生活における心配事である。自分と家族の食べものは十分にあるだろうか。職を失うことはないだろうか。街頭や近所で犯罪は起こらないだろうか。圧政的な政府に拷問されないだろうか。性差ゆえに暴力の被害者にされないだろうか。宗教や民族背景のために迫害はないだろうか。つまり「人間の安全保障」とは、子どもが死なないこと、病気が広がらないこと、職を失わないこと、反体制派が口を封じられないことなどである。「人間の安全保障」とは武器へ関心を向けることではなく、人間の生活や尊厳にかかわることである。[10]

そして同報告書は、「人間の安全保障」の二つの主要な構成要素として、「恐怖からの自由」と「欠乏からの自由」を挙げている。「恐怖」は戦争、武力紛争、人権侵害、環境破壊等、「欠乏」は貧困、飢餓、及び教育機会の欠如、保健サービスの欠如等生きる上で必要なものの欠如と理解出来

る。「恐怖からの自由」と「欠乏からの自由」は、米国ルーズヴェルト大統領の1941年一般教書演説で言及された「四つの自由」を前身とするものである。[11]なお、日本国憲法前文第二段落にある、「全世界の国民が、ひとしく恐怖と欠乏から免かれ、平和のうちに生存する権利」の「恐怖と欠乏から免かれ」は、「恐怖からの自由」、「欠乏からの自由」と理解出来る。

　但し、1994年に突然、「人間の安全保障」という概念が誕生したのではない点、留意が必要である。1989年12月の米ソ両国によるマルタ会談にて「冷戦の終結」が宣言され、「冷戦」は終わりを迎えた。これは、国際協力における戦略的な関心の低下を背景とした、国際援助予算の減少を招きかねない事態であった。更に、1980年代に国際通貨基金（IMF）、世界銀行等により主導された構造調整融資が市場経済原理に基づいた経済[12]成長を過度に重視したことから、人間開発が劣後され、貧困層の生活への深刻な影響が指摘されていた時代でもあった。一人当りGDP（国内総生産）等の経済水準で社会の豊かさを測る流れが主体である一方、UNDPは1990年から毎年『人間開発報告書』を刊行し、経済指標だけではない社会の豊かさを測る経済社会指標として、平均余命、識字率、教育水準などによって構成される人間開発指数（HDI）を発表している。これは国家単位の経済規模ではなく、一人一人の「人間開発」に焦点を当てた取組みが背景にあったと言える。

2-2　人間の安全保障の変遷

　ここでは、「人間の安全保障」という概念が1994年に初めて発表されて以降、どのような変遷を経て、今日に至っているのか見てみたい。元国連難民高等弁務官の緒方貞子（のちに国際協力機構（JICA）理事長等を歴任）とケンブリッジ大学トリニティカレッジ学長（当時）でノーベル経済学賞を受賞したアマルティア・センを共同議長とする「人間の安全保障に関する委員会」が2001年に日本のイニシアティブにより国連に設置された。その後、同委員会は2003年、"Human Security Now"（邦題『安全保障の今日的課題』）を提出した。同報告書では、人間の安全保障は「すべての人間の生にとってかけがえのない中枢（the vital core of all human lives）を

守り、自由と可能性を実現すること[13]」と定義され、人びとの生存・生活・尊厳を確保するため、個人やコミュニティに焦点をあて、人間一人一人の保護とエンパワーメントの必要性を強調している。

「人間の生にとってかけがえのない中枢」との表現には曖昧な部分があるが、同報告書では、「人間の生にとってかけがえのない中枢とは、人びとが享受出来る基本的な権利と自由であり、何がかけがえのないものかは、個人や社会によって異なるものである[14]」、としている。そのため、同報告書では、「人間の安全保障」の概念は、動的（dynamic）でなければならず、同概念の要素について具体的に記載することは敢えて控える、としている。これが、「人間の安全保障」という概念がわかりにくい、と言われる理由でもある。

その後、国連等において人間の安全保障の定義に関する議論[15]がおこなわれてきたが、最終的には、2012年、国連総会にて「人間の安全保障に関する決議」が全会一致で採択され、国連加盟国は人間の安全保障の共通理解に合意した。同決議では、「人間の安全保障は、加盟国が自国民の生存、生計、及び尊厳に対する広範かつ横断的な課題を特定し対処することを支援するアプローチである[16]」と規定した。その上で、人間の安全保障の概念に関する共通理解として、八つの特筆すべき項目を記載している。その中で、「人間の安全保障は、すべての人びと及びコミュニティの保護とエンパワーメントに資する、人びとを中心とする包括的で、状況に応じた、予防的な対応を求めるもの[17]」と説明している。

3．人間の安全保障の今日的意義とまとめ

本節では、人間の安全保障とSDGsについて、コロナ禍を経験した現在における意義について考察したい。

先ず、人間の安全保障とSDGsの関係について見てみたい。SDGsには「人間の安全保障」という言葉は見当たらない。他方、SDGsの基本的な原則である「誰一人取り残さない」という言葉は、人間の安全保障の基本である一人一人の人間に着目するアプローチに基づく。SDGsは、「誰一人

取り残さない」持続可能で多様性と包摂性のある国際社会の実現を目指す羅針盤であるが、その根底にあるのがこれまで見てきた「人間の安全保障」の理念である。従って、SDGsを推進することが人間の安全保障の実現に繋がり、また人間の安全保障を実践することがSDGsの達成に繋がる、と言える。更に、SDGsが2030の国際社会の目指すべき姿を示す一方、人間の安全保障は最も脆弱な人びとに焦点をあて、社会の更なる事態の悪化に向かうリスク（ダウンサイドリスク）に対処するアプローチを提示する概念であり、両者は相互補完関係にあるとも言える。

　2-1で言及した「恐怖からの自由」に関連する戦争、武力紛争、人権侵害、環境破壊等、「欠乏からの自由」に関連する貧困、飢餓等は、単独で問題となることは少ない。SDGsの各目標が相互に関連しているように、複数の問題が複合的な問題となることが多い。たとえば、武力紛争により人権が侵害されるとともに、物流が途絶えることにより飢餓が発生する、等の状況が考えられる。とくに、現在のように、パンデミック、気候変動、戦争・紛争等により複合的な危機に直面していることを踏まえると、「人間の安全保障」が今日意義を持つのは、「人間の安全保障」がこれらと重層的に関連し合い、複雑な問題に対応する概念であることに他ならない。

　グローバル化した現在、テロ、感染症、気候変動等、地球規模の問題は、国境を簡単に越えることを、私たちはコロナ禍で目の当たりにした。そのため、このような地球規模の問題は、地球規模で解決しない限り、私たちは安全に暮らすことが出来ない。国連が提唱する"No one is safe, until everyone is".（すべての人が安全にならなければ、誰も安全にならない。）の重要性については、コロナ禍を経た私たちは理解出来るのではないだろうか。つまり地球規模の問題の解決には、SDGsの「誰一人取り残さない」という理念、及び人間の安全保障の一人一人の人間に着目するアプローチを真に実践する必要がある。

　他方、SDGsの達成と人間の安全保障の実践には、地域社会における行動も必要不可欠である。コロナ禍への対応においても、地方自治体はコロナの検査、予防、治療等において最前線に立っており、日本の各地方では、各地方の経済、社会等を踏まえた独自の取組みが実施され、功を

奏したことも私たちは理解している。人口減少、地域経済の縮小等の課題に対し、各地域におけるSDGsの取組みは、これらの課題解決に繋がる可能性を秘めている。開発途上国の経済、社会、環境面の課題は、日本の地方の課題とも共通する部分があり、地方の課題解決がグローバルな課題解決とも関連することもある。各地方の取組みがボトムアップ的に地域や中央、そしてグローバルに反映されることが重要である。

　では、日本に暮らす私たちには何ができるのだろうか。一人一人が取り組むことが出来ることには限りがある。複合的な危機に直面し、私たちは無力感を覚えることも多い。そのようなとき、マザー・テレサの言[18]葉が想起される。

　　"We know only too well that what we are doing is nothing more than a drop in the ocean. But if the drop were not there, the ocean would be missing something."（私たちのおこなっていることは大海の一滴に過ぎません。しかし、私たちがやめたら確実に一滴が減るのです。）

　SDGsの最後の目標にパートナーシップ（複数の行為者による協働）が盛り込まれているのも、このような理由と考えられる。一人では限界がある、という認識に立ち、世界を少しでもより良くしたい、という「思い」を大切に、周囲を巻き込み、パートナーシップの可能性を積極的に模索することも重要である。国際協力には、いろいろな形があり、世界のどこにいても、一人一人が目の前のできることにしっかりと向かい合い、取り組むことが必要である。

　コロナ禍では、ワクチン・ナショナリズムのように、自国中心主義等国際的な協力関係とは逆の方向も見られたが、地球上の極めて甚大な危機に対し、協力して対処し、改善することの可能性も見ることが出来たと言える。「危機に瀕している」と指摘されているSDGsの達成、そして人間の安全保障の実現には、希望、知識、そして行動が極めて重要である。たとえ困難に見えても、私たちは努力を続ける必要がある。小さな成功は、見た目ほど遠くにあるわけではなく、そのような成功を積み上げること

も重要である。「人新生」という人類の経済活動等により地球の気候・生態系に甚大な影響を与えている時代に生きる私たちは、人類史上、グローバルな複合的な危機に直面する極めて重要な節目にいると言ってもよい。ダウンサイドリスクに対処するにあたり、私たちは人間の安全保障の概念について改めて認識する必要があるのではないか。

註

[1] 世界保健機関（WHO）は、2020年1月30日、新型コロナウイルスについて、「国際的に懸念される公衆衛生上の緊急事態」、と宣言した。また、WHOは、2023年5月5日、新型コロナウイルスに関する「国際的に懸念される公衆衛生上の緊急事態」の宣言の終了を発表した。但し、新型コロナウイルスは依然として大きな脅威だと警告している。

[2] 「環境と開発に関する世界委員会」（委員長：ブルントラント・ノールウェー首相（当時））が1987年に公表した報告書「Our Common Future」（通称ブルントラント報告）。

[3] United Nations, *Transforming our world: the 2030 Agenda for Sustainable Development*, 2015, p.1.

[4] 実際には人口が多い中国とインドにおける貧困人口の大きな減少に依る部分が多く、サブサハラアフリカでは逆に増加している国もある。

[5] United Nations, *Transforming our world: the 2030 Agenda for Sustainable Development*, 2015, p.5.

[6] United Nations, *Transforming our world: the 2030 Agenda for Sustainable Development*, 2015, p.5.

[7] United Nations, *The Sustainable Development Goals Report 2023: Special Edition,* 2023.

[8] United Nations, *Political declaration of the high-level political forum on sustainable development convened under the auspices of the General Assembly.* 2023, p.2.

[9] United Nations, *Political declaration of the high-level political forum on sustainable development convened under the auspices of the General Assembly.* 2023, p.6.

［10］ United Nations Development Programme (UNDP), *Human Development Report 1994*, 1994, p.22-23）

［11］ 他の二つの自由は「言論・表現の自由」と「信仰の自由」。

［12］ 開発途上国が国際通貨基金（IMF）や世界銀行から融資を受ける際、マクロ経済の安定、財政の均衡、国営企業の民営化、金融の自由化、規制緩和等の政策勧告を受け、その実施を前提とする国際開発金融の一手法。一部の国では経済成長等の成果が出たものの、国内投資の低迷、社会開発関連予算の削減等の弊害、とくに、貧困層の栄養状態の悪化、教育・保健のサービス水準低下等、貧困層の生活への深刻な影響が指摘される等、批判も多い。また、各国の状況を必ずしも踏まえず、同一の処方箋により政策勧告をおこなった、との批判もある。

［13］ Commission on Human Security, *Human Security Now*, 2003, p. 4.

［14］ Commission on Human Security, *Human Security Now*, 2003, p. 4.

［15］ とくに、カナダ政府が主張する「保護する責任」（Responsibility to Protect）の概念との区別が特徴的である。同決議では、3.(d)として、「人間の安全保障の概念は、保護する責任及びその履行とは異なる。」と明記されている。なお、「保護する責任」とは、非人道的な事態の発生等、自国民を保護する責任を果たせない国家に対し、国際社会が同国民の保護を目的として制裁、軍事介入等により保護する責任がある、とする概念。

［16］ United Nations, *Resolution adopted by the General Assembly on 10 September 2012: Follow-up to paragraph 143 on human security of the 2005 World Summit Outcome*, 2012. P.1.

［17］ United Nations, *Resolution adopted by the General Assembly on 10 September 2012: Follow-up to paragraph 143 on human security of the 2005 World Summit Outcome*, 2012. P.1.

［18］ 1910年、現在のマケドニア・スコピエ生まれ。18歳で修道院の教師として当時のイギリス領インドに渡り、貧困や病に苦しむ人びとの救済に生涯を捧げた。1979年ノーベル平和賞受賞。

「地域」からの外国地域研究

穆 尭芊

はじめに

　「地域」という言葉は曖昧である。どの範囲の広さを指すかは、論者が明確に規定するか、読者が前後の文脈から推測するしかない。たとえば、本学が立地する新潟県は地域と言えば地域であるが、秋田・山形・富山・島根などを含める日本海沿岸地域も地域と呼ぶ。また、現代中国地域研究やロシア地域研究と言われるように、地域は中国やロシアという一つの国を指すことがある。さらに、アジア・太平洋地域やユーラシア地域のような、複数の国からなる大きな地理的な範囲を意味する場合もある。新潟県や日本海沿岸地域の場合は、地域を「地方」に言い換えることができるかもしれないが、正確ではない。なぜなら地方という言葉には、中央との関係や大都市との関係を示唆するニュアンスが含まれているが、地域にはそれが含まれていない。たとえば、東京は地域の範疇に入るが、地方の範疇には入らないであろう。いずれにしても、地域という言葉は曖昧であるが、安易に言い換えられるものではなく、不思議な言葉である。

　「地域からの外国地域研究」というわかりにくいタイトルも、上記の曖昧さから来ている。最初の地域は、一国の中の一部という意味で、日本の場合は新潟県や日本海沿岸地域、中国の場合は黒龍江省や東北地域にあたる。ここでいう地域は、経済後進地域のみならず、東京や上海のような国際的な大都市も含まれることに留意されたい。一方、「外国地域研究」の地域は丸ごと一つの国を指して、たとえば現代中国地域研究やアメリカ地域研究のようなものである。確かに同じ原稿に「地域」の二つの意味を同時に使うのは、混同しやすくて望ましいことではないが、本稿の趣旨はそこにある。

本稿の趣旨は、特定の国を対象として研究する場合は、その国の中の各地域の状況を細かく調査し、各地域の動向・政策・特徴からその国の全体像をとらえるという手法を提唱することである。たとえば、中国を研究対象とする研究者は、各省の状況を調査し、その動向から中国全体の姿を浮き彫りにすることである。あるいは、中国東北地域の経済社会状況を分析し、そこから中国全体の経済状況や発展の流れを垣間見る。また、アメリカ地域研究をおこなう際には、大都市が集中する東西両海岸地域と、相対的に経済的な後れを取っている中部・南部地域との比較検討を通じて、アメリカという国の実態や政策の変化を捉える分析視角である。

　日本における外国地域研究では、特定の学問分野からその国を分析するという「ディシプリン重視」の研究手法と、その国を丸ごと捉えてさまざまな学問分野から学際的な研究をおこなう「対象地域重視」の研究手法がある。たとえば、中国に対して前者では政治学、経済学、社会学、国際関係学、史学、文化人類学などの特定の学問分野からアプローチするが、後者では一つの学問分野に囚われず、学際的に総合的に探究していくものである。前者には、しっかりした理論的枠組みや分析手法があるため、明確な結論が得られやすいが、ほかの学問分野との関連性が弱く、物事の本質を見落とす危険性がある。後者には、大局的・学際的な見地から対象国の仕組みやメカニズムなどの本質に関わる部分の分析に長けているが、理論的な枠組みや分析手法の弱さが見られ、明確な結論が得られにくい面がある。外国地域研究をめぐる両者の論戦に長い歴史があり、現在も続いている。

　本稿はこのような状況に基づいて、対象国をより細かく、その実態をより近く分析するために、「地域」から外国地域研究の手法を提示したい。すなわち、対象国を丸ごと捉える全体性を重視しながら、国内諸地域の分析を重要な研究内容として、外国地域研究に新たな分析の視座を検討したい。極めて野心的な試みであるが、著者の研究蓄積や研究力の不足により十分に議論できる段階ではなく、本稿の分量制限のこともあり思考整理の一環として留めておきたい。

1.「地域」からの外国地域研究の意義

　まず、対象国の各地域の分析は、その国の実態を掴むためには不可欠である。とくに、アメリカ・中国・ロシアのような巨大な地理空間や市場規模を持つ国を対象とする場合は、各地域の分析はその国の実態を理解するために必要である。たとえば、中国の経済政策を分析する際に、国の政策決定の背後に地方ではどのような実態があるか、経済先行地域と後進地域の意見の相違はどのように調整されて最終的に国の政策として打ち出されたかを究明する必要がある。また、国の政策はどのように実施されているか、その効果の検討においても地方の分析が不可欠である。同じ政策でも地域によって実施の状況が大きく異なる可能性があり、それが政策全体の評価に直結している。

　次に、地域の取り組みは国によって政策実験の性格を持ち、地域分析は将来の国の発展の方向性を予測するには有益である。一国の経済発展にはさまざまな課題があり、その課題は特定の地域に顕著に表れているケースが多い。状況が深刻になった場合は中央政府も対処しなければならず、地域の問題は全国的に注目されることになる。その課題を解決するために、地域独自に試行錯誤をおこない、率先して政策実験をおこなうことが一般的である。政策実験がうまくいった場合は全国に広げて国全体の政策となるため、地方への観察は国全体の方向性への理解にも役に立つ。たとえば、中国において安徽省鳳陽県の農村土地請負権改革の試みはのちに全国の政策になった事例がある。

　さらに、地域間の分断は国の政治的な方向性や外交方針を左右する場合がある。民主主義の国では、地域の分断は選挙という形で現れる。後述するように、アメリカの大統領選挙の結果は、グローバル化の恩恵を受けてきて国際的な大都市が立地する東西両海岸地域と、グローバル化の負の影響を受けて経済的な後進地域が多い中部・南部との分断構造に左右されている。また、イギリスのEU離脱投票には、ロンドンを代表とする大都市の「残留」と、移民の負の影響を受ける地方の「離脱」との対立構造が見られ、その結果EU離脱が決まり、イギリスの経済・外交方針に極めて大きな影響を与えている。中国では、2000年代後半から始まっ

た地方主体の開発戦略が地方政府に大きな開発権限を与え、地域経済の振興が図られる一方、開発計画の乱立や住民権利への影響、腐敗問題や環境汚染の深刻化をもたらした。この状況に対処するために、習近平国家主席を中心とする中央政府への権力強化が図られ、極めて強い中央政府のリーダーシップが誕生した。中国の政治状況の変化は地方政府の開発行動に深く関わっている。

このように、地域からの分析は、これまでの外国地域研究に新たな視座を提供し、新しい知見を生み出す可能性を持っている。本稿ではアメリカ、イギリス、中国の地域研究の事例を取り上げ、各地方の動向に着目する意義を具体的に検討していきたい。

2．アメリカの事例：
トランプ政権を誕生させた大統領選挙と国内地域分断

2016年のアメリカ大統領選挙は、多くの専門家の予測に反し、共和党のトランプ氏が民主党のヒラリー氏に勝利して大統領に選ばれた。トランプ政権は米国第一主義を打ち出し、反グローバル化・反国際協調の路線を実施し、アメリカ自身が提唱したTPP（環太平洋パートナーシップ）から脱却するという異質な政権であると見られている。この意外な選挙結果について、地域別の投票結果（図1）を見てみよう。

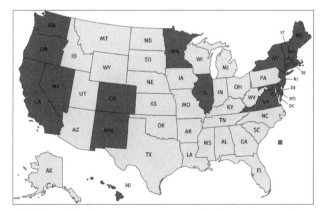

図1　2016年のアメリカ大統領選挙の地域別投票結果（州別）／出所：穆（2020）

図１の濃い部分は民主党（ヒラリー候補）の支持州で、主にグローバル化の恩恵を受けてきた大都市が立地する東西両海岸地域である。グレーの部分は共和党（トランプ候補）の支持州で、主に大都市の立地が少ない内陸部で、発展は相対的に遅れている中部や南部地域である。グローバル化の負の影響を受け、製造業の衰退や失業問題が深刻化している地域が多い。また、図２で示すように、一つの州の中でも、都市に属する地域はヒラリー候補を支持し、農村や地方に属する地域はトランプ氏を支持するという構図が見られる。このように、アメリカの大統領選挙は大都市と地方との分断の結果として捉えることもできる。

　過去の大統領選挙の州別投票結果を遡って調べると、上記の分断構造はグローバル化が急速に広がり始めた1990年代初頭に形作られ、現在まで続いていることが確認できる。アメリカの政治はこの分断構造から極めて大きな影響を受けている。トランプ政権はのちに米中貿易戦争を引き起こしたが、その背後に中国の成長という外因もあるが、アメリカ国内の分断構造も重要なファクターであるといえる。このように、米中貿易戦争は一見すると国際政治・国際経済秩序の問題であるが、実はアメリカ国内の地域分断と深く関係している。この分断構造が存続している限り、アメリカはグローバル化・国際協調を重視する政権とその逆を走る政権との間で揺れることになるだろう。

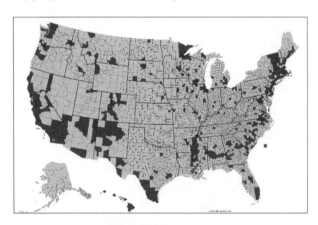

図２　2016年のアメリカ大統領選挙の地域別投票結果（郡別）／出所：穆（2020）

3．イギリスの事例：EU 離脱と地域別住民投票の結果

　イギリスのEU離脱は世界経済を震撼させた事件であり、人びとは固唾を呑んで2016年の国民投票を見守った。その結果、離脱を意味するブレグジットが決定され、EUの土台を根本から揺るがす事態が発生した。図3では国民投票の地域別の結果を示している。

　図3でわかるように、国際的な大都市であるロンドンやその近郊、ケンブリッジ、リバプール、マンチェスター、カーディフ、グラスゴー、エディンバラのような拠点的な地方都市は残留を支持した。一方、大都市や地方拠点都市を除く多くのイングランドの農村地域は離脱を支持し、都市部と農村部の格差が見られた。Joe Cortright（2016）によれば、都市に集まる高学歴の若い有権者は残留を支持し、農村に多く暮らす教育水準の低い高齢な有権者は離脱を支持する傾向がある。地域の教育レベルと住民投票の投票数の間には強い相関関係があった。田中（2019）は格差・福祉面から見た英国民の分断を重視し、金融資本主義の中核地区と旧工業地帯などの多くの地方との格差拡大が離脱の国民投票結果を生み出したと指摘した。さらに、朝日新聞（2023）は離脱に投票した人に対してインタビューをおこない、離脱投票はロンドンへの反発であり、「ロンド

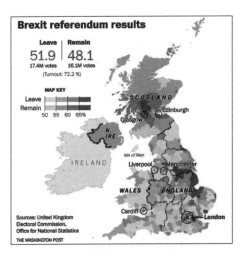

図3　EU 離脱におけるイギリスの地域別国民投票の結果／出所：Joe Cortright（2016）

ンに富が集まる仕組みをつくった政治を蹴っ飛ばしたかった」との意見
を紹介している。

　以上のように、イギリスにおける地域経済の格差と分断は、国民投票
を通じて国の方向性ないしEU全体の経済に極めて大きな影響を与えてい
る。地域分析の視点は、移民・難民の観点からEU離脱を検討してきた既
存の研究に新たな知見をもたらしている。

４．中国の事例：経済政策の展開過程と地域の視点

　中国は1978年から社会主義から市場経済への転換を図り、現在は世界
第2位の経済大国にまで成長している。しかし、中国経済の展開過程を概
観すると、ほぼすべての重要な政策は具体的な地域にリンクしているこ
とがわかる。各地域の分析は、広大な国土面積と多様な地域の特徴を持
つ中国研究にとって不可欠な視点である。

　図4は中国経済の展開過程及びそれに関連する地域の一覧を取りまと
めている。1953年からの第1次・第2次5か年計画は、地域間の経済的な
バランスを図るために全国基本建設プロジェクトを内陸部の中西部に優
先的に配置した。1964年からの三線建設は、ベトナム戦争や中ソ関係の
悪化に対応するために国防重視の政策が取られ、重要な基幹産業を強制
的に内陸部の山岳部に移転した。1978年からの改革開放政策は沿海地域
から始まり、四つの経済特区の設立や沿海都市の対外開放をおこなった。
1990年初頭から、中央政府は市場経済を全面的に導入し、上海浦東新区、
天津濱海新区等を相次いで設立して沿海地域への政策支援をおこなった。
2000年代では、急速に拡大する地域格差を対処するために西部大開発、
東北振興、中部崛起を実施した。さらに、2008年から多種多様な地域の
特徴に対応するために、地域発の取り組みを奨励し、地方主体の発展戦
略の形成が図られた。一方、開発計画の乱立や腐敗問題、環境問題が深
刻化するようになり、中央政府は2015年に一帯一路などの政策を打ち出
し、中央による省間の調整や統制が図られるようになった。たとえば、
この時期に長江経済帯（長江沿線地域）、京津冀（北京市・天津市・河北省）
協同発展、粤港澳（広東省・香港・マカオ）大湾区などの戦略も打ち出し

順番	時期	政策の理念	政策の内容	代表的な政策	関連地域
①	1953 – 1964年	産業配置の空間的均衡	全国基本建設プロジェクトの中西部への重点的配置	第1次五カ年計画、第2次五カ年計画等	中部・西部等の内陸部
②	1964 – 1978年	国防重視	沿海地域の産業を強制的に内陸部へ移転させる	三線建設	内陸部の山岳地域
③	1978 – 1992年	開放政策の試み・実行	外国資本・技術の誘致、国際市場への参入	改革開放、経済特区、沿海開放都市等	広東省深セン市・珠海市・汕頭市・福建省厦門市等
④	1992 – 2000年	成長牽引地域の育成	沿海地域に対する積極的な政策支援、財政移転	上海浦東新区、天津濱海新区等	上海市浦東地区、天津市濱海地区等
⑤	2000 – 2008年	地域格差の是正	内陸地域に対する積極的な政策支援、財政移転	西部大開発、東北振興、中部崛起	西部地域・東北地域・中部地域
⑥	2008 – 2015年	多様な地域発展モデルの形成	地方主体の発展戦略に対する中央政府の認可	広西北部湾経済区発展規画等（100件余）	広西等の多くの省・市・県レベルの地域
⑦	2015 – 現在	地域経済一体化	インフラの連結、発展戦略の協調、行政障壁の打破	一帯一路、長江経済帯、京津冀、粤港澳大湾区等	内陸部・長江沿線地域・北京市周辺・広東省周辺地域等

図4　中国経済の展開過程と関連地域／出所：筆者作成

ており、省をまたぐ地域間の経済的な連動や一体的な発展を推し進めている。

　まとめると、中国の経済発展の重要な政策はすべて具体的な地域にリンクしており、地域分析なしには中国経済の実態や流れを把握することが不可能である。また、多くの政策実験は地方からおこなっており、その実態と効果の観察は中国全体の政策の方向性の理解にも有益である。

5．「地域」からの外国地域研究の課題

　最も大きな課題は、「地域」からの研究にどのような理論的な枠組みが作れるかということである。経済の分野に限定しても、地域経済学の理論的な枠組みは多岐にわたっていることが周知の事実で、経済地理学・国際経済学・空間経済学・都市経済学等の枠組みを多数引用している。仮に国内諸地域の分析の視点を導入することにより、外国地域研究に新たな知見をもたらすことができたとしても、独立した学問分野としてその枠組みを確立させるのは容易なことではない。筆者が現段階で考える具体的な内容をいくつか挙げると、地域とグローバル市場との関係、地域と中央との関係、地域における政策と市場との協働、地域間の分断、

地域発展の機運の醸成の条件、キーパーソンの存在、地域の伝統と発展との関係、地域におけるイノベーションや創造性の源泉などが考えられよう。これらの課題をいかに体系的に組み立てて、それぞれの課題を深く掘り下げて、最終的に有機的に統合していくことが重要である。

　また、研究の方法や進め方についても困難が山積している。まず、対象国の多くの地域を実際に歩き、そこに脈々と流れる地域特有のリズムを掴むことの難しさである。各地域に独自の実態・特徴・課題があり、短い現地調査の期間内にどこまで把握できるかが読めない。とくに、現地調査の効果は人脈に依存している側面があり、数多くの地方に対して広範囲にわたる人脈を構築することは簡単なことではない。地方にはそれぞれの方言が存在し、標準的な公用語だけではコミュニケーションがうまく取れない場合がしばしばある。

　次に、地域歩きは複数の地方に対して継続的におこなうもので、各地方を比較してその特徴を相対化するために多くの蓄積が求められる。多くの地域を研究しないとそれぞれの位置づけが把握できず、各々の特徴に関して体系的に整理することができない。特定の地域に対して継続的な調査や分析をおこなわないと、つねに変化する地域の動向についていけず、重要なポイントを見落とす危険性がある。新しい地域分析の手法を吸収し、新規に公表されるデータに対してつねにアンテナを張らなければならない。長期間にわたって粘り強く取り組む必要があるため、短期間に論文を量産することが期待できない。

　最後に、国が異なっても共通する地域問題が存在するため、一国だけではなく、他国の地方に対しても関心を持つ必要がある。たとえば、特定の地域問題に関して他国ではどのように対処されているか、それぞれどのような特徴があるかを分析する。地方の課題をめぐる国際比較が求められることである。

　以上のような難しさもあって、これまでの外国地域研究はその国の中の地方からおこなうという手法が一般的に取られてこなかったと考えられる。しかし、以上の事例研究からわかるように、「地域」からの外国地域研究は、新たな知見をもたらす可能性が秘められており、困難を克

服してチャレンジしていく価値があると考える。

参考文献

朝日新聞（2023）「オーウェルの道をゆく、『労働者階級の街』から見た英国の
　　いま、『ロンドンは自分の国と感じない』、オーウェルも見た南北格差の今」、
　　朝日新聞デジタル、2023年8月20日記事。

田中素香（2019）「Brexitプロセスに見る英国民分断について──複数争点の視
　　角から──」『証券経済研究』第106号、2019年6月、33-53頁。

穆尭芊（2020）「アメリカの地域分断と米中貿易戦争」『ERINA REPORT（PLUS）』
　　No.157、2020年12月、3-11頁。

Joe Cortright（2016）"Cities and Brexit", (https://cityobservatory.org/cities-and-
　　brexit/、2023年9月29日アクセス)。

3

地球温暖化をめぐる文化人類学
——新潟県加茂市におけるサケ漁の実情から——

古川 勇気

はじめに

　近年の産業化や近代化にともなう地球温暖化、水質汚染、大気汚染、公害などは、我々全員が考えるべき喫緊の課題である。これらの環境変化は、はっきりとしたかたちで現れにくいため、普段の生活の中では感じられにくいかもしれない。だが他方、「人新世」（アンソロポシーン）という言葉が昨今話題になっている。大村（2020）によると、人新世とは、現在形成されつつある地層が「完新世」とは異なる地層となりつつあり、私たちが生きている現在を指す地質年代として提唱される概念である。さらに彼によると、この人新世が影響力を持つのは、人類の活動が地球での人類の生存可能性を近い未来に脅かす可能性を指摘し、現在の人類の活動に警鐘を鳴らす概念であるためでもあると明示している（大村 2020：14-15頁）。つまり、19世紀の産業革命以降からはじまった産業化や近代化などの痕跡が地層レベルで確認できるようになり、我々が自然環境に対して無責任ではいられなくなった時代に突入したということである。

　人新世への意識の高まりは、これまでの近代化の流れを反省的に考えるべきだという変化を背景としているだろう。一方、文化人類学は近代化の中から生まれた学問ではあるが、その保有する相対的なまなざしから、今の近代化がこのまま進んでいいのかということを反省的に見直す学問でもある。そのため、文化人類学は人新世の時代にうまく合った学問であり、誰もが危惧する私たちの未来に何かしらのヒントを提示しうるものである。

そこで、この稿では、地球温暖化の実態について、新潟県のサケ漁における歴史と文化、現状から考えてみよう。新潟県のサケ漁は歴史がある生業であり、サケを追いかけて樺太まで漁が展開していた。そして、この文化は季節の恵みを楽しみ、自然に敬意を払うものである。だが近年では、温暖化の影響からサケの遡上が落ち込み、地域の活性が危惧されている。本稿の最後では、この現状に対する実践の一部を紹介し、地球の環境変化をめぐる課題に、我々はどう向き合えばよいのかを示してみたい。

1. 新潟県のサケ漁

　まずは、新潟県のサケ漁の歴史と文化を整理する。そのうえで、筆者がフィールド調査をした加茂川のサケ漁の実態を報告する。

1-1　サケ漁の歴史

　新潟県でサケを獲る活動はかなり古い時代から確認された。遡れば、縄文時代の遺跡にその痕跡をみることができる。新潟市域を含む蒲原において、角田山ふもとの豊原遺跡（縄文時代前期後半〜中期初頭）からサケの骨が見つかっている（新潟市歴史博物館 2005：5頁）。同時に、魚の網に用いる石の重りも出土しており、この時期から魚網を使った漁業がおこなわれ、秋の貴重な食料資源が確保されていたと考えられる。

　10世紀には、朝廷に貢納する税が記された『延喜式』の記録から、新潟県でサケ漁が盛んだったことがわかる。その記録には、越後国は「鮭」のほかに、「鮭内子、鮭子、氷頭、背腸」というイクラやサケの内臓の加工品を納めることが記されていた。またこの時期には、サケを塩漬けで加工することがおこなわれ、加工場・貯倉庫などの遺跡も確認されている（新潟市歴史博物館 2005：6頁）。のちの近世では、現代のサケ漁に通じる刺し網、流し網などの漁法が確立された（新潟市歴史博物館 2005：6-7頁）。

　江戸時代では、長岡藩と新発田藩は、その年に最初に獲れたサケを塩引きにして、江戸城の将軍に献上していた。このような献上や贈答などに使う特別なサケを、長岡藩では番鮭、新発田藩では初鮭と呼んでいた

（新潟市歴史博物館 2005：12頁）。『加茂市史』によると、新発田藩では1〜5番の初鮭が選ばれたあとは、市井でサケの商いをすることが許可されていたという（加茂市史編集委員会（編）2008：356頁）。

　漁の対象となるサケは回遊魚であり、遠くはベーリング海やアラスカ海までの回遊ルートを持つ場合がある。そのため、明治時代には、新潟県の漁船は回遊魚のサケを追って、ロシア領の樺太（サハリン）まで漁に出ていた。そして、大量のサケが塩漬けに加工・販売されていた（新潟市歴史博物館 2005：21-22頁）。この回遊魚を追いかけるサケ漁は、当時の東アジアの友好な国と国の関係を背景にしないと実現できないほど、大変広域な漁であったと考えられる。大正時代には、アメリカ製の自動製缶缶詰機械を導入して、新潟県のサケ漁は販売において産業化した。とくに、この産業ではベニザケが缶詰にされ、イギリスに向けて販売された（新潟市歴史博物館 2005：26-27頁）。

　新潟県では、サケ漁はもともと季節ごとの生業であった。これが、明治時代以降には、樺太まで広がる遠洋漁業になり、さらに、缶詰加工によって工業化も実現した。その後、第二次世界大戦の影響から、ロシアとの関係悪化にともない、樺太までの遠洋漁業は難しくなった。現在、国内では北方から北海道沿岸で回遊するサケを捕まえる漁が最も有名である。新潟県では、信濃川や三面川などに遡上するサケを捕らえる漁が主流である。

1-2　サケ文化

　新潟県では、昔から川を遡上するサケを捕まえてきたが、どのようなサケ文化がみられるだろうか。ここでは、サケを利用した郷土料理とサケにまつわる民話を紹介する。

　まずは、新潟県のサケを利用した料理を紹介する。最も有名なのが塩引きである。村上市では、サケの塩引きはブランドとして、お土産や贈答として有名である。塩引きとは、毎年11月頃に捕獲したサケを、塩に漬けて、その後塩を水にさらして洗うという手間を施してから、紐でつるして乾燥させた商品であり、切り身などで食される。塩引きの切り身

は塩味が濃いため、ご飯のお供としてふさわしい料理である。

　またその他のサケ料理として、氷頭のなますもある。これは、サケの頭の軟骨部分を酢であえたなます料理である。それ以外にも、新潟県の代表的な料理であるのっぺをシロザケのハラミで出汁をとって作ったものがある。のっぺとは、主に里芋などの野菜を醤油味の出汁で煮た、とろみのついた伝統料理である。

　このように、新潟県のサケ料理では、サケの身ばかりでなく、さまざまな部位が利用され、伝統的に食されてきた。それほど、11月頃から出回るサケは新潟県の食卓では欠かせない存在であり、季節の恵みを味わう喜びや楽しみをもたらしてくれる食材である。

　次に、新潟県のサケ文化として、サケにまつわる民話を紹介する。以下に取り上げるのは、「鮭の大介・小介」という話である。

　その昔、越後国の信濃川では、毎年11月15日に大介と小介という夫婦が群れを連れて遡上するといわれていた。この夫婦は、体長3mほどの鮭で川魚の王と呼ばれる存在であった。この夫婦が遡上する日には、信濃川の漁師たちは怖れて網一つ入れようとはしなかった。この様子を見ていた大長者は苛立ち、漁師たちに網を入れるように命じた。大長者は、多くの田んぼや船を所有する金持ちであったため、誰も逆らうことはできなかった。そのため、翌年の11月15日に、漁師たちは嫌々ながら川に網を入れた。その結果、雑魚一匹網にかかることはなかった。その日の夜、大長者は川岸で、何も獲れなかったことを嘆きながら酒を飲んでくだを巻いていた。すると、川から銀髪の老婆が現れ、大長者の前に来て「大長者ご苦労」といった。大長者は亡くなってしまった。その後、老婆は川に戻っていった。川から「鮭の大介・小介、今のぼる」という叫び声がひびいたかと思うと、鮭の大群が川を遡上していったという（新潟市潟環境研究所（編）2019：76-77頁）。

　この民話が示すように、昔から、新潟県の人びとは川を遡上するサケや川魚を貴重な水質資源としてみており、川やその資源に敬意や時として畏怖の念を抱いていた。そして何より、川の資源が枯渇することを怖れながら、自然とうまく付き合ってきたと考えられる。

1-3 加茂川のサケ漁

　それでは、現在の新潟県におけるサケ漁を考える。近年、サケの遡上が減少傾向にある。そこで、筆者がおこなった加茂市のサケ漁に関するフィールド調査から、サケ漁の課題について考えてみたい。

　加茂巾を流れる加茂川は信濃川の支流であり、海（新潟市の西港）から約45km離れたところに位置している。サケは、それほどの道のりを遡上してくることになる。加茂川までやって来るサケは体力を消費し、浅瀬を登ってくるため、サケには脂がのってないうえに身がボロボロの場合もある。そのため、加茂川漁業組合ではサケの身が販売されずに、イクラやすじこが塩漬けなどに加工して売られている。それ以外にも、身から取り出したイクラから稚魚のふ化・放流活動もおこなわれている。

　2022年11月に、筆者は加茂川を訪れ、漁協組合の方から話を聞いた。1979年から加茂川漁協組合は始まり、当初は北海道産のイクラをふ化させて漁をおこなっていた。2001年から加茂川産のイクラ（「加茂っ子」）が使われるようになり、2005年には1万匹を超えるサケの遡上があった。だが、その後サケの遡上は減少傾向にあり、2021年の遡上は3000匹を満たなかった（図1参照）。そのため、2022年に漁をすることは、人件費や設備投資費などのコストが売り上げよりも大きくなる可能性が高く、採算が見込めない「ギャンブルかもしれない」と漁業の方は嘆いていた。だが、2022年にも漁がおこなわれ、結果、例年どおりに近い6000匹を超える遡上があった。

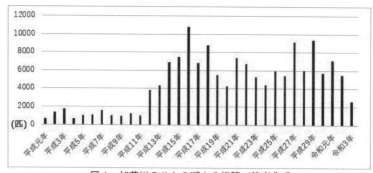

図1　加茂川のサケの遡上の推移／筆者作成

1969年に加茂市で大水害が起きて、加茂川の幅が約38m広がった。現在の加茂川は橋の上から全貌が見渡せる程度のこぢんまりとした川である。1979年に加茂川漁協組合ができ、2001年から加茂川で産卵したイクラからふ化した稚魚の放流が開始された。また漁協の方は、海から45km離れた加茂川に戻って来るサケの卵は完熟しているため粒が大きく、柔らかいと自信を持っていた。

　加茂川では、川幅いっぱいに罠を仕掛ける「ウライ」を使った漁がおこなわれている。ウライの手前では、サケが身をよじりながら登ってきて、産卵をする様子などが見られる。雨によって川の水量が増した日には、ウライの上にもサケが上がることもある。筆者が訪れた日は、前日が晴天だったこともあり、サケの遡上は40匹前後だった。その前々日は雨が降って水量が増したため、サケは300匹近くとれたという。この漁場で、漁師の方がサケの腹を裂いてイクラを取り出す。他方、サケの身は干して農家の肥料として使用され、この肥料を利用したブランド農作物が販売されている。サケ漁は、9月後半から始まり、加茂川の水源である粟ヶ岳が白くなる11月末に終了する。その後、加茂川沿いにはイクラの加工食品が販売される小屋が立ち並び、賑わいを見せる。イクラを塩漬けにしたものを試食したが、粒が大きく美味しかった。まさに、季節の恵みを舌で味わえるものといえる。

　イクラの一部は受精卵とし、毎年100万匹近くを放流して、近年では平均して5〜6000匹が戻ってくるという。また、ふ化した稚魚の一部は地域の小学校に配布され、子どもたちが1〜2ヵ月世話をして、毎年4月に漁師とともに放流活動をおこなう。すなわち、サケを通じて子どもたちと漁師がつながり、サケによって自然観察や食育が実践されるという地域ぐるみの教育がおこなわれている。

　以上のように、加茂川のサケ漁はサケを通じて地域がつながり、季節の恵みを地域全体で楽しむ起点のような存在である。その中で見えてきた課題としては、近年のサケの遡上減少である。新潟県の人びとは、サケなどの水質資源に時として畏怖の念を抱いて、その資源の枯渇を怖れてきた。そのため、サケ漁の懸念は地域全体の活性や誇りにも影響しか

ねない課題である。

２．サケの遡上増加に向けた実践

　前節の新潟県のサケ漁に関する概観から、現状では、サケの遡上減少が課題として挙げられる。ここでは、この課題解決に向けた取り組みを紹介する。この実践をおこなっているのが、NPO法人「新潟水辺の会」である。以下では、その副代表の加藤氏のまとめを参考にしている。

　近年、国内のサケの遡上が落ち込んでいる要因として、以下の三つが挙げられる。一つ目は、地球温暖化による海水温の上昇によって、サケが日本付近まで来られないというものである。河川水温が15℃以下にならないと、サケは川への遡上ができないといわれているため、サケは川に遡上せず、海で産卵をおこなうという現象が起きている。二つ目は、海水温の上昇によって、海面にこれまでいなかったサバなどの魚が現れるようになり、サケの稚魚が捕食される可能性が挙げられる。三つ目は、長年のふ化放流事業による稚魚の弱体化が考えられる。そのため、自然に近い状態で産卵させることで、稚魚を野生に慣れさせる必要がある。

　このように、遡上の減少には地球温暖化による海水温上昇が大きく関わっている。こうした気候変動かつ稚魚の弱体化に対する課題として、水辺の会では、日本海区水産研究所の飯田氏の提案を受けて、2015年からサケ発眼卵の河床埋設放流を実施している。この実践は、発眼した受精卵を自然の河川の中でふ化から稚魚になるまで育てることで、稚魚の弱体化を避けることを目的としている。この対策は、地球規模の海水温上昇に対する対処は難しいが、海に出るまでの稚魚の生存率を上げることには、十分な成果が期待できるものである。

　湖中（2020）によると、地球規模の気候変動に対する戦略として、原因である二酸化炭素の排出を削減する「緩和策」と、影響に対して取り組む「適応策」と呼ばれるものがある。さらに彼は、後者の例として、バングラディッシュでは気候変動の影響により洪水に苦しんでいるが、洪水でも勉強ができる「水に浮かぶ学校」の試みを挙げている（湖中2020：45頁）。今回取り上げた水辺の会の実践は、後者の「適応策」の一

例である。原因に対する対処である「緩和策」は有効ではあるが、成果を上げるには時間を要するだろう。だが、「適応策」は目の前の課題に対する処置ではあるが、即効性がある。

　以上から、水辺の会の実践は既存の活動を見つめ直し、変わってしまった現状の中では最善の取り組みであるといえる。現状の気候変動に対する対策としては、元には戻らない環境変化を嘆くよりも、現状の中で変化を逆手に取るような、現実的で前向きな提案力が求められている。

おわりに

　本稿では、近年の産業化に伴う気候変動にどう向き合うべきかを、新潟県のサケ漁を事例に考えてきた。

　まずは、サケ漁の歴史を概観した。新潟県のサケ漁は、明治時代にはサケを追いかけて樺太まで出航するような、広域に展開する漁であった。次に、サケ漁にまつわる文化を考えた。その文化は、貴重な季節の恵みへの楽しみと、水質資源の枯渇への怖れを表現するものであることを示した。そして、加茂川でのサケ漁の実情を検討した。サケ漁は地域のつながりや食育の起点であることを指摘した。そのため、サケの遡上減少は地域の誇りや季節の味わい、さらには街の活性などに影響する可能性がある。そのうえで、近年のサケ遡上減少の対策として、サケ発眼卵の河床埋設放流の実践を紹介した。いくつかの気候変動の対策の中で、気候が変わってしまった状況への対策の方が現実的で即効性があることを明示した。

　以上のように、本稿では、我々が産業化などにともなう環境変化に責任を持たなければならない時代において、具体的な事例から解決策の提案を試みた。社会における現象について多角的な側面から検討し、その中で、現実的な提案までも示すのが人類学的研究の一つである。あくまでも、社会の中で問題を発見し、その解決の方途を現実的に導くことで、我々の既存の生活を相対的に問い直すところに文化人類学の醍醐味がある。

引用文献

大村敬一（2020）「「人新世」時代における文化人類学の挑戦」大村敬一・湖中
　　真哉（編著）『「人新世」時代の文化人類学』放送大学教育振興会、11-32頁。
加茂市史編集委員会（編）（2008）『加茂市史　資料編2　近世』加茂市史編集
　　委員会。
湖中真哉（2020）「人新世とグローバリゼーション」大村敬一・湖中真哉（編著）
　　『「人新世」時代の文化人類学』放送大学教育振興会、33-49頁。
新潟市潟環境研究所（編）（2019）『越後平野における新たな地域学　みんなの
　　潟学』新潟市潟環境研究所。
新潟市歴史博物館（2005）『特別展　新潟の鮭　鮭を求めて1000年／2000㎞の
　　航跡』新潟市歴史博物館。

4

ローカルを見つめ直す実践
──「反・共生」史の環境表象──

小谷 一明

1. 風景への眼差し

　2019年の秋、新潟県立大学で開催された日本平和学会の研究集会に、
新潟県新発田市出身で映像作家の吉原悠博が登壇した。このときに上映
された「培養都市」(2017)[1]という短編映像作品は、新潟と東京を結ぶ高
圧送電線ケーブルをたどり、電気の流れを追いかける17分ほどの短編映
画である。山野をまたぐ鉄塔を中心に据えた映像が淡々と流れ、音声は
自然の音や市街地の音、機械のノイズといった環境音のみだ。極めて多
彩なデザインがほどこされた鉄塔の連なりを見続けながら、日本海側と
太平洋側をつなぐ電線が広大な自然風景を切り裂いていること、大小さ
まざまな無数の鉄塔が険しい地形をものともせずに建てられてきたこと
に気づかされていく。

　見終わる頃には、普段目にしている山や森、川の風景に偏在する電線
や鉄塔を認識できていたのだろうかと考えるようにもなる。風景を眺め
やるなかでは電線や鉄塔が見えていながらも、視像から消去していたの
ではないか。電線や鉄塔を風景の一部とし、自然と人工の入り混じる風
景を歪に感じない感性が育まれていたのではないか。もし緑豊かな山に
異物が存在しながらも「自然風景」として愛でていたのなら、それは近
代における感覚の馴致、もしくは麻痺といえるだろう。

　吉原は「培養都市」の公開5年前に、信濃川を河口から長野県へと遡
上する「シビタ」(2012)という短編映画を制作している。タイトルの「シ
ビタ」とは、新発田の語源の一つとされるアイヌ語で「鮭がとれる地」と
いう意味だ。[2]この作品では淡々と信濃川の流れる様子が映し出されてい

く。またも凡庸な、見慣れた感じのする川面の映像であり、私たちの日常感覚を問いかけるような作品だ。「培養都市」と同様、視聴しながらさまざまな思いが浮かんでくる。なぜ川を延々と映し出しているのか。タイトルに「シビタ」というアイヌ語を用いたのはなぜか。

　阿賀野川に近い新発田の旧名「シビタ」を信濃川の映像作品に用いたのは、江戸時代に新発田藩が信濃川河口から長岡付近までを領地とし、新発田と信濃川には歴史的なつながりがあったからだ。明治から続く新発田の吉原写真館、その6代目館主である吉原にとって新発田と信濃川の結びつきは突飛なことではない。彼の先祖は信濃川流域で土地改良や米の品種改良にたずさわっており、信濃川は新発田藩史のみならず、吉原家の系図と深いつながりがあった。それでも江戸時代といった前近代ではなく、古代まで遡ることを促すアイヌ語の地名が冠されている点が興味深い。アイヌ語の使用には、長い時間枠で川を見つめる眼差しが含意されたのだろうか。作品ではヒトの営為など意に介さぬかのように、信濃川が淡々と流れ続ける。川面を見つめるうちに川は意思を持つ生きもののように見え、壮大な自然史の時間を想起させていく。

　「シビタ」のあとに「培養都市」を見直すと、電線・鉄塔の連なりも川のように意思を持った「流れ」に見えてくる。自然との共生をテーマとする五木寛之の小説『風の王国』（1985）には、「最初は〈かわ〉が〈みち〉だった（中略）どんなけわしい山中にでも〈みち〉ってやつは必ずあるものです。動物であれ、人間であれ、〈みち〉がなくては生きていけません」（43-44）とある。川は山野をまたぎ越す「みち」を大地に刻み、動物も人間もそれを古代から利用してきた。五木の考えを援用すれば、鉄塔群の連なりもエネルギーの「みち」ではなかったか。

　鉄塔群を近代につくり出された「みち」と措定するとき、一つの伝承を思い起こす。ダイダラボッチという巨人が山野を踏み越えて窪地などの地形を残したとされる伝承だ。この巨人譚は各地に残るが、地形の凹凸から「足跡」を想像することで生みだされた伝承である。この発想に準ずれば、「培養都市」の鉄塔群は近現代の、「ヒト」という巨人の足跡と言えるだろう。ダイダラボッチの民話は宮崎駿も映画で用いたとされ

るが、吉原の「培養都市」も近代再考を促す巨人譚に思えてくる。[3]

　このように吉原は、2010年代に制作した上記二作品で川の「みち」と
エネルギーの「みち」、自然とヒトの営みを対比させた。後者については
電線・鉄塔群の映像が、それをつくり続けたヒトの欲望、その途方もな
さを浮かび上がらせる。留意すべきは先述したように電線・鉄塔群の「み
ち」が川のように風景化され、普段は意識の外に追いやられている点だ。
こうした風景への眼差しが、原発を地方に押しつけてエネルギーを吸い
上げる「東京」と、都市を「培養」する新潟の関係を不可視化すること
になる。これは信濃川においてもいえることだ。

　「シビタ」では豊富な水量をたたえた信濃川は、十日町付近になると川
の流れが細くなる。古厩忠夫が岩波新書の『裏日本』（1997）で述べたよ
うに、20世紀末にかけて信濃川では山手線を動かすための過剰取水によ
り「夏枯れ」が起きていた。原因企業であるJR東日本から水を取り戻す
住民運動が起こされ、取水にある程度の規制はかけられたが、信濃川は
21世紀においても都市を培養するエネルギーの「かわ」であり続けてい
る。二つの作品を比較することで、川も都市と田舎の関係において改造
されてきたことに気づくだろう。

　ここまではヒトを中心に述べてきたが、川はヒト以外のものにとって
の「みち」でもある。「シビタ」は川の流れを映し出すが、川の中を、そ
こに生きる魚などを映し出してはいない。しかし、水の中を想起させる
タイミングでの公開であった。「シビタ」公開の少し前に鮭の遡上を夢見
るNPO法人「新潟水辺の会」の活動が話題となっていた。この会は主要
メンバーが21世紀にかけてJR東日本と交渉しながら放流量を改善させた
後、多くの人を巻き込みながら信濃川で稚魚の放流を2006年に始めてい
く。4年後、彼らは70年ぶりに長野県上田市まで鮭を遡上させることに成[4]
功し、地元メディアで話題となった。この2年後に公開されたのが「シビ
タ」である。戦前につくられたダムや戦後の取水などで寸断された魚の
「みち」を復元しようと企図した市民は、鮭が上るようになった川として
信濃川の映像を観た可能性がある。その場合、ノンヒューマンのために
「みち」を取り戻しつつある信濃川の作品「シビタ」は、奪われゆくエ

ネルギーの「みち」を描く「培養都市」とは対照的な作品として観られ
ただろう。

　「みち」は人だけのものではない。この思想を展開してきたのが川や潟
の復元に取り組む河川工学者、大熊孝である。流域住民と協議しながら
減災堤防などを提案してきた大熊（2020）にとって、川は「魂が還りた
がる風景」（34）としてある。彼が制作資金集めに奔走した映画『阿賀に
生きる』（1992）では、毎朝、堤防にあがって阿賀野川を見守る住民、餅
屋の加藤さんが映し出された。川を愛でる日常は、川を魂の故郷とする
住民の習慣といえるだろうか。この映画はこうした習慣に加え、新潟水
俣病事件もあり激減した川漁を復活させようとする住民の思いも伝えて
いる。こうした思いを受け止めてきた大熊は、高い堤防で日常生活が川
から遠ざけられることを危惧している（大熊225）。川が身近でなければ、
鮭を遡上させるといった復元への夢、環境想像力を育むこともできない
からだ。

2.「反・共生」の旅

　ここまでは映像作品にふれながら環境への眼差しについて述べてきた
が、文学作品で描かれた「夢見る」という環境想像力についても考察し
ていく。取り上げる作品は前節でも言及した新潟の川にまつわるもので、
まずは地域の環境がどのように語られ、その実践がどのような環境創造
を促しうるのかについて述べていく。そのうえで、ローカルな問題が多
様な場所へと想像的に越境する契機になることを見定めたい。

　2017年に出版された児童文学作品『河童のユウタの冒険』は、新潟
市北部にある福島潟とおぼしき潟に棲む水の守護神ユウタが、信濃川の
水源を目指していく冒険譚である。作者は新潟市生まれの斎藤惇夫で、
1975年のテレビアニメ番組『ガンバの冒険』の原作者として広く知られ
ている。斎藤がユウタの住み処として選んだ「福島潟」は、新潟に残存
する潟のなかでは大きなもので、梨木香歩が『渡りの足跡』（2010）で
描いたオオヒシクイの飛来地としても知られている。先述の大熊は福島
潟のそばに建つ水の駅「ビュー福島潟」で名誉館長を務めたことがあり、

本稿で取り上げる児童文学作品にまつわるイベントも開催している。また、隣接地には新潟水俣病の資料館があり、潟が身近であった昔の風景を思い起こさせながらも、水について考えをめぐらせる場所となっている。

『河童のユウタの冒険』はユウタが天狗のハヤテ、九尾の狐アカネを連れて、福島潟から阿賀野川水渓をつたって、信濃川・千曲川を遡上していく冒険譚だ[5]。信濃川は長野県からは千曲川とその名を変えるが、水源である甲武信ヶ岳（作品では「辛夷岳」）のふもとにある川上村付近までが旅の舞台となる。主人公ユウタの年齢は300歳、500歳以上と曖昧にされ（152）、長きにわたる環境史を思い描けるように設定された。上巻と下巻からなる作品で、上巻でのユウタらは旅の目的を知らないまま、何かにせかされるように移動を開始する。以下、下巻を中心に彼らの旅についてみていこう。

阿賀野川、信濃川・千曲川を遡上する物語で河童のユウタらは、旅路で多くの生きものに助けられていく。目的を知らずに始めた旅ではあったが、周囲の生きものから寄せられる漠とした期待、支援が旅の駆動力となった。しかし下巻に登場する猿の長老ユメオイが「鳥と獣たちが、自由に、愉しく、喜びをもって生きるため」（37）とユウタらに語る場面では、水辺の生態系を回復させることが旅の目的としてほのめかされる。そこから目的地とされる水源で何かを手に入れ、荒れ果てて「死の場所」（41）となった里山を蘇らせるといった目的が明らかになっていく。生きものたちの願いをユウタらが共有するなかで、忘却していたり、知らなかった過去も浮かび上がっていく。

一方、彼らの旅路を阻むものがヒトである。作中では生きものがヒトを避ける描写が続く。ヒト以外の視点で環境史をたどるこの冒険譚では、環境に加えるヒトの暴力について想起させる語りが散見され、ヒトに見つからないよう生きてきたノン・ヒューマンの「反・共生」史が浮かび上がるのだ。ユウタらの旅もヒトに見つからないことが成功の鍵となる。「われわれだけの聖域をつくってはもらえないか」（45）と猿のユメオイが懇願するように、生きものたちにとっての環境史はヒトから逃げる、

見つからない場を探すという旅の歴史であった。しかしながら、冒険譚ではすべてのヒトの営みを嫌うわけではないことも示唆される。ヒトのつくったある堰が流れのゆるやかなところをつくり出し、小さな生きものにとっては憩いの場となっている。また、水源に近い里山で暮らす子どもや老人[6]がユウタらを助ける逸話も挿入された。こうして僅かではあるが、ヒトと生きものが共に暮らせる可能性も示唆されながら、自然に加えたヒトの加害が語られることになる。「ニホンタンポポ、ラショウモンカズラ、キジムシロ」(144) などが姿を消しつつあるといった最近の事象にもふれ、環境破壊は今ここにある危機として描かれた。

　ここまで自然や環境という言葉を頻用しているが、それらはヒトがつくり出した概念である。前述の消滅しかけた植物名の列記が示すように、ユウタの冒険譚では多様な動植物の名前が散りばめられた。狐のアカネが魔法を披露する場面では、春冷えの山にミツバツツジ、マンサク、キクザキイチゲ、エイザンスミレなどが咲きみだれる (61)。冒険ファンタジーならではといえる百花繚乱の場面だが、自然界の豊かさが名称列記で描出された。こうした名称列記が自然という言葉で隠される多様性への気づきを促すことはもちろんだが、丸谷才一が『文章読本』(2020) で述べた「羅列」のレトリックとしての効果も生み出している。丸谷は「音楽性や朗誦性への配慮なしに羅列といふ技法を用ゐることは禁物だらう」(256) と述べ、聴覚的な効果をこの技法に見出している。実際、「クリの実カヤの実　アケビの実」(126) といったリスが秋の収穫を言祝ぐ歌も冒険譚に書き込まれ、カシラダカの「チッ　チッ」(116) など生きものの声と作品内で響き合う。近代散文が登場する以前の口頭伝承では満ちあふれていた音や声の文学的再現が、この冒険譚でも企図されているようだ。さらに、『河童のユウタの冒険』では鳥屋野潟の伝説として残るカワウソなどを登場させており、絶滅した生きものの声を聴きとる能力の必要性も語られている。

　視覚や散文偏重の時代において作者の斎藤は、「子どもたちは、遊びまわり、駆けまわり、自分の目で見て、鼻でにおいをかいで、耳で聞いて、手でさわって、足の裏で大地をふみしめて、ようやく自分の頭で考えて、

心で感じることができるようになる」と述べ、多様な感覚や想像力を駆使した体験を奨励していく。「それが人間になるってことだ」(197) と登場人物に語らせることで、「魑魅魍魎」と称された「この世を人間だけのもの」にしようとするヒトとの闘いを促していく (217-219)。その闘いに際して呼び出されたのが「影」であった。

> きみたちは会わなかったかね、きみたちの言う影たちの中に、人間が大事故を起こし、その事故でばらまかれた危険なものをあび、体内に摂取してしまい、食すと危険だからと人間が勝手に決めて、殺されてしまったブタやウシに。(219)

　東日本大震災の後に起こった原発事故で被ばくした家畜が、上述のように「影」として語られた。家畜に限らず、鳥やサカナ、リスやモグラといった小さな生きものも含む「影」と出会うことが作品では求められていく。この出会いがヒトとヒト以外のもののコロニアルな関係への気づきをもたらし、多様な場所を想像的につなぐ契機を生み出すのだ。

3. 新たな「みち」への夢想

　ここまで川と電線・鉄塔群の映像、そして河童の冒険譚についてふれてきた。現代において場所を映し出す、場所について語ることの意義はどのようなものだろうか。言及してきたテキストには、論じてきたように潟や川、山野の内なる世界への関心を醸成しようという意図がうかがえる。同時に吉原・斎藤の表象実践には、「自然」をヒトの視点で語ることへの危惧が見受けられる。どのような表象であれ、主観は風景描写につきまとう。手垢のついた自然イメージが反復され、描く・映す側と描かれる・映される側というコロニアルな関係も温存されてしまう。とはいえ環境表象なしには、ノン・ヒューマンがこれまでそれぞれの地で闘い続けてきた（であろう）ありさまは見えてこない。川の中や「影」の内実を表象・明記できないことをあえて見せながら、環境への想像力を培い、改めてローカルなものを見つめ直す実践が提起される。こうした実践が

なければ、ノン・ヒューマンの闘いは不可視化されたままとなるからだ。

ウルズラ・ハイザ（Ursula K. Heise）が*Imagining Extinction*（2016）で種差別について述べたように、ヒト（「魑魅魍魎」）は「私」という主体を特権化し、社会のマイノリティおよびノン・ヒューマンに「野蛮」というイメージを糊塗してきた（165）。ハイザは環境保全においてもジェンダー・階級、部族紛争といった国内政治、グローバリズムの暴力と重層的にからみあうことを確認しながら、生物多様性を規定する科学的な分類とその基底となる文化的な枠組みの暴力性を再審する、「マルチスピーシーズ正義」に向けた表象実践を提言する（200）。ヒトとノン・ヒューマン、それぞれの多様性に配慮する実践は、他種・他者を定義する「私」や「私たち」の暴力を再考させることになる。

ノン・ヒューマンを含めた環境正義への視座は、生きる場を奪われつつある鮭や河童のユウタへの想像を促すことになるだろう。ヒトを風景化してみることで、まわりにある多様な生きものが語り出す「みち」が現れるのだ。

註

[1] 新潟市主催の「水と土の芸術祭2015」で初めて公開された際、「培養都市」は柏崎・刈羽原発から東京へと電気が向かう流れを映し出していた。その後、吉原はネオン輝く東京の光源を探すという目論見で、新潟へと電線を追いかける改編をおこなっている。日本平和学会では、2017年に文化庁メディア芸術祭第20回アート部門で優秀賞を受賞した改編版を上映したが、本稿では改編前の作品を論じる。

[2] 映像作品や吉原の本家の歴史については彼のHPを参照した（https://y-ps.com/about/yukihiro/　2023年9月アクセス）。とくに「資料集」のサイトにある新発田市の月刊フリーマガジン「街角こんぱす」（2003～）の連載コラムvol.93、vol.89、vol.12などが参考になった。

[3] 高橋正弘は「現代ダイダラボッチ考」（2019）で、高度経済成長期にダイダラボッチの足跡とみなされていた沼地が干拓された事例を挙げながら、宮崎が映画『もののけ姫』に登場する巨人を悪として描き、柳田國男が収

集した民話とは異なる巨人像を提示したと論じる。環境の視点を中心に自由な発想で巨人を創り変えた宮崎作品のように、「培養都市」も近代の巨人譚とみなしうるだろう。

[4] 活動の詳細については「新潟水辺の会」HP（https://niigata-mizubenokai.org 2023年9月アクセス）および大熊（2020）第2章3を参照のこと。

[5] 『河童のユウタの冒険』を読みながら地図でたどると、大河津分水など実地が舞台の下地となっていることがわかる。なお、千曲川がヒトの名称で、ヒト以外の生きものは「龍川」（112）と呼ぶといった書き方で、ヒトによる大地の命名行為を再考させる工夫がなされている。

[6] たとえば祖父の児童百科事典には河童が生きていると書いてあったと聞いた子どもたちは（102）、ユウタらをヒトの追跡から匿っている。また、老夫婦が芝居に出てきた九尾の狐をなつかしんだり、飢饉の際に人助けをした天狗の飯縄権現や白狐に言及する場面があり（183、193、213）、自然への思いが伝承や芝居という声の「文学」によって喚起されることを斎藤は強調する。

[7] 環境正義については小谷「コラムとキーワード4. 環境正義」を参照のこと。

引用文献

五木寛之『風の王国』新潮文庫、1985年。

小谷一明「コラムとキーワード4. 環境正義」『国際地域学入門』勉誠出版、2016年、240-243頁。

大熊孝『洪水と水害をとらえなおす　自然観の転換と川との共生』農文協プロダクション、2020年。

斎藤惇夫『河童のユウタの冒険　福音館創作童話シリーズ　下巻』福音館書店、2017年。

高橋正弘「現代ダイダラボッチ考　巨人譚が成立しない現代における教育的役割」『大正大学人間環境論集』第6号、2019年、35-45頁。

古厩忠夫『裏日本』岩波新書、1997年。

丸谷才一『文章読本』中公文庫、2020年。

Heise, Ursula K. *Imagining Extinction: The Cultural Meanings of Endangered Species.* U of Chicago P. 2016.

5

人文地理学で「地域」を知る
―― 新潟を例に ――

櫛谷 圭司

1. 地域を知る方法と意義
地理学の二つの視点と「地域」

　人文地理学には伝統的な地理学（地誌）と新しい地理学（空間の科学）の二つの系統があって、20世紀後半に前者に代わって後者が有力になった、といわれることがある。だが両者は排他的なものではなく、研究の目的や方法の違い（地域の個性的な特徴を理解したいか、それとも一般的な空間的現象を客観的に説明したいか）である。実際に地域を研究する際には、いずれかに軸足を置きつつ、必要に応じて両者を組み合わせて進めることになる。

　地域には人間の営みが蓄積している。地域を「空間」と言い換えたとしても、その中身は空ではない。ゆっくりと変動する自然環境のもとで、人々が集まり、食べて、移動し、生産・消費し、他の人と交わって生きてきた。そのような行為や活動の積み重ねが、いま私たちの目に見える地域を作り上げている。

　なお、地域という語には広さ（スケール）の限定がない。隣近所や通勤・通学の範囲から東アジア、ユーラシアといった大きなスケールまで、研究テーマに関連した何らかの共通性をもつ連続した空間を想定することが可能である。

分析・総合とフィールドワーク

　ところで、科学的な観点を取り入れて地域を研究しようとするとき、科学には「分析」と「総合」の二つの方法があることが注目される。「分

析」とは対象を細かく切り分けて構成要素を特定するような方法で、「総合」とは構成要素どうしの相互関係や全体のシステム、メカニズムを確認するような方法である。

　人文地理学での地域の研究は、既存の資料（地図、統計データ、史料など）から情報を集めて「分析」した上で、フィールドワークを通じて「総合」する、というのがオーソドックスな手順である。近年はコンピューターやインターネットが発達し、自宅や研究室にいても広範で精緻な分析や総合ができるようになった。

　だが、実際に研究対象の地域を訪れると、最新の情報を入手して正確に「分析」したり、景観や現地の人に直接触れてより深く「総合」したり、といったことが可能になる。フィールドワークで見る、聴く、感じる、の体験を積むことは、冒頭にあげた伝統的な地誌の方法だったが、現在でも有用性に変わりはない。科学的な研究方法を意識し、仮説をたててそれを検証しようとしていても、いちどフィールドに出ると目の前に広がる一次情報の洪水で知的好奇心が刺激され、既存の資料（二次情報）でわからなかった豊かで深みのある状況に気づくことがある。これがフィールドワークの面白さであり、結果的に研究の独自性（オリジナリティー）を確保することにもなる。

教育、生活、文化の継承

　そもそも地域を知ることには、どんな意義があるのだろうか。その実際的な回答の一つは、地理教育に関するものである。人は成長の過程で、おもに学校教育において、自分の住む地域（近所、市町村、都道府県など）や国、さらに世界の国々や地域に関する知識を身に付け、それが他の多くのことを学ぶ基礎にもなる。

　実生活においても地域を知ることは重要である。災害、紛争、貿易などのニュースに接したとき、日本や世界に関する知識が欠けていると、それらの内容や自分との関連を的確に理解するのが難しい。天気予報で台風の接近が伝えられても、地域の川や土地の形状、災害の履歴などを知らなければ、自分と家族の安全を守ることができない。

さらに、長い時間をかけて育まれてきた文化を受け継いでいくためにも、地域を知ることは重要である。たとえば、歴史的な建物や町並みを、まったく手を加えず朽ちかけたままの状態で保存するのではなく、その地域の特徴を理解して、保存すべきものと時代に合わせて改変してよいものとを区別し、必要な改修を施すことによって、生きた伝統景観として次の世代に継承することが可能となる。

　以下、事例として新潟を取り上げ、地域の特徴について空間的・時間的の二つの側面から見ていきたい。前者は地理学的、後者は歴史学的な観点ともいえるが、両者は実際には不可分である。この点に関しては本稿の最後に再び言及する。

2．新潟の空間的（地理的）特徴

日本海側気候

　新潟の第一の特徴は降雪である。冬に新幹線で関東方面から県境のトンネルを抜けて新潟県に入ると、車窓は文字どおり雪国に一変する。県内の古い町並みには雁木、道路には消雪パイプが設けられ[1]、雪の中に食品を貯蔵する食文化も発達した[2]。

　だが新幹線の終点、日本海に面した新潟市に近づくと、積雪は少なくなる。日本海の海水温や都市気候の影響[3]、さらに山雪型に比べて里雪型の気象状況になる日が少ないこと[4]などが原因である。統計データによれば、新潟市の降雪日数は富山市、金沢市よりも少なく、平均気温が0℃以下になる月もない[5]。

信濃川と越後平野

　第二の特徴は米と石油である。春から秋にかけて、越後平野[6]を走る新幹線の車窓は、平坦な土地に緑の水田がずっと遠方まで広がる、米どころ新潟らしい風景である。この土地はかつて、信濃川が氾濫して米が収穫できなかったり、雨が続くと腰まで水に浸かって稲刈りをしたり、といった困難な状態だったが、100年ほど前に信濃川に人工の放水路、大河津分水[7]ができると、下流部で洪水の危険度が著しく低下した。さら

に第二次世界大戦後にたくさんの排水河川や排水機場が整備され、大小の潟が干拓されて[8]、現在のような安定した水田地帯となった。

　春から初夏まで、空梅雨の年でも信濃川の流量は豊富で、稲の成長に必要な水が安定して供給される。これは、山地の森林が膨大な量の積雪を蓄えて「緑のダム」の役割を果たすからである。こうした平野と山地の自然環境、それと治水技術の発達が、米どころ新潟の基盤になっている。

　山地のふもと、信濃川の東西の丘陵地は、かつて日本一の石油生産地だった。現在の柏崎市から出雲崎町にかけての西山油田、長岡市の東部・南部の東山油田、新潟市秋葉区の新津油田の三つが代表的で[9]、19世紀末〜20世紀初頭の日本の産業革命を支え、新潟の工業化のきっかけにもなった。

城下町と港町

　第三の特徴は広いことである（新潟県の面積は全国の都道府県で第5位、山形県境から富山県境までの距離は九州の南北の長さに近い）。そのため、方言や郷土料理から日常生活（高校の通学範囲や週末のショッピング、役所の窓口、天気予報など）まで、多くの場面で上越、中越、下越、佐渡の四つの圏域に区分される[10]。

　上越の中心都市は上越市で、古代の律令制のもとで国府と国分寺が置かれた。関川下流の頸城平野に位置し、越後国最大の城下町高田と港町直江津が1971（昭和46）年に合併して誕生した。

　中越の中心は長岡市で、信濃川の中・下流域を治めた長岡藩の城下町である。前述の東山油田の開発を契機に、明治末から機械工業が発達した。幕末の戊辰戦争、第二次大戦末期の空襲、2004（平成16）年の新潟県中越地震、の三度にわたり被災したが、そのつど近代都市として再興した。

　下越の中心は県庁のある新潟市で、江戸時代に長岡藩の港町として信濃川河口に築かれ、海陸の結節点として発展した。近世から米の集散地として栄え、明治末には前述の油田地帯の石油を集め製油所が次々と立地、さらに昭和戦前にかけて大規模な工場の進出が相次いだ。1964（昭和39）年の新潟地震[11]で大きな被害があったが、高度成長期以降、新幹線

と高速道路で首都圏と結ばれ、2005（平成17）年の合併で新潟県の3分の1を超える人口80万の政令指定都市となった。

　佐渡は新潟港と直江津港からフェリーで2時間あまりの、昭和戦前まで日本最大の金銀山で栄えた島である。江戸時代には天領となり、鉱山町相川や輸送のための道路と港が整備された。

3. 新潟の時間的（歴史的）特徴
近代化と「裏日本」化

　幕末に開港五港の一つに選ばれた新潟は、外国貿易は振るわなかったが、明治元（1868）年に県庁が置かれると、港とともに近代化が進んだ。

　1897（明治30）年に鉄道が信濃川河口の右岸側まで延伸し、さらにそれが1926（大正15・昭和元）年に完成した港の埠頭に接続すると、新潟は海陸の貨物輸送の結節点になった。また、1931（昭和6）年に国鉄上越線が開通し、その翌年に「満州国」が建国されると、新潟港は東京と「満州国」とを結ぶ最短ルートの中継点にもなった。

　しかし、当時の日本全体の近代化を主導したのは、太平洋側から整備が進んだ鉄道と港湾、そしてそれらを基盤に形成された京浜、阪神などの臨海工業地帯であった。新潟などの日本海側の地域は、人（労働力）、資源（石油や電力）、食料（コメ）、資金（地租など）を提供して太平洋側の発展を支える「裏日本」の地位に置かれた。[12]

脱「裏日本」の兆しと挫折

　新潟では過去に三回「裏日本」からの脱却の兆しが見られたが、いずれも完遂できなかった。その第一は前述の「満州国」との連絡ルートの拠点港だった時期で、これは敗戦で水泡に帰した。

　第二は戦後の高度成長期のあと、1970年代末〜80年代の「地方の時代」[13]といわれた時期である。大企業の本社と支社、中央官庁と出先機関、などのネットワークで各地方のハブとなる都市が、広域中心都市として成長した。新潟市は、1982（昭和57）年に新幹線で首都圏と結ばれて利便性が高まったが、仙台市のような県域を超えた広域の拠点性を持つに[14]

は至らなかった。

　第三は1990年代前半の「環日本海」ブームの時期である。1980年代のアジアNIEs[15]とそれに続く中国の経済成長、80年代末の東西冷戦の終結と90年代初めのソビエト連邦の解体、といった世界の激変を背景に、新潟などの日本海側の道府県では、対岸の旧共産圏諸国との交流が飛躍的に拡大して「環日本海経済圏」が形成され、その拠点として発展することが期待された。だがこの夢も、バブルの崩壊とその後の「失われた20年」の中で、文字どおり泡となって消えた。[16]

東京一極集中

　高度成長期以降、国内の都市間格差が拡大し、1980年代には三大都市圏と前述の広域中心都市が成長したが、90年代に入ると東京の一人勝ち、いわゆる東京一極集中が加速した。国内外の情報が東京に集中し、中枢管理機能が著しく強化されたことが、その背景にある。人口減少と高齢化、財政難などに苦しむ地方とは対照的に、東京にさらに人とカネが集まり、国内外への文化や情報の発信力も独占するようになった。

　地方都市は現在も、こうした状況の中に埋没したままである。前述のように新潟市は2005（平成17）年の合併で人口81.4万の政令指定都市[17]になったが、人口はそれをピークに漸減している。「環日本海」ブームで増加した新潟空港の国際線の路線も、新潟の特徴だったハバロフスク線とウラジオストク線は2010年秋から休止したままである。[18]貨物の流動を示す外国貿易コンテナの取扱量をみても、新潟港は2021（令和3）年に17.2万TEUあまりで日本海側の港湾では最大だったが、それでも東京港の25分の1程度にすぎない。[19]

バブルの遺産としての知的インフラ

　「裏日本」という言葉が使われなくなって久しいが、新潟の現実はあまり変わっていない。とはいえ、「表日本」を人・モノ・カネで支えるだけの地位から、いくらか変化も見られる。

　たとえば、新潟県内の知的インフラの整備・蓄積が大きく進展した。[20]

もともと新潟市は東西冷戦期に北朝鮮や旧ソ連との関係・交流を重ねていたが[21]、バブル期の「環日本海」ブームの中で大学や研究機関などの設立が提唱され、その一部はバブル崩壊後に実現した[22]。これらは現在、情報発信や人材育成の拠点として定着し、幻に終わった「環日本海経済圏」に代わって、新潟の特徴にもなっている。

4. まとめに代えて ── 地域の特徴のとらえ方

時間と空間

　地域はつねに周辺と関係を持ちながら、時間の流れの中で変化しつつ現在に至っている。そのため、ある単独の地域だけ、現在または過去のある時点にだけ注目していては、地域の特徴を十分に説明ができない。ここまで見てきた新潟の特徴は、概略、以下のように時間と空間を一体的にとらえて、まとめることができるだろう。

自然と人間

　どの時代でも地域に外から影響を与えているのが自然環境である。だが、地域の人びとは環境に対してつねに受け身ではなく、継続的に環境に働きかけている。越後平野では、山地の降雪と信濃川の水の恩恵によって米の生産が拡大し、技術の力で水を制御できるようになって米の収穫が安定した。

　そして、収穫された米のほか、丘陵地で産出する石油も内陸の舟運によって信濃川河口の新潟の町に集められ、港から運び出された。さらに鉄道が港の埠頭まで延伸して海陸の結節点になると、石油の精製・加工を皮切りに急速に工業化が進み、人口が増えて新潟市が発展した。

目に見える光景と見えない特徴

　地域には目に見える特徴だけでなく見えない特徴もある。たとえば、過去のある時代の景観や、他の地域との機能的な関係（結節性）は、直接見ることはできないが、地域の重要な側面である。

　新潟市は、新幹線の開通から40年以上たつのに、「環日本海」はおろか

県域を超えた拠点性も確立できず、その間に東京一極集中が大きく進み、他の多くの地方都市と同様に低迷しているように見える。しかし、海陸の結節点という機能面の特徴には変わりがなく、さらに高速道路網や日本海のフェリー航路の拡充により貨物輸送ネットワークの拠点にもなった。また、バブル期以降に新潟県・市で知的インフラが充実し、教育や研究の拠点性が高まった。こうした点は、観光客の増加などと異なり目に見えにくいが、現在の新潟の特徴といえるだろう。

註

[1] 歩行者の往来のために道路に面した町家の1階部分をセットバックした空間が雁木で、歩道と異なり私有地である。道路に水道管を埋設し、そこから地下水を路面に散水して雪を融かす装置が「消雪パイプ」で、たとえば長岡市では全長360キロメートルにおよぶ。
[2] 野菜類を収穫せずに雪の下で越冬させたり、食品を雪に埋めて貯蔵したり、雪室や氷室の中で夏まで保存したり、といった方法が見られる。
神山伸・曽根英行（2021）「雪利用貯蔵による食品の新しい高付加価値化」日本家政学会誌Vol.72、47-53頁。
[3] 対馬暖流の影響で北緯40度付近（秋田県沖）まで真冬でも海水温が15度以上ある。また、ヒートアイランド現象により冬の市街地の気温が周辺より高くなることが多い。
[4] 山雪は、大陸からの冷たい空気が日本海上空で水蒸気を蓄えて積雲をつくり、それが日本列島の脊梁山脈にぶつかって上昇気流が生まれ、雪雲が発達して山地に雪が降るもの。里雪は、大陸〜オホーツク海から寒気が日本海の中・南部まで南下し、日本海上空で雪雲が発達して平野部に雪が降るもの。
[5] 新潟市のホームページによる。
[6] 信濃川が運ぶ土砂によって形成された沖積平野で、長岡市から新潟市まで直線距離で55キロメートルの間、標高差は20メートルほどしかない。
[7] 信濃川の河口から55キロメートルの地点に作られた放水路。1922（大正11）年に通水、1931（昭和6）年に補修工事が完了し完成した。150年に一

度の規模の増水時には、信濃川の長岡市付近で想定される流量（毎秒11000立方メートル）の全部を直接日本海に放水し、下流部を洪水被害から守っている。

[8] かつて鎧潟（よろい）、田潟、大潟などたくさんの潟湖（せきこ）があった。

[9] 日本石油（現在のENEOS）、昭和石油（現在の出光興産）の前身の新津石油、などの企業は新潟が創業地である。現在も、原油の国内生産量の約2/3、天然ガスの約3/4を新潟県が産出する。

　原油やガスは、地層が褶曲（しゅうきょく）（プレート運動による圧縮力で地層が波状に変形）し、背斜構造（はいしゃ）（褶曲した地層の山になった部分）のところに貯まる。新潟県の三つの油田はいずれもこうした地質構造をもっている。

[10] 古代の北陸道（ほくろくどう）は畿内のほうから越前、加賀、越中、越後と国が並び、越後国は上越後（かみ）〜下越後（しも）と称された。新潟県はこのように歴史的には北陸に属するが、近年は経済的なつながりから関東甲信越に含められることが多い。

[11] 工業都市を襲った戦後最大の地震災害で、市街地の地盤の液状化、信濃川を遡上（そじょう）する津波、石油コンビナート火災、などの経験がのちの都市防災の基礎となった。

[12] 古厩忠夫（ふるまや）（1997）『裏日本——近代日本を問い直す』岩波新書。

[13] 当初は大都市圏の自治体から地方分権を意図して主張され、1980年代に入って大分や熊本などの県知事が独自の発展戦略を打ち出して注目された。

[14] 高度経済成長を牽引した工業都市に代わり、札幌、仙台、広島、福岡の4市が中枢管理機能を高めて成長した。

[15] 韓国、シンガポール、台湾、香港の四つの新興工業経済地域（Newly Industrializing Economies）。

[16] 中国・ロシア・北朝鮮の三国にまたがる図們江地区（ともんこう）の開発は現在も継続している。

　櫛谷圭司（1994）「環日本海経済圏と図們江開発計画」（現代アジア研究会編『東アジア経済の局地的成長』文眞堂、109-154頁）。

　同（2018）「環日本海の時代と対岸地域」（新潟都市圏大学連合編『みなとまち新潟の社会史』新潟日報メディアネット、192-197頁）。

[17] 政令指定都市に正式に移行したのは2007（平成19）年4月1日、全国で16番目。

［18］ほかに国際線としてソウル、上海、ハルビン、台北への定期路線があるが、コロナ禍前の2019（令和元）年の国際線乗降客数は13.7万人にすぎず、成田空港や羽田空港の100分の1以下である（国土交通省航空局の資料による）。

［19］日本海側に博多港は含まない。データは国土交通省の報道発表資料による。TEUとは20フィートコンテナに換算したコンテナの個数の単位。

［20］情報の生産と発信、人材の育成などの機能を持つ組織や仕組みのことで、コミュニケーション・ネットワークの拠点形成のためのソフトなインフラ（社会基盤）を形成し、生産インフラ、交通インフラなどのハードなインフラと併存する。

　　金森久雄監修、NEAR（北東アジア）知的インフラ委員会（1999）『ボーダーレス時代の地域間交流』アルク。

［21］1959〜67（昭和34-42）年の在日朝鮮人帰国事業で新潟港が出航地となり、1979〜2000（昭和54-平成12）年には日朝間の唯一の定期航路として新潟〜元山間に祖国往来船が運航された。

　　また、1965（昭和40）年に新潟市とソ連ハバロフスク市との間で姉妹都市提携が結ばれ、1970（昭和45）年に新潟市を含む港湾都市で日ソ（日ロ）沿岸市長会が発足、1973（昭和48）年に新潟〜ハバロフスク定期航空路、1976（昭和51）年に新潟〜ナホトカ貨物航路が開設された。これらは当時、地方外交（自治体外交）として注目され、後の環日本海交流の基礎になった。

［22］たとえば、1993-94（平成5-6）年だけで、以下の組織・機関が発足した。

・県立新潟女子短期大学に国際教養学科（ロシア語・中国語・韓国語コース）が新設（2009（平成21）年に新潟県立大学が開学し国際地域学部に）

・財団法人環日本海経済研究所（ERINA）が発足（2023（令和5）年に新潟県立大学北東アジア研究所に）

・ロシア極東の経済情報を発信する有限会社ジャパン・シー・ネットワークが設立（2006（平成18）年に株式会社JSNに改称）

・新潟国際情報大学（国際文化学部・情報文化学部）が開学

・新潟産業大学が人文学部（環日本海文化学科）を新設（2004（平成16）年に地域文化学科に改称）

・環日本海学会が発足（2007（平成19）年に北東アジア学会に改称）

6

「グローバリゼーション」から
「ローカリゼーション」へ
――Web3.0時代がもたらす自律分散型社会への移行――

関谷 浩史

1. 近代化がもたらした悲劇

　みなさんは、スウェーデンの言語学者であるヘレナ・ノーバーグ＝ホッジ監督による『しあわせの経済学』というドキュメンタリー映画をご存じでしょうか。2010年に制作されたこの映画では、40年ほど前までは外国人の立ち入りが禁止されていたヒマラヤ辺境の「ラダック」でおきた近代化（グローバリゼーション）の恩恵と、近代化がもたらした負の側面を対比させることで、真の豊かさについて考えさせられるドキュメンタリーです。

　1974年にインド政府の観光客の受け入れが始まったことで、2017年には国内外からおよそ28万人もの観光客がラダックを訪れ、経済の成長に裏打ちされた急速な近代化が辺境に襲いかかります。その結果、チベット仏教を基盤とした自然とコミュニティのバランスの中で発展してきたラダックの生活スタイルは、観光産業がもたらす「貨幣」という異質な価値観の増殖にともない、過酷な環境を生きぬく「集団としての価値観」は、貨幣を媒体とした「個人主体の価値観」へと塗り替えられていきます。

　未開の地に押し寄せた近代化の波は、自然との関わりを切り離し、コミュニティのあり方を個人に帰属させることで、人との繋がりは希薄化し、彼らのアイデンティティーや伝統文化の誇りをも剝奪しました。それは、『欧米文化に比べて私たちは何も持っていなくて"貧しい"から"支援"が必要だ』と訴えるラダックの人びとの言動から窺い知れます。

　こうしたチベットの辺境で生じた近代化の波「グローバリゼーション」

から私たちが学べる知見とはいったい何でしょうか？ さらに映画を深読みしていきたいと思います。

　ラダック経済を大きく繁栄させたのは、観光客をターゲットにした土産の販売にあり、観光地のメインマーケットに軒を連ねた多くの土産屋が、観光客が提供する大量の貨幣の受け皿になっていることにあります。ところが、観光客に販売される数多くの土産物のうち、ラダックで製造される物品はほんのわずかしかなく、大部分の物品は域外にある工場で製造され、遠方から運ばれてくる「サプライチェーン」で成り立っております。その結果、多くの観光客がさまざまな土産を買ったとしても、地元の人びとが得られる収入には繋がらず、観光と地域経済が共存している状態とはいいがたい状況を深めていきました。こうしたことから現在の観光産業は、ラダック特有の生活形態や伝統文化を犠牲にし、普及されている近代サービス（システム）で上書きすることで、個人を中心に短期的な利益の追求をめざすライフスタイルの培養器（拡大装置）と化しています。

　さらに深刻なのは、国連のSDGs（持続可能な開発目標）において、17の目標の一つに掲げられている「ジェンダー平等（女性の社会的地位）」に関する変化です。古くからラダックの婚姻制度は柔軟（一夫多妻や違う宗教間での通婚）で、伝統的には「一妻多夫制」が一般的だったことから、ラダックにおける女性の社会的地位は高く、文化人類学者の研究対象になるほどでした。ところが、近代化の影響によって、女性が担ってきた編み物や織物など、現金収入につながらない伝統手工芸は評価の対象からはずれ、観光産業の労働対価である「貨幣」という価値観に代替され、外で働いて労働対価をうみだす「男性」と、家で仕事をする労働対価のない「女性」といった、旧来の西洋的ジェンダー論にみる二元論に回収され、女性の社会的地位は低下の一途をたどっていきました。

　70年以降のラダックは、"援助"という名のもとに道路が整備され、安価な食料が外から供給され、欧米の広告や情報が押し寄せることで経済は著しく発展しましたが、その一方で大気は汚染され、失業者が町にあふれ、貧富の格差が拡大することで、精神的に豊かだったラダックの人

たちに“不安や悩みといった副産物”をもたらしました。

2．グローバリゼーションによる世界の都市化

　グローバリゼーションとは、「地球規模での資本、情報、人の交流や移動がおこなわれる現象」で、サプライチェーン、労働移動、多国籍企業による海外直接投資、キャッシュフローなどの国境を越えた長距離の経済活動を通じて、世界規模での経済交流を加速化させ、多国籍企業やグローバル企業を多く創出し、“資本主義の持続的な成長につなげる仕組”を意味します。

　グローバリゼーションによる、国境をまたいでの人や資本の移動の促進は、都市部への人口の集積を招き、世界人口の半分を都市部に住まわせる世界的兆候をもたらしました（図1）。世界人口に占める都市人口の割合は、1950年代には30％にも及びませんでしたが、現在は50％までにも上昇し、2030年にはおよそ49億人が都市で暮らすまでに拡大します。その結果、2015年には人口1000万人以上のメガシティーが世界に22ヵ所（そのうちの17ヵ所は発展途上国）にもなり、2050年までに世界の都市人口は、およそ72％までに増加する国連の予測があります。

　ところが、“世界資本主義の拡大（グローバリゼーション）”に冷や水を浴びせる出来事が、世界各地で同時多発的に発生しました。“新型コロナウイルスの大流行”です。

図1

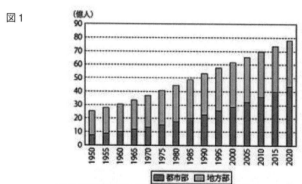

資料：United Nations, World Population Prospects 2019.
備考：2020 年は推計値。

人と人との接触によって感染が拡大する新型コロナウイルスは、感染拡大を抑止すべく世界各国において渡航制限や移動制限が課され、世界は経済活動の抑制、貿易や投資の停滞を余儀なくされました。さらに、ウイルスの感染拡大にともなって、物理的なフェイス・トゥ・フェイスのコミュニケーションまでもが制限されたことで、"フェイス・トゥ・フェイスのコミュニケーションのコスト上昇"という新たな社会的課題が生まれました。

3. パンデミックによる新たな生活様式の到来

　ウイルスの感染拡大は、店舗の営業制限にとどまらず、社会的距離の確保が強いられる政策が、店舗への入店制限にまで及びました。その上、身体的接触が不可避なビジネスへの制約が加わることで、業種間における労働格差がうまれ、社会不安を増長させる火種になりました。

　社会不安となった労働格差は、"自宅での業務による代替が可能か"、"物理的な接触や交流が必要か"という二点から派生するもので、米国シンクタンクのブルッキングス研究所の分析によれば、前者が自宅で業務が可能で物理的な対面でのやりとりをほとんど必要としない専門的・科学的・技術的なサービスに該当し、後者が対面での交流が必要とされる宿泊業・食品サービス業・小売業、さらに医療などのサービスに該当するエビデンスを示しております（図2）。

　このように、フェイス・トゥ・フェイスのコミュニケーションの取り

図2

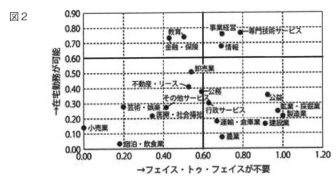

資料：Besart Avdiu and Gaurav Nayyar (2020)。

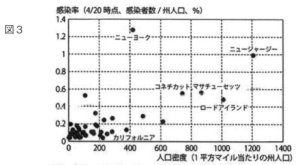

図3

感染率（4/20時点、感染者数 / 州人口、%）

人口密度（1平方マイル当たりの州人口）

資料：米国センサス局、ジョンズホプキンス大学から作成。

扱いに関しては、業種ごとに異なった特性をもっていることから、感染症への対策において複雑な対応が求められ、それがコストを上昇させる社会的動機になり、そうした状況が経済の中心地である「都市部」に集約される兆候をうみました。

　その証左として、人と人との接触によって感染が拡大する新型コロナウイルスが、都市部に集中して感染が拡大するというアメリカの報告が挙げられます（図3）。都市部の特性である人口密度が高く、公共交通機関が整備され、大量の労働者を抱える高層ビルの乱立が、人と人との接触が起こりやすい「密の状況」をうみ、感染リスク拡大につながる温床と化したからです。

　パンデミックの蔓延は、ヒト・モノ・カネが集積する"都市の魅力"を"都市の危機"に一変させ、人びとの密集や交流を疎外し、社会的距離を保つ行動規制を強いることで、感染症との共存（ウィズコロナ）を促す生活様式（ニューノーマル）に移行させました。

　「ニューノーマル」という概念は、新型コロナウイルス以前に確立したもので、2000年代初めにITバブルが崩壊した際に米国で登場したと言われていて、"変化の前には戻らない"というニュアンスを含んでいます。したがってアフターコロナ時代には、社会的変化やリスクに適応すべく、AIやIoT（モノとモノとのコミュニケーション）などの次世代技術を活用した新たな生活スタイルが求められます。代表的な例が、"在宅勤務によるテレワーク「リモートワーク」の導入"です。

接触による感染リスクを回避すべく、ニューノーマル時代のビジネスでは、"非対面でのオンラインへの移行"がさまざまな業務に求められるようになりました。テレワークが導入され、商談や打合せなどのやり取りがオンラインとなり、Zoomなどの会議ソフトの普及が、PC上で会議をおこなうハードルを一気に下げました。しかも移動の時間や交通費が削減されるメリットもあるため、業務への的確な導入次第では、仕事の効率化につながります。

4.「都会」から「地方」へ
自律分散型社会への移行

　近年では、社会的課題をデジタル技術で変革する国の政策「ソサエティ5.0」によって、業務フローのデジタル化やクラウド化、コミュニケーションツールの活用を前提とした取り組みが求められ、アプリやAIの活用、業務を効率化させるシステムの導入、顧客対応の自動化に象徴される「DX（デジタルトランスフォーメーション）」が、働き方改革（ニューノーマル）の中心的課題になっています。

　こうした社会的変化は地方にも及び、週末の田舎暮らしを実践する「デュアルライフ（二拠点生活）」や、リゾートなどで休暇を兼ねてリモートワークする「ワーケーション（work＋vacationを組み合わせた造語）」など、"感染の回避を働き方の多様性につなげる意識（リスクをチャンスへ）"の人たちが、都心から地方に移住する一大ムーブメントがおきました。新型コロナウイルスの感染拡大という現象は、"都市部（密）から地方（疎）に新たな価値を見いだす機運"をもたらしたのです。このような新たな人流の移動をYahoo CSOで慶應義塾大学教授の安宅和人氏は、"開放（open）×疎（sparse）で「開疎化（図4）」"と概念化し、アフターコロナ時代における新たな都市戦略として奨励しています。

　「都市化」の最大の特徴である人材・産業・経済の集積性、すなわち「密」で「密閉」な空間特性は、社会のあらゆる要素が中心に集まってくる「中央集権的」な社会構造を意味し、「効率性」や「利便性」をもたらすことで、社会資本の持続的な成長をうみます。

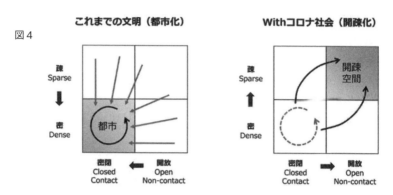

図4

これまでの文明（都市化）

Withコロナ社会（開疎化）

資料: 安宅和人「そろそろ全体を見た話が聞きたい2」ニューロサイエンスとマーケティングの話 2020-04-04 http://kaz-ataka.hatenablog.com/entry/2020/04/190643

　その一方で「開疎化」は、「疎」で「開放」な空間特性が、過度に集中させることなくバランスよく分散させ、自律した個々がネットワークで自在につながる「自律分散的」な社会構造を意味します。すなわち、地方都市に「開疎化」が進めば、都心への一極集中による環境リスク（ヒートアイランド化や物価の高騰）が回避されるとともに、“「都市」か「田舎」か？”という従来の二項対立を解消し、地域の独自性（アイデンティティー）や強み（伝統や文化）を活かした価値形成をもたらします。

5. Web3.0がもたらすローカリゼーションの潜在性

　田舎でも都会的恩恵にあやかれる「開疎化」には、時代の変化の中で生じた社会的課題を解消し、社会資本を最適化させる“新たな社会基盤の整備”が求められます。それが「スマートシティ」です。スマートシティは「次世代のICT技術を駆使し、マネジメント（計画・整備・管理・運営）の高度化による地域の課題解決をおこない、新たな価値を創出し続ける持続可能な都市像」で、「ソサエティ5.0」の実証フィールドとしての期待があります。

　その際に求められる次世代技術が、コンピューター上の「仮想空間」にあって、「メタバース」と称されるサイバースペースに代表されます。メタバースとは、「インターネット上に構築された三次元の仮想空間」をいい、「超越」を意味する“メタ”と「世界」を意味する“ユニバース”が組

み合わされた造語で、1992年にアメリカで出版されたSF小説『スノウ・クラッシュ』で初めて使用されました。地域の独自性を維持し、持続的な経済活動をおこなうメタバースには、"現実空間の仮想空間への代替"という作業が必要となり、手法としての「デジタルツイン（図5）」が注目されています。

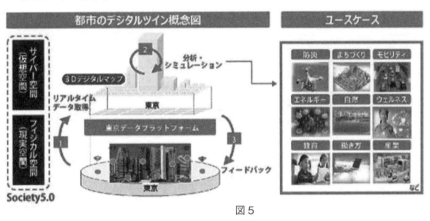

図5

　デジタルツインとは、「リアル（物理）空間にある情報をIoTなどで集め、送信されたデータをもとにサイバー（仮想）空間においてリアル空間を再現する技術」をいい、仮想空間上でAIが分析やシミュレーションをおこない、現実空間へフィードバックすることで、将来起こる変化にいち早く対応することが可能になります。さらにこの技術は、自律分散型社会である「Web3.0」を象徴する技術でもあり、少子高齢社会の最先端をいく日本にとって最大の懸念材料、"生産年齢人口の減少（労働力不足）"への救世主となりえます。

　日本や新潟の未来を見据えた際に、不確実性が高まる現代社会を鑑みれば、リスクを回避して堅実に生きるスタンスが説得力をもつやもしれません。しかし、アフターコロナ時代の「ニューノーマル」が有するスタンスは、リスクと共存するWeb3.0をポジティブに受け入れることで、"リスクがチャンスになりうる可能性"へと誘ってくれます。

　「グローバリゼーション」から「ローカリゼーション」へ、換言すれば

「中央集権型社会」から「自律分散型社会」への移行プロセスに着眼することは、ラダックでおきた“近代化の悲劇を乗り越える”道標を示唆しているのです。

第3章

国際関係

協調か対立か、何故か

1

インド太平洋における対立と協調
―安全保障と経済の視点-

畠山 京子

はじめに

　アジアの勢力地図は大きく変化している。米国の経済的・軍事的存在感が相対的に低下するのとは対照的に、中国の経済・安全保障分野での存在感が大きくなっているからだ。たとえば、安全保障分野では、中国が「九段線」に囲まれた南シナ海の管轄権を主張しており、中国による南シナ海の実効支配が進んでいる。台湾を巡り中国と米国の間で戦争が起こる可能性も否定できない。ある研究によると、第二次世界大戦後、相手国の征服を狙った大きな戦争は減ったが、全面戦争を避けるため既成事実を積み上げたり、領土の一部奪取を狙った紛争は増えている[1]。一方、経済分野では、中国を中心としたサプライチェーンが構築され、地域内の経済的相互依存が進んでいる。今後も、若く成長著しいアジアは、世界経済の中心となることが期待されている。このように、アジアでは中国の存在が拡大するとともに、安全保障分野での対立、経済分野での協調が共存する状況が出現した。

　本稿では、アジアの安全保障と経済分野における国際関係を対立と協調の視座から概観する。第一に、安全保障分野、とくに海洋安全保障分野における対立的な国際関係を考察する。第二に、中国の台頭に対する日米の対応について、第三に経済分野における各国の協調的な動きについて概観する。最後に、対立と協調が共存するアジアの平和と安定を維持するためには、協力的な経済関係を構築して緊張を解きほぐす必要があると論じる。

1．不安定な安全保障環境

　1989年、冷戦は終結したが、アジアでは懸念すべき緊張状況が続いていた。ソ連崩壊により後ろ盾を失った北朝鮮は、核兵器の開発に着手し、核兵器不拡散条約（NPT）からの撤退を宣言した。事態を重く見た米国は、北朝鮮と交渉をおこない、朝鮮半島エネルギー開発機構（KEDO）を1995年に設立させた。KEDOの目的は、核兵器転用が難しい軽水炉建設の供与と軽水炉完成まで米国が重油を提供する見返りに、北朝鮮が核開発を断念することだった。KEDOの設立により第一次北朝鮮危機は一旦解決したように見えたが、北朝鮮は秘密裡に核開発を進めていた。2003年、北朝鮮は核実験をおこない核保有国となり、NPTからも脱退した。さらに、国際社会の非難や国連決議に基づく経済制裁にもかかわらず、核兵器運搬手段であるミサイルの発射実験を繰り返すようになった。2022年2月のロシアのウクライナ侵攻後は、ロシアとの関係をさらに深め、2023年には金正恩総書記がロシアを訪問するなど、二国間の協力関係を謳った。

　また、北朝鮮は、1970年代から80年代にかけてスパイ育成目的のため、新潟県など日本海側で日本人を拉致した。2002年の日朝会談の結果、北朝鮮は拉致を認めたが、日本政府が認定した13名のうち5名が帰国したのみで、死亡者以外の生存者に関する現状は明らかになっていない。

　こうした北東アジア情勢の不安定化に加え、東シナ海や南シナ海でも緊張が高まっている。海賊やテロ、違法漁業などの問題に加え、経済的・軍事的に大国となった中国が、海洋における権益を強硬に主張しているからである。東シナ海では、2000年代頃より、日本の管轄下にある尖閣諸島の領有権をめぐり、中国が異議を唱えるようになった。2012年に日本政府が尖閣諸島を国有化してからは、中国公船が領海あるいは接続水域に連日侵入するなど、現状変更を意図した行動が続いている。これに対し、海上保安庁が24時間体制で尖閣諸島周辺のパトロールをおこなうなど、尖閣諸島周辺はつねに高い緊張状態にさらされることになった。さらに、2021年、中国は海警法を採択して、自国が管轄する水域で違反行為をした外国船に対して武力行使することを容認した。中国は尖閣諸島周辺水域を自国の管轄区域だと主張しているため、今後日本の船に対

して武力を行使する可能性が有り、不測事態が発生する可能性も低くはない。

南シナ海も同様の状況を呈している。中国は、2000年代終わりより、九段線に囲まれた南シナ海の管轄権を主張するようになった。[2] 南シナ海の礁を埋め立てて人工島を建設し、戦闘機や爆撃機の離着陸が可能な長さ3キロの滑走路を建設した。一方で、フィリピンやベトナムなどの沿岸国も、同海に存在する南沙（スプラトリー）諸島や西沙（パラセル）諸島、そのほかの無人島、礁の領有権を主張しており、中国とは係争中の関係にある。こうしたなか、2012年、中国はフィリピン軍と対峙の末、フィリピンが実効支配していたスカボロー礁を奪った。フィリピンの提訴を受けたハーグ仲裁裁判所は、中国の南シナ海に対する領有権の主張を明確に否定したが、中国は判決を「単なる紙切れ」だとして実効支配を継続するなど、国際法を無視した状態が続いている。中国が主張する九段線に囲まれた海は、南シナ海沿岸国の排他的経済水域と重複するため、ベトナムなど沿岸国とも石油開発や漁業をめぐり小規模な衝突を繰り返すなど、南シナ海は対立の海となっている。

中国の強硬な姿勢は台湾にも向けられている。「一つの中国」政策を掲げる中国の悲願は台湾統一である。「一つの中国」政策を公には支持し、台湾の地位については戦略的曖昧性を維持していた米国だったが、ドナルド・トランプ（Donald Trump）政権は台湾との距離を縮めた。これに反発して、中国は台湾周辺で軍事演習をおこなうなど、台湾に対してあからさまに圧力をかけるようになった。ロシアがウクライナに侵攻するなか、中国が武力により台湾を併合するのではないかとの懸念もまことしやかに語られるようになったのだった。

2. 米中対立と日本の対応

米国や日本は、安全保障分野で対立の火種ともなっている中国の拡張主義的な行動を座視していたわけではなかった。安倍晋三首相は、2016年に「自由で開かれたインド太平洋（Free and Open Indo-Pacific: FOIP）」構想を提唱し、法の支配、つまり国連海洋法に沿った行動や紛争の平和

的解決を強く国際社会に訴えた。法の支配と経済的繁栄を二本の柱とするFOIPは米国のみならず国際社会から支持を集めた。FOIPに刺激を受けたインドやASEANも独自の地域秩序構想を発表した。しかし、インドやASEANが考える地域秩序は、ルールに基づきながらも中国の包摂を強調した秩序であり、地域の国家間で望ましい地域秩序についてコンセンサスがあるわけではない。

　中国の強硬姿勢を受け、2017年、日本と米国は日米豪印の4ヵ国から構成されるクアッドを復活させ、民主主義国家間の連携を強調する枠組みを作った。2007年に安倍首相が提案した時は、反中のイメージが先走りしたため、事務レベル会合が一度開催されたのみで立ち消えとなってしまったが、10年の時を経て、クアッドは再度開催されるに至り、ルールに基づいた海洋秩序を支える枠組みが発足したのだった。

　日本は、南シナ海紛争の当事者であるASEAN各国への支援も強化した。アジア沿岸国の法執行機関、いわゆる海上保安機関の能力は十分ではないため、テロや違法漁業を効果的に取り締まったり、自国の安全保障を確保したりすることが困難な状況にあった。そのため、日本は海上保安庁による能力構築支援をおこなうだけでなく、ビエンチャン・ビジョンのもと、自衛隊による能力構築支援も開始した。クアッドの枠組みを利用した支援や日米豪で軍事演習をおこなうなど、海洋におけるプレゼンスを維持することで、中国の一方的な現状変更を抑止しようとしている。また、中国の力による現状変更に批判的な豪州と日本の安全保障関係も深化していった。

　中国の現状変更行動に批判的でありながらも、あからさまな対立は避けている日本とは対照的に、トランプ政権下の米国は、中国製品に関税をかけただけではなく、安全保障上の懸念を理由に米国市場からファーウェイを締め出すなど、いわゆる「貿易戦争」を始めた。また、過剰な海洋権益を主張する中国を「修正主義国家[3]」と呼び、中国に対して厳しい態度で臨んだ。中国を競争相手と位置付けるジョセフ・バイデン（Joseph Biden）政権も、基本的には前政権の対中政策を踏襲している[4]。ロシアのウクライナ侵攻直後には、これまでの戦略的曖昧性を捨て台湾防衛にコ

ミットするなど、中国との対決姿勢がより鮮明になった。2022年8月には、ナンシー・ペロシ（Nancy Pelosi）下院議長が現役の議長としては初めて台湾を訪問し、それに反発した中国が台湾近海で軍事演習をおこなうなど、台湾を巡る情勢は緊迫した。

3．相互依存が深化するアジアの経済

　経済分野の国際関係は異なる様相を見せる。冷戦時代のアジアの経済成長をけん引、そして下支えしたのは、高度経済成長を続けた日本だった。日本は、米国が始めたベトナム戦争を同盟国として軍事的に支えるかわりに、南ベトナムやインドネシアなどへの経済援助を積極的におこなうことで、これらの国の政治的安定を支え共産主義の拡張を防いだ。[5]日本の経済援助は、ベトナム戦争終結後も拡大していき、日本は殆どのアジア諸国にとって最大の援助供与国となった。

　一方、日本の経済成長とは対照的に、米国は財政と貿易の二重の赤字に苦しんでいた。日本の対米貿易黒字を解消するため、日米独仏英の5ヵ国は、1985年にニューヨークのプラザホテルにて為替の協調介入をおこなうことに合意した。プラザ合意以降は急速に円高が進んだため、日本企業は、円高によるショックを吸収すべくアジアに進出していった。タイやマレーシアなどアジア諸国に多くの下請け工場が建設され、日本からアジアへの投資が急激に拡大した。この海外進出により、アジア諸国が低付加価値部品を、日本が高付加価値部品を製造し、組み立てて輸出するという労働の役割分担が進んだ。日本が「製品同盟：production alliance[6]」をアジアに構築することで、地域経済の統合が急速に進み、アジア諸国の経済成長を助けた。

　ところが、バブル経済崩壊後、日本経済は輝きを失っただけでなく、「失われた30年」から脱することができない状況が続いている。低迷する日本に代わって台頭したのが中国である。2001年に世界貿易機関（WTO）に加盟して世界貿易の舞台にデビューした中国は、低賃金を利用して世界の工場へと急速に成長していった。2008年のリーマンショック時には、「責任ある大国」として、積極的に財政出動をおこない、停滞する世界経

済を不況から救った。中国は、2010年には日本のGDPを追い越し、世界第二の経済大国となった。世界の工場として中国中心のサプライチェーンも構築され、地域経済は一層統合されていった。また、巨大な市場を持つ中国は、日本を含めたアジア諸国の最大貿易相手国として米国にとって代わった。中国経済の拡大とともにアジア経済の中心は日本から中国へシフトしていった。

　自信をつけた中国は、2013年には「一帯一路」構想を発表し、アジアから欧州にわたる地域のインフラを整備することで経済発展をけん引していく決意を表明した。さらに、アジアインフラ投資銀行（AIIB）も立ち上げ、一帯一路構想で謳われたインフラ整備を財政面からも支えていく用意があることを明らかにした。アジアでは、1966年の設立以来日本が総裁を務めるアジア開発銀行（ADB）が経済援助をおこなっているが、ADB単独ではアジアで必要なインフラ整備需要をすべて賄えない。アジアのインフラ需要は年間8千億ドルとされるが、ADBの融資実績は僅か160億ドル（2015年実績）[8]程度である。日米両国は中国主導のAIIBに参加しなかったが、2016年にADBはAIIBと協調融資や政策協力覚書を締結するなど、両機関はインフラ開発で協力する姿勢を見せている[9]。

　貿易分野においても、2000年代以降は経済統合が進み相互依存も加速度的に深化した。世界では、なかなか交渉が妥結しないドーハ・ラウンド[10]に見切りをつけるかのように、二国間の自由貿易協定（FTA：Free Trade Agreement）や経済包括連携協定（Economic Partnership Agreement: EPA）を推進する動きがみられるようになった。アジアでも、ASEANを中心に二国間FTAやEPAの締結が進んだ。こうしたなか、知的財産保護などの分野でルールを守らない中国をけん制する枠組みとして、日本や豪州が期待を寄せていた環太平洋パートナーシップ（TPP）は、トランプ政権が交渉から撤退したため消滅したが、日本と豪州のリーダーシップにより、高いレベルでの自由化を目指す「環太平洋パートナーシップに関する包括的及び先進的な協定（CPTPP）[11]」が発足した。一方で、2022年には、中国とASEANの主導的役割により「地域的な包括的経済連携協定（RCEP）[12]」も発効した。日本や豪州は何れの協定にも参加している。この

ように、安全保障分野では対立の火種を抱えているアジアだが、RCEPや
CPTPPを中心として、貿易面では協力関係が深化している。

おわりに

　過剰な海洋権益を主張する中国の強硬姿勢は、自国の海洋権益を守ろ
うとする沿岸国との対立と緊張を地域にもたらした。大きな軍事衝突は
勃発していないが、既成事実を積み上げる中国の戦略により、少しずつ
南シナ海の現状が変化している。こうした中国の姿勢は、米国主導の既
存の秩序に挑戦するかのようでもある。また、事態を重く見た米国との
対立にもつながった。米中対立は、軍事安全保障分野にとどまらず、貿
易戦争を経て、中国に依存しないサプライチェーンの再構築を見据えた
経済安全保障へと拡大していった。日本や豪州などの同盟国も米国に追
随した。また、台湾を巡り、不測事態が起こる可能性も否定できない。
北東アジアでは北朝鮮がミサイル発射実験を繰り返し、地域の安全保障
を揺るがしている。このように、インド太平洋地域の安全保障をみると、
対立的な構図が浮かび上がる。

　一方、経済分野では様相が異なる。米国を中心に中国への過度な依存
を減らそうとする動きがあるものの、アジアの経済統合は深化している。
安全保障分野では国際法を無視した行動をとる中国であるが、アジア各
国にとって中国は最大の貿易パートナーである。中国とASEANの沿岸国
は紛争を抱えているが、ASEANと中国のイニシアティブにより、RCEP
も発足した。安全保障分野では中国に対して批判的な日本と豪州もRCEP
には加盟した。経済分野では日本、中国を中心に域内協力も盛んである。

　米ソが対立し経済的交流もなかった冷戦時代と異なり、アジアの状況
は、安全保障分野で利害の対立があっても経済分野では協力を深化させ
ることが可能であることを示している。経済的相互依存が深化していて
も第一次世界大戦が勃発したことに鑑みると、経済的相互依存が必ずし
も平和に結びつくわけではない。しかしながら、中国に対する抑止力を
高めながら、中国依存を軽減させることで対等な相互依存関係を構築し
て、対立や緊張を少しずつ解きほぐしていくことがアジアの平和と安定

のために重要であろう。

註

［1］ Dan Altman, The Evolution of Territorial Conquest After 1945 and the Limits of the Territorial Integrity Norm. *International Organization*, 74(3), 2020, 490-522. doi:10.1017/S0020818320000119

［2］ 九段線のルーツは、1947年12月に中華民国が作成した11段のU字線である。

［3］ US Department of Defense, Summary of the 2018 National Defense Strategy, 2018, https://dod.defense.gov/Portals/1/Documents/pubs/2018-National-Defense-Strategy-Summary.pdf

［4］ 佐橋亮「アメリカと中国（10）トランプ政権末期の中国政策を振り返る」東京財団政策研究所、2021年1月26日、https://www.tkfd.or.jp/research/detail.php?id=3655

［5］ Kyoko Hatakeyama, *Snow on the Pine: Japan's leadership role in the Asia-Pacific region,* (World Scientific, 2010), chapter 3.

［6］ Walter Hatch, *Asia in Japan's Embrace: Building a Regional Production Alliance,* (Cambridge University Press, 1992).

［7］ Bates Gill, *Rising Star: China's New Security Diplomacy*, (Brookings Institution, 2010).

［8］ 朝日新聞「（けいざい＋）対AIIB、戦略に変化　ADBは協調融資」2016年5月7日。

［9］ ロイター「ＡＤＢ、ＡＩＩＢを競合と考えず　協力が可能＝中尾総裁」2018年5月3日。https://jp.reuters.com/article/adb-asia-aiib-idJPKBN1I40NF

［10］ WTOの下で自由化促進のためにおこなわれていた多角的貿易交渉。しかし、多くの国が参加していたため、なかなか交渉が妥結せず、2006年7月に中断された。

［11］CPTPPの参加国は以下のとおり。日本、メキシコ、シンガポール、ニュージーランド、カナダ、豪州、ベトナム、ペルー、マレーシア、チリ、ブルネイ。

［12］RECPの参加国は以下のとおり。ASEAN各国、日本、中国、豪州、韓国およびニュージーランド。

2

Peace and War in International Relations (IR) Theory: An Introduction

Ka Po Ng

International Relations (IR) as an academic discipline celebrated its centenary not long ago. According to mainstream narratives, its institutional origin can be traced back to the establishment of the first academic chair professorship of International Politics at the University College of Wales at Aberystwyth in 1919. The field was defined as "political science in its application to international relations, with special reference to the best means of promoting peace between nations" (Schmidt 1998, 155).

The timing and the naming of the Chair in honour of US President Woodrow Wilson, who advocated the formation of the League of Nations, were hardly accidental. As the First World War inflicted heavy losses both in terms of human lives and the economy on an unprecedented scale, no matter in terms of human lives or the economy, on an unprecedented scale, its ending naturally prompted people to reflect on its causes and ponder ways to prevent the recurrence of conflicts of such magnitude.

Although the field of IR and the idea of international relations itself have since continued to evolve and the scope of study has expanded well beyond its traditional boundaries of state actors and foreign policies, peace and war remain to feature prominently across theoretical divides. While there is thriving development of IR theories, this chapter intends to offer an introduction of how these two issues are understood and explained by three theoretical schools—realism, liberalism, and social constructivism, which together arguably dominate the current debates.

This chapter, as a follow-up to earlier discussions on the three major schools, is organised into two major sections: peace and war. The first part will start with a brief discussion of the concept of peace to provide a focus for the examination of how individual theoretical schools [1] position and define peace in their respective theoretical frameworks and how peace can be achieved. A similar approach is taken for the section on war.

Here, it is imperative to remind readers that, although peace and war are discussed in two different parts, this does not mean that they are separate conceptually or are opposite to each other. Instead, as the following passages will show, their meanings actually depend on each other.

I. Peace

Another reflection related to the First World War may shed some light on the discussion of peace. "Tyrants and oppressors have many times made a wilderness and called it peace. The peace of tyrannous terror, the peace of craven weakness, the peace of injustice, all these should be shunned as we shun unrighteous war. The right of freedom and the responsibility for the exercise of that right cannot be divorced." So said US President Theodore Roosevelt, who witnessed the high tide of colonialism and the tensions that culminated into the outbreak of the War, in his corollary to the Monroe Doctrine of 1823 (Wolfe 2005).

Despite the love of peace by most people and in most cultures, the idea of peace is not self-evident. While Roosevelt argued for a kind of just peace, IR theorists are more interested in the what should be defined as peace and how to achieve peace. Since different theoretical schools are built on different ontological assumptions of international relations and different epistemological approaches to the issues, it is only natural for them to disagree among themselves about peace.

What is peace?

If peace is to be observable, the absence of war is perhaps the most common definition. This is called "negative peace" because it is defined negatively. But under negative peace, people may live in a situation in which there are no "violent" disruptions to routines or lifestyles— referring to both the use of force and sudden and extreme changes while simply living in fear or under coercion with tensions building up for future explosive conflicts.

Not satisfied with the dismissal of the structural causes of violence, Johan Galtung proposes the concept of "positive peace" by taking into the consideration of social justice as an essential and "positive" condition for peace (1969, 182-183). His idea has since been refined and is defined by contemporary researchers as "the attitudes, institutions and structures that create and sustain peaceful societies" (Institute for Economics & Peace 2022, 4).

Peter Wallensteen sees peace from a different angle. He focuses on quality and advocates "quality peace," which is a relational concept of peace, emphasising the making of postwar conditions to satisfy the dignity, security and predictability requirements to prevent the recurrence of war (2015, 3, 16-18). Peace must be of reasonable quality in order to become sustainable.

Realism's peace

Realism is known its pessimism of international relations and perception of a conflictual world. It practically embraces the idea of negative peace. War is regarded as "normal" and peace is only an interval for preparing for the next conflict (Richmond 2008, 442; Wivel 2018). So, peace is not expected to last long. It is the preservation of a delicate equilibrium either by a balance of power or the establishment of hegemonic order. Guided by national interests, powerful states act rationally and restrain themselves from conducting unnecessary armed interventions (Walt 2019, 261). Moreover, to study peace, realists advise taking an elitist approach that focuses on the policy making level.

Still, realism has its own view of delivering peace. Ironically, peace can be brought by war. It is through destroying the war potentials of adversaries that war may bring a "victor's peace." If war is too costly to be useful, then, just like war, peace needs a strategy too (Luttwak in Richmond 2008, 445). The ways to achieve peace could be non-violent despite the power-based approach of realists. Short of war, deterrence or, "peace by terror," works on the belief that opponents refrain from fighting each other while maintaining the capacity to inflict deadly damages on each other (Aron 2003, 159). Many of realists also emphasise the use of diplomatic means, not force, to project power and achieve national objectives (Walt 2019, 271).

Liberalism's peace

According to liberalism, peace is a common good and civil peace is built on justice and equity. It assumes that universal desire for freedom among the peoples makes international peace possible. Despite this appeal to the people in general, it takes also an elitist approach that focuses on policy making level.

How can peace be possible? Holding a positive view of human nature, liberalism places hope in the possibility of international cooperation because the self-interest of states is moderated by international institutions. For greater benefits, states are willing to restrain themselves from using excessive power. As international institutions are created to facilitate cooperation and operate on the principle of reciprocity, they provide valuable information and improve transparency, hence reducing uncertainty and mitigating fear (Keohane & Martin 1995, 43 & 49).

Perhaps the most quintessential of liberalism on peace is the theory of liberal democratic peace, which is derived from the statistically proven observation that liberal democratic countries have never gone to war with each other (Hayes 2011). Contrary to theories of international systems, it is believed that, domestic political systems have significant influence on international relations because of "distinctive preferences of democracies across states of the world" (Moravcsik 2008, 245). Democracies are understood as territorially-based political units that claim their legitimate power from popular sovereignty (Franceschet, 2000, 278). Peace between democratic polities is built on a combination of three pillars: republican representative government ensures the state is held accountable for its policies, the prospect of international respect, and material incentives motivates states to cooperate (Doyle 2005, 464). This theory has important implications for international relations; for one, the more there are democratic countries, the more peaceful the world is. It seems to provide powerful motivation for overseas intervention.

Social Constructivism's peace
As a social theory, it is not difficult to imagine its taking a bottom-

up approach that focuses on social interactions that leads to shared understanding of history, values and political objectives (Autesserre 2011). Remember that constructivism is not necessarily displacing other theoretical schools. It supports the claims of liberal democratic peace but only emphasises the norms. Moreover, the peace that it is interested in is collective and sustainable peace, which is to be supported by post-conflict justice, norms and culture.

One of the forms of sustainable peace is the community. Well before "the rise" of constructivism, Karl Deutsch and his co-authors had promoted the idea of security community in a 1957 volume, *Political Community and the North Atlantic Area*. It refers to a group of people who are so integrated that they are assured that they will not fight each other to settle disputes and their common problems can be solved by "processes of 'peaceful change'" (Adler & Barnett 2008, 6; Deutsch in Nelsen & Stubb 2016, 127-128).

Constructivism: delivering peace

In the eyes of constructivists, security governance is an important way to achieve peace. It is "a function of the role of ideas, especially norms, and learning, socialisation, and persuasion processes" (Adler and Greve 2009, 64). At the level of high politics, constructivists are optimistic that policy elites can learn from past mistakes, hence helping to bring peace (Checkel 1999, 89). But it should be reminded that what precedes peace is always violence. Social healing is very important. Reconciliation is a process in which former parties in violent conflicts seek to build trust and cooperate with the final goal of building sustainable peace and reintegration. Catherine Lu, in her study of justice and reconciliation, argues that structural reconciliation, as a fundamental process, must be initiated to guide "genuine communication between agents" to reach the terms of interactional reconciliation (2017, 20).

II. War

In academia, the study of war is far less popular than peace because, as observed by Margaret MacMillan, an acclaimed historian at the University of Oxford, war studies is often misunderstood to be endorsing or even glorifying war. How much this field is marginalised is, to a certain extent, revealed in an anecdote recounted in her latest book, *War: How Conflict Shaped Us*. When she proposed to start a new course, "War and Society," in her department, an educational consultant advised her to better change the title to "A History of Peace" (2020, 5). Despite this social bias, IR theories can hardly ignore war.

What is war?

To put it simply, war is organised violence for political purposes and can be categorised in many ways, such as political objectives, the actors, the level of violence intensity, geography, and so on. And, the modern state system has provided an important differentiation between inter-state war and civil war. But the definition of war could vary by research methods. In quantitative analysis, war is defined as sustained combat with at least a battle death of 1,000 (Sarkees 2010). There are several famous data sets of war, such as the Uppsala University's Uppsala Conflict Data Program (UCDP) and the Correlates of War (COW), which was founded in 1963 by J. David Singer of the University of Michigan and further developed by later generations of scholars.

While peace and war are commonly regarded as a binary, Goertz, Diehl and Balas proposes a continuum (2016, 27). They offer a five-level peace scale of inter-state relations: severe rivalry, lesser rivalry, negative peace, warm peace, and security communities. War is only an event resulted from rivalry.

This quick survey of different definitions of war takes us to the next step: how the major IR theoretical schools contextualise war in their analytical framework.

Classical Realism

Although realism is most knitted to the study of war, the ontological differences between its variants demands us to have separate discussions. The first comes classical realism.

Classical realism is built upon the state of nature. The human nature of desiring for security and pursuit for self-interests is translated into state policies. Richard Ned Lebow (2010, 65-91) argues that war is a conscious decision by leader to use force and identifies its causes as the interplay of four underlying motives: appetite, spirit, reason and fear, which correspond to pursuit for material well-being, honour and self-esteem/international standing, restraint on the aggressive drives of appetite and spirit, and emotion that breaks down order.

In the competitive world, relative gains cause the fear of decline in terms of international status as well as the competition for material interests and power resources. But fear not only triggers the security dilemma but is also a major cause for preventive war (Glaser 1997). On top of psychological factors, the perception of the balance of force weighs in too. According to the theory of the cult of the offensive, when leaders believe the balance of force shifts to favour the offensive, they may decide to seize the opportunity to attack their enemies (Van Evera 1984). In fact, threat perception, whether it is mis-perception or not, has long been regarded by realists as a factor for strategic instability (Kydd 2008,

435-6).

At the state level, sovereignty serves the paradoxical function of restraining the state's pursuit for power while providing the causes for conflict (because of clashes of national interests) but it also lays the foundation of territorially-based international politics and territorial disputes (Morgenthau & Thompson 1985, 345). It provides the yardstick to determine whether this is an aggression in an inter-state war. According to Goertz, Diehl and Balas (2016, 77), as territorial integrity assumes high salience ("the utility or the value of the contested good"), territorial disputes become a major cause for armed conflicts. The rise of nationalism since the 19th century and the consolidation of a state system that monopolises violence led to a new model of army, laying the foundation of modern warfare. Moreover, the state becomes the bearer of "nationalistic universalism," which identifies the standards and goals of a particular nation" with the principles of global governance (Sheurerman 2009,68). This helps explain why the contests for world dominance may inadvertently escalate to all-out conflicts.

Structural Realism

To begin with, it must be emphasised that this theory studies war as a historical pattern. As put by Kenneth N. Waltz, although structural realism "does not explain why particular wars are fought, it does explain war's dismal recurrence through the millennia" (1988, 620). Structural realists take war fighting as general state behaviour in an anarchic international system, not as policies, because war is the result of the interplay between the state's desire for survival and the self-help system (Waltz 1979, 121).

Shifting from unit-level to the structure of international political system for explanation, this theory is accused of status quo bias (Schweller 1996). When it is disrupted by a redistribution of power, war has a chance. Learning that war recurs, states, through international socialisation, emulate the ways to survive as competition in the anarchic system encourages certain behaviours and "penalise" those who fail (Waltz 1979, 106 & 127).

Finally, bridging the balance of power argument of classical realism about preventive war and the security dilemma argument of structural realism, Dale C. Copeland (2000, 6-7) explains the outbreak of war by combining the risks of decline and the risks of inadvertent spiralling.

Liberalism
Although liberalism believes states can cooperate with each other in international anarchy, it does not dismiss war outright. Since domestic political structure has impacts on state behaviour and foreign policies, authoritarian states are deemed as more willing to risk war for consolidating political power domestically as well as, internationally, for achieving the personal ambitions of the leader and for attaining material gains (Doyle 1997, 268).

Pointing out authoritarian regimes are war-prone does not mean that democratic ones are peace-loving. The liberal democratic peace, which was discussed earlier, merely suggests that democratic states do not fight each other. In fact, the Second World War is a prime example of how states of Western liberal values went to war with the Axis of fascism and authoritarianism. Of course, democratic states have their own motivations to use force. On the one hand, powerful ones face the temptation of building a liberal imperium; on the other, those states have policy preferences for the upholding and spread of liberal ideas, which end up in armed interventions.

But democracy is linked with violence, not because of the political system, but the process of becoming one. Samuel P. Huntington (1968) in his seminal study on modernisation demonstrates that as this process creates the conditions for democratisation, it unleashes political forces and challenges the existing governing institutions to the job of accommodating these demands. At such junctures, democratisation will intensify the clashes of ideas for governance and models of government (Snyder 2000). States unable to get through the tests will become "fragile" and open the country to armed foreign intervention in its civil strife.

Social constructivism

This theoretical school does not engage in the discussion of war as actively as realism and liberalism. It tends to put war in the context of social interactions and non-material factors. For example, it argues that the US finds international intervention appropriate for its self-identity of a global leader and a deliverer of the public goods of order (Lauterbach 2011). Identity not only provides the reason for the use of force but also forms the fault lines of conflicts along religion, ethnicity, lifestyle and other social relationships.

The emphasis on social interactions suggests that constructivism rejects ahistorical abstractions. Historical interactions, culture and beliefs are thought to influence how leaders and society define relations with their adversaries and interpret their behaviour; as a result, the state may adopt competitive defence policies, hence escalating tensions, or even take war as a preventive measure.

Another common explanation offered by constructivism is culture.

Strategic culture, which is defined as "shared assumptions and decision rules that impose a degree of order on individual and group conceptions of their relationship to their social, organizational or political environment," shapes the defence posture of a state; for example, whether or not it is expansionist (Johnston 1995; Lantis 2002, 105-106).

Conclusion

This chapter intends to provide an introduction to how the three major theoretical schools looks at peace and war. Although students are easily carried away by the fast pace of current happenings or the rich historical details, it is imperative for anyone who are serious about these topics to dig deeper into the roots. Without knowledge of how these schools understand and study the world, discussions about peace and war are only incomplete and misleading.

The realist image of a conflictual world, liberal optimism about the harmony of interests among states and the moderating effect of international institutions and norms, and social constructivism's approach to world politics that relies on inter-subjective meanings and social interactions, have led to their fundamental disagreements about whether war is a constant or contingent event in international relations and how peace is possible. It is hoped that this chapter will help students understand war and peace from different theoretical perspectives and highlight how theories can lead to divergent views of the world.

Note

[1] It is more accurate to call realism, liberalism and social constructivism theoretical schools or schools of thought. However, this chapter may sometimes the shorthand, "theories."

3

実証国際政治学
——パワー分布と戦争発生——

広瀬 健太郎

はじめに

　ある国がもつパワーと他の国がもつパワーの差は、その二つの国の間で戦争が発生する確率とどのような関係にあるだろうか。パワー分布と戦争発生の関係は古代ギリシャから現代まで国際政治学の中心的な関心であり続けてきた。その長い歴史の中で正反対の予測を導く二つの理論が生まれた。勢力均衡論（balance-of-power theory）と呼ばれる理論は、強大国と弱小国の間のように大きなパワー格差がある国々でもっとも戦争が発生しやすく、パワーがほぼ同じレベルの国々でもっとも戦争が発生しにくいと予測する。反対に、勢力優位論（preponderance-of-power theory）と呼ばれる理論は、パワーがほぼ拮抗する国々で戦争確率は最大化され、大きなパワー格差のある国々でそれは最小化されると予測する。[1]

勢力均衡論	勢力優位論
パワーの拮抗→平和	パワーの拮抗→戦争
パワーの格差→戦争	パワーの格差→平和

　どちらの理論も国際関係が弱肉強食であるという仮定から予測を導出する。しかし、二つの理論は強者がいかに弱者を喰らい尽くすかに関して異なる考えをもつ。パワー分布と戦争発生の関係に関する真逆の予測はこの考えの違いから導き出される。勢力均衡論は戦争を弱肉強食の中心的な手段と仮定する。強大国は戦争によって弱小国から価値あるものを簡単に奪いとることができるが、勢力がほぼ均衡している国々ではど

の国も容易に戦争に勝つことができず相互抑止が働くため戦争をおこなう誘因は低くなる。したがって、同理論によると戦争確率は大きなパワー格差があるときに最大化される。一方、勢力優位論は戦争だけでなく戦争の脅しも弱肉強食の中心的な手段として捉える。強大国は戦争の脅しを利用して、つまり戦争することなく弱小国を喰らい尽くすことができるかもしれないが、勢力がほぼ均衡している国々では戦争の脅しを利用して相手から譲歩を引き出すことが難しいため実際に戦争をおこなう誘因が高くなる。したがって、同理論によると戦争確率は大きなパワー格差があるときに最小化される。国際関係における弱肉強食が主に戦争によっておこなわれるか、それとも戦争の脅しによっておこなわれるか。どちらの考えが論理的に優れているかはそれを調べる者が設けるさまざまな仮定に依存するだろう。そのため、勢力均衡論と勢力優位論の論理的な優劣を追究するのは生産的な作業とはいえない。

　勢力均衡が戦争確率を高めるかどうかは、どちらの理論予測が現実のデータと整合するかという実証の観点から追究する必要がある。本稿は国際政治に興味はあるがデータ分析の知識・経験がない読者を対象に、パワー分布と戦争発生の関係を具体例として使いながら、実証国際政治学の初歩的なステップを紹介する。本格的なデータ分析をおこなうためには統計学の知識が必要となるが、以下で紹介する実証分析は統計学の知識がまったくなくても理解できるはずである。

　本稿の構成は次のとおりである。まず、実証国際政治学でよく使われるデータを収集・公開している代表的なデータ・プロジェクトを紹介する。次に、勢力均衡論と勢力優位論の優劣を検証するために何を分析の単位とするかについて説明した後、パワー分布と戦争発生それぞれのデータを紹介する。実証分析の結果を最後に示し、どちらの理論が現実の国際政治のパターンに合致するか解き明かす。分析結果の政策含意について述べることで本稿の結語とする。

実証国際政治学の代表的なデータ・プロジェクト

　本稿の実証分析はCOW（Correlates of War）と呼ばれるデータ・プロジェクトで収集・公開されたデータを使用する。[2]現在、国際政治学分野ではさまざまなデータ・プロジェクトが存在し、それぞれ国際政治に関連する多種多様なデータを収集・公開している。その中でもっとも長い歴史をもち、そしてもっとも広く知られているプロジェクトがCOWであり、国家間軍事紛争やパワー関連のデータだけでなく、国家の誕生と消滅、同盟、貿易、外交、国内軍事紛争、国際機関など広範囲にわたるデータを無料で公開している。

分析単位

　COWは戦争発生のデータおよびパワー関連のデータを国際システムに属するすべての国について1816年（ナポレオン戦争の終結直後）から現在まで1年単位で記録している。そのため、以下では「ある年のある二国間（dyad year）」を分析の単位とする。たとえば、1980年にイランとイラクの間で戦争が発生したかどうか、そしてその当時の両国間でパワー格差がどれだけ存在したか。同じように、1865年に日本とベネズエラの間で戦争が発生したかどうか、そしてその当時の両国間でパワー格差がどれだけ存在したか。COWが公開しているデータを使うと、このような情報が1816年から現在まですべての二国間関係でわかるのである。

　しかし、すべての二国間関係のデータを使ってパワー分布と戦争確率の関係を分析するのは好ましくないかもしれない。検証する理論の前提に反するような二国間関係も含まれてしまうからである。たとえば、ナミビアとモンゴルの間には歴史上戦争が発生したことはないが、おそらくそれは両国のパワー関係が特定の形をとっていたからではなく、そもそも対立する利益がなかったからである。喧嘩の種がなければ喧嘩は発生しない。それと同じように、国家間で利益の対立がなければ軍事衝突が発生することはないだろう。勢力均衡論も勢力優位論も利益が対立する二つの国を想定し、そのパワー関係が戦争確率にどのような影響を与えるか予測する。よって、両理論を適切に検証するためには、利益対立

のない二国間関係を分析対象から排除しなければならない。そのため、しばしば実証国際政治学では地理的に近接しているか、もしくは少なくとも一方が大国である二国の組に限定してデータ分析をおこなう。つまり、ナミビアとモンゴルのように地理的に近接していない二つの小国の組以外の組——大国と大国の組（地理的近接性を問わず）、大国と小国の組（地理的近接性を問わず）、そして地理的に近接した小国の組——が分析対象となる。本稿でもこのような二国間関係——それらはしばしば「politically relevant dyads／政治的に連関する二国」と呼ばれる——のみに焦点を当て分析をおこなう。なお、COWが定義する大国のリストは以下のとおりである——オーストリア・ハンガリー（1816〜1918）、中国（1950〜）、フランス（1816〜1940、1945〜）、ドイツ（1816〜1918、1925〜1945、1991〜）、イタリア（1860〜1943）、日本（1895〜1945、1991〜）、ロシア（1816〜1917、1922〜）、イギリス（1816〜）、アメリカ（1898〜）。

戦争の測定

　戦争とは何であろうか。この問いに対して、おそらく多くの人は「多くの死傷者が発生した国家間の軍事衝突」のような形で答えるだろう。しかし、「多くの」という漠然とした形容詞が使われたままだと、具体的にどの軍事衝突が戦争で、どの軍事衝突が戦争でないか分析者の主観にデータ分析の結果が委ねられてしまうことになる。それでは何人の死者が発生すれば戦争になるのだろうか。多くの実証国際政治学者は1000人以上の死者が発生した軍事衝突を戦争と定義する[3]。そもそも、戦争とは何かという問いは定義に関する問いであり正しい答えは存在しない。したがって、何人以上の死者が発生しなければ戦争とはいえないかを延々と議論しても意味がない。重要なのは、多くの研究者がこの「1000人」という基準に沿って戦争を分析している事実を認識することであり、とりあえずはその相場に従って分析を進めていった方がより生産的だろう。この基準に従うと、たとえば1816年から2000年の約200年間におよそ120件程度の戦争が発生していることになる。平均して1年に約0.6件が発生するだけであり、戦争は極めて稀な現象であるといえるだろう。なお、

戦争の発生と継続は分けて考える必要があるが、本稿では戦争の発生に焦点を当てた分析をおこなう。

パワーの測定

　しばしば争いの結果から国の強さを推測する人びとがいる。たとえば、「日露戦争で日本はロシアに勝ったから当時の日本はロシアよりも強かった」といった主張をおこなう人びとがそれである。このようなパワーの測定方法は争い以外の何かを説明したいならば問題ないが、争いそのものを説明したい場合は循環論法となる。たとえば、「日本がロシアに勝てたのは日本がロシアより強かったからであり、日本がロシアより強かったのは日本がロシアに勝てたからである」のような議論を考えてみればその問題がわかるだろう。

　このような循環論法を避けるため、争いの発生を説明する実証国際政治学は、戦争に勝つ能力に影響を与えると考えられるさまざまな要素をその国と相手の国がどれだけ保有しているかといった観点から国のパワーを測定する。具体的には、ある国のパワーを測定する際、CINC（Composite Index of National Capability/国力総合指数）と呼ばれる指標を各国ごとに計算するのが通例であり、それは次の六つの軍事的・経済的・人的資源——戦争遂行能力に短期的・中期的・長期的に影響を与えると考えられる要素—の単純平均として計算される——その国が占める①軍事予算の世界シェア、②兵士数の世界シェア、③鉄鋼生産量の世界シェア、④石油・石炭消費量の世界シェア、⑤人口の世界シェア、⑥都市人口の世界シェア。[4]たとえば、ある年のある国の軍事予算が世界全体の合計軍事予算の10%を占め、兵士数が世界全体の合計兵士数の20%を占め、鉄鋼生産量が世界全体の合計生産量の5%を占め、石油・石炭消費量が世界全体の合計消費量の10%を占め、人口が世界全体の合計人口の5%を占め、都市人口が世界全体の合計都市人口の10%を占める場合、その国のその年のCINCは（0.1+0.2+0.05+0.1+0.05+0.1）/6=0.1となる。CINCという指標をより深く理解するために、図1はイギリスとアメリカのCINCをそれぞれ時系列で視覚化する。19世紀初期はイギリスがアメリカを大きく引

き離していたが、時が経つにつれ徐々にその優位性は失われていき、20世紀に入るとアメリカがイギリスを大きく引き離すようになったことがわかるだろう。なお、本節初めに触れた日露戦争におけるパワー分布をCINCで評価すると、1904年当時、ロシア（CINC=0.10）は日本（CINC=0.05）より約2倍強かったことになる。

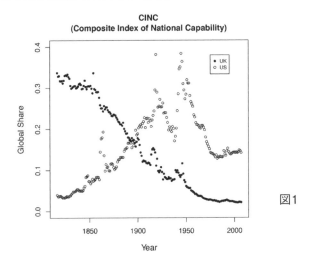

図1

　もちろん、戦争に勝つ能力は上述した六つの要素以外の要素——たとえば核兵器の量と質、同盟、政治体制、地理、文化など——にも影響を受けるだろう。しかし、戦争遂行能力に影響を与える要素は無限にあるので、それらすべてを網羅したパワーの指標を作り出すことは不可能である。まずはCINCのように単純な方法で測定された指標を使い分析し、それでうまく戦争と平和のバラツキを説明できない時により複雑な指標で分析する方が生産的であろう。

パワー分布と戦争発生の相関関係

　上述した方法で測定した1816年から2000年までの二国間レベルのパワー分布と戦争発生の関係を視覚化したのが図2である。横軸（縦軸）は二国のうち強い（弱い）方のCINCを表しており、各点のサイズは戦争確率の大きさに比例している。対角線付近にあるデータはパワーがほぼ拮

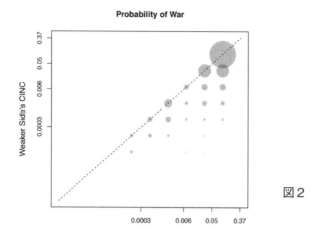

図２

抗している国々であり、対角線から離れるにしたがってパワーの格差が
大きくなる。図を見ると、戦争確率は対角線付近（パワーがほぼ拮抗する
二国間関係）で高くなり、そこから離れるにしたがい低くなることがわか
るだろう。図3はパワーの分布を一次元で簡潔に表した上でそれと戦争確
率の関係を視覚化する。横軸と縦軸はそれぞれ二国のうち強い方が弱い
方の何倍大きなCINCを有しているか（右に行けば行くほど大きなパワー格
差をもつ国々）、そして各パワー分布に応じた戦争確率を表しており、各
点のサイズはデータ数に比例している。図2と同じように、パワーの格差
と戦争確率は負の関係にあることがわかるだろう。すなわち、二つの国
の間でパワーの格差が大きくなればなるほどその二つの国の間で戦争が
発生する確率は低くなっていく。たとえば、パワー格差が3倍以下の国々
で戦争が発生する確率はおよそ1%以下だが、パワー格差が150倍以上の
国々になると戦争確率がほぼ0になる。パワーがほぼ拮抗する国々で戦
争確率は最大化し、大きなパワー格差のある国々でそれは最小化される。
この分析結果は勢力均衡論よりも勢力優位論の予測とより整合的である。
論理的な観点からは優劣を決められない二つの理論であるが、実証的な
観点からは勢力優位論に軍配が上がるといえるだろう。

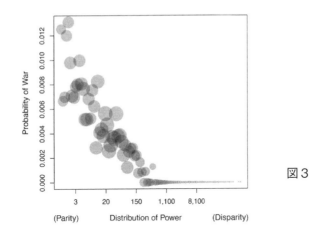

図3

　もちろん、この分析だけから「パワー格差の増大は戦争確率を低下さ
せる効果をもつ」といったような因果関係（原因と結果の関係）まで検証
することはできない。ただの相関関係だけではなく因果関係についても
何かいうためには本稿で扱った単純なデータ分析ではなく、統計学を駆
使した高度な分析手法および追加的なデータが必要となるからである。
その意味で上述したパワー分布と戦争発生の関係は暫定的なものではあ
るが、勢力均衡論に対する勢力優位論の相対的な妥当性を少なからず示
唆するエビデンスとして捉えることができるだろう。

おわりに

　パワー分布と戦争発生の関係は学問的に重要な問題であるだけでなく、
それは重要な政策含意も兼ね備えている。たとえば、利益の対立する二
つの国AとBがあり、AはBより強いと仮定しよう。このとき、Aがそのパ
ワーを増加させるとAだけではなくBの安全保障レベルも上がることが本
稿の分析結果から推測できる。なぜなら、より強い方のAのパワーが増え
ればAとBの間のパワー格差はさらに大きくなり、そしてそれはAとBの
間で戦争が発生する確率を引き下げる可能性を示唆するからである。反
対に、Bがそのパワーを増加させるとB自身の安全保障レベルを引き下げ

る可能性がある。なぜなら、より弱い方のBのパワーが増加するとAとB
の間のパワー格差は縮まり、そしてそれは両国の間で戦争が発生する確
率を押し上げる可能性を示唆するからである。大きなパワー格差がある
二国のうち弱い方がそのパワーを増加させると自身の安全保障を損なう
おそれがある。このことは、とくに弱小国の安全保障政策に重要な含意
をもつだろう。

註

［1］パワー分布と戦争発生に関する参考文献としては以下を参照——A. F. K.
Organski, *World Politics (2nd ed)*, Chicago: University of Chicago Press, 1968;
Geoffrey Blainey, *The Causes of War (3rd ed)*, New York: Free Press, 1988; Stuart
A. Bremer, "Dangerous Dyads: Conditions Affecting the Likelihood of Interstate
War, 1816-1965," *Journal of Conflict Resolution*, vol. 36, no.2, pp.309-341,
1992; Jacek Kugler and Douglas Lemke, eds, *Parity and War: Evaluations and
Extensions of the War Ledger*, Ann Arbor: University of Michigan Press, 1996。勢
力均衡論と勢力優位論のどちらでもない第3の理論を提唱する研究としては
以下を参照—Douglas M. Gibler, "State Development, Parity, and International
Conflict," *American Political Science Review*, vol. 111, no. 1, pp. 21-38, 2017。

［2］ https://correlatesofwar.org

［3］ https://correlatesofwar.org/data-sets/mids/

［4］ https://correlatesofwar.org/data-sets/national-material-capabilities/

4

なぜアラブ諸国とイスラエルは対立するのか？
── 第三次・第四次中東戦争を中心に ──

ミラー 枝里香

本稿の目的

　なぜ人や国は対立し、なぜ協調するのか？　本稿では、100年近く対立
しているアラブ・イスラエル関係に焦点を当て、対立のあり方をつくる
こととなった第三次中東戦争と第四次中東戦争およびその和平プロセス
を取り上げる。そこにおいて、誰と誰が対立もしくは協調し、どのよう
な理由で和平へと向かうことになったのか考察する。最終的に、第四次
中東戦争の後に国家間の和平が達成されたにもかかわらず、なぜアラブ・
イスラエル対立は現在に至るまで継続し、イスラエルとパレスチナのあ
いだに軍事衝突が起きてしまうのか俯瞰する。

第三次中東戦争
前史

　まず、アラブ・イスラエル間の対立の原点を確認する。現在イスラエ
ルとなっているパレスチナは、100年前はオスマン・トルコ帝国のペルシャ
人の支配下にあった。その際、第一次世界大戦において同帝国と戦争中
であったイギリスは、それぞれの支持を取りつけるため、帝国崩壊後に
アラブ民族の居住を認めるというフセイン＝マクマホン協定をアラブ民
族と結び、同時に、同じ土地にユダヤ人の国家を建設することを認める
バルフォア宣言もおこなった。これにより、第一次世界大戦後イギリス
の委任統治下に入ったこの土地において、二つの民族は小競り合いを続
けることになった。第二次世界大戦後、委任統治国イギリスがパレスチ
ナから撤退することが決まり、1947年11月、国連総会においてこの土地

をユダヤ人とアラブ人（パレスチナ・アラブ人）の二国家に分割する案が可決された。そしてイギリスが委任統治を終了した翌年5月、ユダヤ人はイスラエル建国を宣言した。しかし、パレスチナ・アラブ人および近隣アラブ諸国は納得しなかった。エジプト、シリア、ヨルダンは他のアラブ諸国のサポートを受けてイスラエル建国を阻止しようと新国家に進撃し、第一次中東戦争が始まった。

　戦争の結果、イスラエルは委任統治時代のパレスチナの80%を支配した。同時に、エジプトとヨルダンはパレスチナ・アラブ人の保護を名目として、それぞれガザ地区とヨルダン川西岸地区を占領した。こうした地区に、イスラエルの迫害を恐れて脱出した70万人のパレスチナ・アラブ人が逃れることとなった。一方、イスラエル支配地区に残留した15万人のパレスチナ・アラブ人には政治的権利が認められなかった。これにより、アラブ諸国のイスラエルに対する反感は強まる一方となった。その後アラブ・イスラエル対立は、1956年にスエズ危機や国境沿いでの小競り合いをたびたび経験しつつも、第一次中東戦争休戦以来20年間膠着状態が続いていた。[1]

戦争をめぐるアクター

　こうした状況において、1967年5月19日にエジプト大統領ナセル（Gamal Abdel Nasser）がスエズ運河の国連平和維持軍（スエズ危機の戦闘以降駐在していた）を追放したために一気に緊張が高まり、6月5日にイスラエルがエジプトに先制攻撃を開始したことで第三次中東戦争が始まった。

　戦争に至るまでの過程を考察する前に、アクターを整理したい。戦争に直接関与したのはイスラエル、エジプト、ヨルダン、シリアであるが、アメリカとソ連もまた間接的に大きな役割を果たした。イスラエルは1960年代前半までフランスの支援を受けて軍事力を維持していた。しかし、フランスはアルジェリア問題の関連でアラブ諸国との関係を改善したいと考え、1965年にイスラエルへの武器売却を中止した。イスラエルはアメリカに軍事支援を求めた。アメリカはアラブ・イスラエル対立において中立を貫いており、軍事支援を躊躇したが、イスラエルが核開発

を試みていることを考慮し、安全保障における不安が核開発の願望を持たせるのだと考え、戦車および戦闘機の売却をおこなった。[2]

　エジプトは、1954年にクーデターによって大統領になったナセルの圧倒的なリーダーシップのもとにあった。ナセルは「アラブ・ナショナリズム」というアラブ全体の国民国家を形成して、国際政治におけるアラブ民族の地位と権利の向上を狙うという概念を提唱することで、アラブ世界において広範に支持者を獲得していた。シリアのバース党政権もナセル支持層の一つで、シリアはエジプトとともにアラブ連盟という連邦国を形成した。ソ連はこうしたナセルに対し中東における影響力拡大の好機を見出し、エジプトおよびシリアに軍事支援を提供していた。またナセルはパレスチナ人の庇護者としての顔も持っており、パレスチナ自治区ではナセルおよびソ連に追従する急進派左翼が勢力を伸ばしていた。[3]

　一方、ヨルダンはフセイン（Hussein bin Talal）を王とする王政国家で、当時はイギリスとアメリカの支援から成り立っており、西側から穏健派と見做されていた。王政であることから共産主義とは相容れず、パレスチナ・ゲリラの攻撃対象ともなっていた。こうした立場から、ヨルダンは表面的には他のアラブ諸国と歩調を合わせつつも、1963年までに秘密裏にイスラエルとの協力体制を確立しつつあった。つまりヨルダンは、実際にはエジプトやシリアの仲間というわけではなく、アラブ・イスラエル対立において中立に近い立場にあった。しかし、1966年にイスラエルがヨルダン領のパレスチナ人居住区に空襲をおこなったことで関係は急速に悪化していた。[4]

対立から戦争・休戦へ

　第三次中東戦争の発端はナセルがスエズ運河から国連平和維持軍を追放したことであるが、その理由は、ソ連がナセルに対し、イスラエルがシリアとの国境沿いに大軍を移動させていると報告したことであった。イスラエルとシリアは1967年4月以降、シリア領にいるパレスチナ・ゲリラをめぐって小規模な軍事衝突を何度か起こしていた。今回イスラエルが軍隊を移動させたことで、ナセルはイスラエルが対シリア戦を開始す

るだろうと予測した。そこでナセルは、エジプト側からも攻撃を仕掛けて、イスラエルを一網打尽にしようと考えたのである。一方ヨルダンもまた、エジプトとシリアが開戦へと向かっている状況を見て、エジプト側につく事を決意し、6月1日ヨルダンとアラブ連盟は軍事同盟を締結した。

　イスラエルに隣接する国は、エジプト、シリア、ヨルダン、レバノンであり、そのうち三ヵ国がイスラエルに敵対した。イスラエルは、三方向からの一斉攻撃に反撃することはできず、先制攻撃で相手国の武器を空爆によって破壊することでしか勝利することができないと考えた。そこでイスラエルは、アメリカに開戦許可を要求した。アメリカの対応がいかなるものであったのか研究者によって解釈が異なるが、同国ができる限り戦争を避けたいと考えていたとの理解は共通している。それは、アラブ・イスラエル戦争が激化することによって、ソ連が直接介入する危険があったためである。しかし、実際に戦争が起こるのであれば、ソ連に支援されるエジプトやシリアでなく、イスラエルの勝利を望んでいた。こうした事情からアメリカは、イスラエルの開戦要求に対し非常に曖昧な同意を見せた[5]。

　一方、イスラエルはそもそも、アメリカが明確な反対をしない限り開戦するつもりであった。1967年6月5日、イスラエルはエジプト、シリア、ヨルダンを先制攻撃し、8日までに重要な軍事拠点を占拠し、10日に停戦を迎えた。この戦争において、イスラエルはエジプト領ガザ地区、ヨルダン領ヨルダン川西岸地区、シリア領ゴラン高原と国際管理下にあったエルサレムを占領した。さらに戦争中、イスラエルは、ソ連が10年かけてエジプトとシリアに供給した兵器の80%を破壊した。つまりイスラエルは、6日間でアラブ諸国に圧倒的勝利を収めたのである。

　アメリカはこれを機に、イスラエルへの支援を明確化した。イスラエルが、中東におけるソ連の影響力拡大への抑止力となり、アメリカの戦略的な立場を優位にするコマとなると判断したためである[6]。したがってアメリカは、イスラエルが直ちに占領領土から撤退することを求めない和平ロードマップの作成に尽力した。その結果、国連安全保障理事会決議242号が成立した。この文面には、「この戦闘に関わった国は、すべて

の敵対行為をやめ、すべての国の独立と主権を認めること」と「イスラエルは最近の戦争で占領した領土から撤退すること」というものが含まれており、アラブがイスラエルの独立と主権を認め、平和を差し出す代わりに、イスラエルは領土を返還する、という「領土と和平の交換」原則がつくられた。ただし、これはアラブが平和的にならない限りイスラエルは領土から撤退する必要はないとも読み取ることができ、和平は簡単に達成できるものではなかった。

第三次中東戦争から
第四次中東戦争に至る対立構造の変容

　第三次中東戦争休戦後からたった6年後、再びアラブ諸国とイスラエルは戦争を開始した。なぜ休戦後も対立が依然として続くことになったのか。戦間期において、重要な出来事が三点あった。第一に、イスラエル・ロビーと呼ばれる米・イスラエル友好関係を促す利益団体の存在が伸長したことである。ロビーとは、より良いアメリカ社会を目指して議員に影響を与えるため、憲法によって権利が保障された市民グループである。イスラエル・ロビーは潤沢な資金力を持っており、元来ホワイトハウスや議会に一定の影響力を保持していたが、第三次中東戦争においてイスラエルがアメリカにとって戦略的に重要であることが証明されて以降、彼らの要求が説得力を持つようになり、ますます勢力を伸ばしていくこととなった。その結果、休戦の翌年である1968年には、最新鋭の戦闘機であるF-4ファントム対イスラエル供給に関して議会の承認を勝ち取るなど、アメリカのイスラエル支持をより強固にしていった。[7]

　第二に、その結果ソ連側もエジプトとシリアへの武器売却を継続・増大したことである。ソ連は、休戦直後の1967年7月からイスラエルに破壊された武器を水面下でエジプトとシリアに供給するようになっていたが、1969年には軍事供給を増加するだけでなく、ソ連兵将校によるエジプト軍に対する大規模な訓練も開始するようになった。つまり第三次中東戦争後、アラブ・イスラエル戦争は武器売却をつうじて米ソの代理戦争と化すことになったのである。

第三に、国際政治におけるアラブ産油国の影響力が増大したことである。長年、産油国は石油メジャーが獲得している収益に対して自国に支払われる配分が小さいとの不満を抱いていたものの、西側の限界供給者がアメリカであったことから、操業を停止して抗議することはできなかった。しかし、1970年代初頭、需要が著しく高まりアメリカが生産余力を失ったことで、サウジアラビアとリビアの西側への輸出シェアが急増し、アラブ全体で西側全体の40%以上の石油供給を担うようになった。とくにサウジアラビアは西側の20%の消費量を供給するようになった。こうした状況に鑑み、アラブの一部の勢力は、石油を「武器」として使用することで和平交渉をアラブ有利に進めるべきだと主張するようになったのである。石油輸出機構（OPEC）最大の生産者であるサウジアラビアは、アメリカから大量の武器を購入してその体制を維持しており、西側に敵対することを躊躇した。しかし、サウジアラビア国内の油田がパレスチナ・ゲリラの攻撃対象にされるようになったこと、政府の親米的姿勢が国内外で批判されるようになってきたことを背景に、1973年8月、ファイサル王（King Faisal）はエジプトのサダト大統領（Anwar Sadat、ナセルの後任）に石油を「武器」とすることを約束した。具体的には、エジプトが再びイスラエルと戦争し、武力によって領土を奪還できなかった場合、アラブ産油国が西側諸国に政治的圧力をかけるとの言質を与えたのである。[8]

第四次中東戦争
第四次中東戦争：開戦と石油危機

　つまり第四次中東戦争に至るまでのあいだに、中東における米ソ対立は激化し、アラブ産油国も対立に深く関与するようになっていた。したがってエジプトとシリアの先制攻撃によって1973年10月6日に開始された第四次中東戦争は、アラブ・イスラエル対立だけでなく、冷戦、OPECと石油会社の対立（本稿では割愛）、アラブ産油国の西側全体への政治攻撃という三つの政治対立と連動して展開されることとなった。

　冷戦において東側より西側が優位な立場に立つことは、アメリカが最も重視することであった。開戦までの期間、アラブ諸国は、第三次中東

戦争時にイスラエルに占領された領土を奪還すべく、ソ連の武器を購入していた。つまり今回の戦争においてイスラエルが67年停戦ラインまでアラブ軍を撃退すれば、それはアラブ諸国がソ連の軍事支援を受けても領土を取り戻せないということを意味した。それゆえアメリカの外交政策を指揮していたキッシンジャー国務長官（Henry Kissinger）は、イスラエルが勝利すれば、アラブ諸国は交渉でしか領土を取り戻すことができないと悟り、イスラエルへの影響力を持つアメリカの支援を乞うために、ソ連と距離を置くだろうと期待した。したがってアメリカは、戦争中にイスラエルに武器を空輸するなど、その支援を最重要視した。ソ連もまたエジプトとシリアに武器を空輸し、米ソ対立によって戦争は激化した[9]。

　開戦当初はアラブ側が優位に立っていたものの、戦局は次第にイスラエルが優勢になっていった。したがって開戦から10日後、サウジアラビアはエジプトとの約束を果たした。10月17日、アラブ石油輸出国機構（OAPEC）はイスラエルが67年に占領した領土から撤退するまで段階的に減産をすることを発表した。20日には、アメリカの対イスラエル空輸への報復として、アメリカやオランダなどへの禁輸を発表した。さらにOAPECは、原油輸入国を格付けし、イギリスやフランスをアラブの友好国、日本を中立国、アメリカを敵対国とした。OPECもOAPECと協力し、石油の公示価格を3.01ドルから5.12ドルに一方的に値上げした。

第四次中東戦争の和平プロセス

　10月23日、イスラエルに圧倒的に優位な状態で関連諸国は休戦に同意したが、アラブ産油国の攻撃は西側の分裂を招くことになり、和平プロセスにも大きな影響を与えた。OECD石油委員会では、石油危機を消費国全体で乗り切ろうと、分担融通協定を可決しそれに従って石油会社が石油を消費国に平等に分配するという案が議論されていた。しかしOAPECが実施した格付けは、消費国が団結する意欲を削いでいた。敵対国はアラブの石油を購入することは許されておらず、中立国もまた優先的に購入する権利を失っていた。したがって友好国と認定されたイギリスとフランスは、敵対国や中立国を含めた消費国に平等に石油分配することは、

アラブへの挑戦と捉えられかねないとOECD案に反対した。またフランスはECを主導してアメリカのイスラエル支援を批判し、ヨーロッパ主導のアラブ寄りの和平プロセスを形成しようとイニシアティブを取った。日本もまた50％の石油供給をアラブに依存しており、アメリカが主導する和平プロセスと距離を置いていた[10]。

　一方アメリカは、西側諸国のアラブ支援が和平を困難にし、石油危機を長引かせていると考えていた。実際、ECと日本がアラブ寄りの姿勢を見せたことで、急進派アラブ諸国は石油に関する要求を強めて、和平をアラブ優位に進めるだけでなく、石油市場において産油国優位の体制を確立しようと試みていた。したがってキッシンジャーは、エジプトとサウジアラビアを懐柔してソ連を牽制しつつ、イギリスと日本を水面下で味方につけて西側の分裂を防ぐという方法によって、冷戦、アラブ・イスラエル対立、石油危機を解決しようと考えた。イギリスと日本は、産油国よりもアメリカが主導する石油市場に利益を見出し、アメリカの和平イニシアティブおよび石油危機解決のために開催されたワシントン・エネルギー会議を水面下で補佐した[11]。アメリカはサウジアラビアに対し、武器売却、インフラ設備投資、アメリカの銀行家を派遣してオイルマネーを安全に投資することを提案し、サウジアラビアに石油危機の終息及び石油増産による価格の安定を約束させた[12]。エジプトは、アメリカ主導の和平交渉では、イスラエルとの和平に伴い、シナイ半島の奪還およびアメリカからの経済支援を受けられることに利益を見出し、1978年にアメリカのキャンプ・デーヴィッドでイスラエルとの和平に同意した[13]。

　こうしてアメリカ主導のもと第四次中東戦争の和平が達成されたが、そこには大きな欠陥があった。イスラエルとエジプトの和平条約には、パレスチナ難民の処遇およびガザ地区に関して何一つ記されておらず、ガザ地区はイスラエルの占領下に留め置かれ、パレスチナ難民は依然として奪われた土地に戻ることが許されなかった。したがって一部のパレスチナの人びとは、テロという手段によって自らの主張を展開することを選択したのである。テロ攻撃を重くみたラビン首相（Yitzhak Rabin）は、パレスチナ解放機構のアラファト議長（Yasser Arafat）と1993年にオスロ

合意に同意し、ヨルダン川西岸地区およびガザ地区から撤退する意思を
見せ、パレスチナ問題は解決に向かうように思われた。しかし、これら
の地区に長年居住してきたイスラエル人は撤退を拒否し、こうしたイス
ラエル人の動向はパレスチナ急進派を刺激し、彼らが再びテロ攻撃によっ
て抗議を主張したため、和平は頓挫することになった。

おわりに

　第三次中東戦争・第四次中東戦争では、関連諸国はアラブ・イスラエ
ル戦争だけでなく、冷戦、石油問題という三つの軸をめぐって対立し、
最終的にアメリカの主導によって和平へと向かうことになった。アラブ・
イスラエル対立を主導してきたエジプトがイスラエルとの和平に合意し
たことで、1980年以降国家間の戦争は起こっていない。しかし、和平条
約では大国の利害しか反映されておらず、パレスチナの人びとの主張が
蔑ろにされていた。パレスチナ人の主権が認められるまで、アラブ・イ
スラエル対立は継続してしまうだろう。

註

［1］　第一次中東戦争に関しては、森戸幸次『中東百年紛争――パレスチナと宗
　　　教ナショナリズム』平凡社新書、2001年。

［2］　Zach Levey, 'The United States' Skyhawk Sale to Israel, 1966: Strategic
　　　Exigencies of an Arms Deal', *Diplomatic History*, 28; 2 (2004), pp. 255-76.

［3］　Douglas Little, 'The Making of a Special Relationship: The United States and
　　　Israel, 1956-1968', *Middle East Journal*, 25; 4 (1993), pp. 563-85.

［4］　Crea L. Bunch, 'Strike at Samu: Jordan, Israel, the United States, and the Origins
　　　of the Six Day War', *Diplomatic History*, 32;1 (January 2008), pp. 55-76.

［5］　William B. Quandt, *The Peace Process: American diplomacy and the Arab-Israeli
　　　conflict since 1967*, 3rd edition (University of California Press, 2005), p. 41.

［6］　Douglas Little, *American Orientalism: The United States and the Middle East
　　　since 1945*, 3rd edition (The University of North Carolina Press, 2008), p. 101.

［7］　Erika Tominaga, 'The Failure in the search for peace: America's 1968 sale of
　　　F-4 Phantoms to Israel and its policy towards Israel and Jordan', *International*

Relations of the Asia-Pacific, 16;2 (2016), pp. 303-27.

［8］ Anwar Sadat, *In Search for Identity: An Autobiography* (Harper & Row, 1978), pp. 232-4.

［9］ Andrew Scott Cooper, *The Oil Kings: How the U.S., Iran, and Saudi Arabia Changed the Balance of Power in the Middle East* (Simon and Schuster, 2011), pp. 137-168.

［10］ Daniel Möckli, *European Foreign Policy During the Cold War: Heath, Brandt, Pompidou and the Dream of Political Unity* (I.B. Tauris, 2009), pp.184-300.

［11］ Erika Tominaga, 'Japan's Middle East Policy, 1972-1974: Resources Diplomacy, Pro-American Policy and New Left', *Diplomacy and Statecraft*, 28;4 (December 2017), pp.674-701; ミラー枝里香「1973年石油危機におけるイギリスの二面的石油政策──アメリカ、フランスと産油国のはざまで──」『国際政治』第207号（2023年）、146-162頁。

［12］ Rachel Bronson, *Thicker than Oil: America's Uneasy Partnership with Saudi Arabia* (Oxford University Press, 2006), pp. 124-39.

［13］ ジミー・カーター『カーター、パレスチナを語る──アパルトヘイトではなく平和を』（北丸雄二・中野真紀子訳）晶文社、2008年。

第４章

文化

文化は誰のものか

1

32人のイワン皇子

水上 則子

グリムとアファナーシエフ

　グリムの昔話を知らない人はいないだろう。グリム兄弟が、どのような時代に生き、何をした人物であるかを知らなくても、「ヘンゼルとグレーテル」「白雪姫」などのお話は、誰もが「知っている」と答えるのではないだろうか。

　これらの珠玉の昔話が収められているのは、グリム兄弟が1812年から1857年にかけて刊行した「子どもと家庭のメルヒェン集」(Kinder- und Hausmärchen) で、この画期的な昔話集が世界中で愛されていることは疑う余地がないが、実は、ほぼ同時代に、質的にも量的にもこれをはるかに凌ぐ昔話集が公刊されていたことは、残念ながら、十分に知られているとは言いがたい。

　それは、アレクサンドル・アファナーシエフ (Афанасьев, Александр Николаевич 1826-1871) の手になる「ロシア民話集」(Народные русские сказки) である。初版の刊行は1855年から1863年にかけておこなわれ、アファナーシエフの死後も、さまざまな研究者の手によって改訂と改版が続けられて、今日に至っている。

　グリムの昔話には、「決定版」とされる第七版の場合、1から210までの通し番号が付けられており、このうち151番をもつ話が二つあるため[1]、全部で211編のお話があることになる。アファナーシエフの昔話集でも、第五版 (1938-1940) 以降は通し番号が付けられている。その番号は1番から579番までで、こちらには重複がないので、579編の昔話が収録されていることになる[2]。アファナーシエフの場合、とくに450番以降は非常に短いものも多くなるので、単純に「およそ三倍」などと言うことはできな

いのだが、グリムよりもはるかに多いことはまちがいない。

　グリム兄弟もアファナーシエフも、これらのお話を「書いた」わけではなく、誰かが語るのを書き留めたり、誰かが書き留めたものを編纂して出版した、という点は共通している。しかし、グリム兄弟は、初版から第七版にいたる45年の間に、さまざまな形でテキストに手を加えたことが知られている。これに対し、アファナーシエフの昔話集のテキストは、綴りや表記の修正を除けば、版を重ねても改変されることはなく、今日まで大切に守られてきた。このために、面白い物語の宝庫であることと、貴重な学術資料であることが、150年以上にわたって奇跡的に両立しているのである。

　なお、ヨーロッパの昔話は、その内容によって「動物昔話」「魔法昔話」のように分類することが広くおこなわれている。「動物昔話」は、文字どおり動物を主人公としたお話で、キツネやオオカミ、クマなどがよく登場するが、ヒツジやヤギ、ネコなども出てくる。人間も出てくることがあるが、決して主役になることはなく、つねに脇役である。「魔法昔話」は逆に、人間がつねに主役で、主人公が一定の試練を経て何かを獲得する、といった構造をもつものである。ここでは、アファナーシエフ昔話集に収録されている600編近い昔話の中で、「魔法昔話」と考えることができる244編[3]を対象として、その中でしばしば主人公として登場する皇子（царевич）について、そしてその中でもとくに「イワン皇子」と呼ばれる人物について考えてみたい。

イワンという名前

　「イワンИван」は、ロシアの男性名の一つで、現代の子どもの名づけにも用いられる、いわば現役の名前である。ロシアの昔話では、男性主人公に固有名詞が与えられる場合、圧倒的に「イワン」が多い。アファナーシエフ昔話集の579編について語彙を分析したところ、イワンという語は2193回使用されていた。また、イワンの愛称であるイワーヌシュカ（Иванушка）やワーニャ（Ваня）、卑称であるイワシコ（Ивашко）などの派生語のほか、ウクライナ語・ベラルーシ語のイワン（Iван）[4]、イワシ[5]

カ（Iвашка）も合算すると、使用回数は2500回をこえ、昔話集の中で使われている名詞の中でもっとも多い。他の固有名詞でそれなりに使われているものと比較すると、二番目に多いエレーナ（Елена）が285回、三番目に多いワシリーサ（Василиса）が275回であることからも、イワンがどれほどよく出てくるかがわかる。「イワン」への偏愛ぶりは、たとえば「イワン・ブィコヴィッチ（No.137）」のような昔話にもよく表れている。このお話の発端では、次のような出来事が語られるのである。「皇妃も、お気に入りの料理番も、雌牛もいっぺんに身ごもって、揃って同時に三人の息子たちが生まれたのです。皇妃の子はイワン・ツァレーヴィチ（イワン皇子）、料理番の子はイワン・クハールキン・スィン（料理番の子イワン）、雌牛の子はイワン・ブィコヴィッチ（牛の子イワン）です。」

　この例からもわかるように、昔話の中でイワンという名を与えられるのは皇子に限らない。244編の魔法昔話で、イワンという人物が登場するのは90編にのぼるが、このうちおよそ半分のイワンが「皇子」または「王子」である。皇子でないイワンとしては、農民の子や商人の子などがあり、身分に関係なく使われる名であるといえる。

アファナーシエフ昔話集の中の皇子（царевич）

　ツァレーヴィチ（царевич）は、「ツァーリ、皇帝（царь）」という語に、「〜の息子」を意味する接尾辞をつけて作られた語で、「皇帝の息子」を意味する。類似の語として、カローリ（王）（король）の息子を意味するカラレーヴィチ（королевич）というものもある。アファナーシエフ昔話集でも、ツァレーヴィチではなくカラレーヴィチが登場する話もあるし、ツァレーヴィチとカラレーヴィチの両方が登場する場合もある。アファナーシエフの翻訳者は、この二つの語をどちらも「王子」と訳し、区別しない場合が多いのだが、本稿ではツァレーヴィチを「皇子」、カラレーヴィチを「王子」と訳し、表記を区別することとする。

　244編の魔法昔話の中で、ツァレーヴィチという語が何回使われているかを示したのが表１である。比較のために、579編全体における使用回数と、関連語であるツァーリ、カラレーヴィチ、プリンス（принц）の使用

表1

	царь	царевич	королевич	принц
昔話集全体	2020	2004	208	5
魔法昔話	1677	1978	183	5

回数も合わせて示した。

　なお、昔話集全体におけるツァーリとカローリの使用数を比べると、ツァーリが約2000回であるのに対して、カローリは約500回で、4対1である。ツァレーヴィチとカラレーヴィチを比べると、この差は10対1に広がり、重要性に大きな差があることがわかる。

　昔話の数に着目すると、ツァレーヴィチという語が使われている魔法昔話は79編で、その中で、ツァレーヴィチと呼ばれる人物が主人公といえるのは40編である。

　そして、40編の主人公であるツァレーヴィチのうち、32人が、固有名詞である「イワン」を付されて、「イワン皇子（Иван-царевич）」と呼ばれている。[8] この32人のイワン皇子は、すべて別の人物と考えられるが、全員同名で混乱を招きかねないので、以下本稿で個別のイワン皇子に言及する際には、「イワン皇子（93）」（「魔女と太陽の姉（No.93）」に登場するイワン皇子を意味する）のように、昔話の番号を付加して表記することにする。

イワン皇子の人物設定

　イワン皇子は、「皇帝の息子」として登場することがほとんどで、昔話の冒頭で「とある帝国、とある国に、皇帝が暮らしていました。この皇帝には三人の娘と、イワン皇子という息子がいました。皇帝は年老いて死に、イワン皇子が国を受け継ぎました。（No.161 イワン皇子とベールィ・ポリャーニン）」のように紹介されることが多い。皇帝の子は、次の皇帝になるべく養育されるものだと考えるのが自然だが、昔話のイワン皇子は、皇帝の死後に「皇帝になった」とされることがほとんどない。No.161のように、冒頭で父である皇帝が死ぬこともあるのだが、主人公の呼称はずっと「皇子」のままで変わらない。また、ほとんどの話が、

苦労の末に獲得した姫と結婚するか、曲折の末配偶者と再会した、とい うハッピーエンドになっているのだが、イワン皇子が皇帝になって終わ る話は一つもない。「後継者と定められた」という一言が添えられている こともあるが、32人中、わずかに3人のみである（156, 174, 178）。昔話の 語り手は、「皇子」を皇帝にすることに興味がないか、あるいは、皇帝に したくないのかもしれない、と思うほどである。

　それでは、これらのイワン皇子はどのような資質をもった人物なのか。

　魔法昔話の男性主人公は、何らかの問題（珍しいものを手に入れるこ とを命じられる／さらわれた母や妻を取り戻す／すぐれた花嫁を獲得す る　など）を解決するのが主な役割だが、32人のうち13人のイワン皇子は、 生まれつき超人的なところをもち、自力で解決できる部分がある。ただ し、不思議な力を持つ助力者や不思議な道具の力も利用することが多い。 一方、自身には特別な能力はなく、助力者や道具の力によって解決する イワン皇子も多く、中には、自分からはあまり行動を起こさず、有能な 助力者の言うとおりにすることで幸福な結末に至るイワン皇子もいる。

　イワン皇子のタイプごとに、いくつかの昔話を取り上げてみよう。

生まれつき超人的なイワン皇子

157　不死身のコシチェイ　（Кощей Бессмертный）

　あらすじ：

> 　皇帝夫妻の元にイワン皇子が生まれる。乳母の手におえず、父であ る皇帝が「大きくなったら『こよなく美しい姫』を嫁にもらってやろ う」と子守歌を歌いながら揺りかごをゆする。イワンは生後9日で口を きき、姫を探す旅に出る。
>
> 　道中で出会った老婆が探してくれた怪鳥が、「こよなく美しい姫」 の居場所を知っていて、そこまで連れていってくれる。姫にはたくさ んの勇士が求婚していたが、イワン皇子が一番強くて全員を倒し、姫 と結婚する。
>
> 　共に自国に帰ろうと旅立つが、イワン皇子は深く長く眠り込んでし まい、不死身のコシチェイに「こよなく美しい姫」をさらわれる。

イワン皇子はコシチェイの国にたどり着き、コシチェイの留守に姫に会うことができる。コシチェイの死がどこにあるのかを姫に聞き出してもらい、「海を漂う丸太の中にいる鴨の中にある卵」の中にあることがわかって、旅立つ。

　道中で食べようと狙い、命乞いされて断念した動物たち（ハヤブサ、クマ、カマス）の助力を受けて卵を手に入れ、持ち帰ってコシチェイと対峙し、卵を潰すことでコシチェイを殺す。姫と共に自国に帰り、皇帝に迎えられて、盛大な披露宴が催される。

　イワン皇子（157）は、父が子守歌を歌うと三日間眠る、というのを三回繰り返したあとで、いきなり「姫を探す旅に出る」と言う。「超人的に成長が早い」人物には、「皇子の成長することといったら、まるで酵母を入れた練り粉のようでした。一日一日と成長するのではなく、一時間ごとに育って、たちまち大きくなりました」（No.222）のような表現が使われることが多く、イワン皇子（157）のように語られるのは珍しい。また、姫に出会った後、求婚者たちと対決する際には、魔法の道具や不思議な馬などの力を借りることもなく、一人で大勢をたちまち倒してしまう、という姿が描かれており、そこにも超人性が現れている。一方で、行く先々で老人や老婆の助言を受けたり、鳥・動物・魚の助力を受けるなど、常人の主人公と同じ手段も駆使している。

　このタイプに属するのは、イワン皇子（157）のほかには、132, 156, 161, 173, 176, 178, 202, 206, 207, 222, 559, 562のイワン皇子である。

途中で超人的な力を獲得するイワン皇子

129　三つの国——銅の国、銀の国、金の国
　　　（Три царства — медное, серебряное и золотое）

あらすじ：

　皇帝には三人の息子がいて、末の皇子がイワンである。ある日突然、皇妃が竜巻にさらわれて行方不明となり、三人の皇子が探すために旅立つ。イワン皇子は手がかりをくれる老人に出会い、道案内をしてくれる糸玉をもらう。洞窟の入口に着き、イワンは兄たちを残して一人

で入る。中には銅の国・銀の国・金の国があり、それぞれの国の女帝に出会って、母の居場所を知り再会する。母はイワンに超人的な力が得られる水を飲ませ、竜巻と闘って倒す方法を教える。

　母の指示通りに竜巻を倒し、母と、金の国・銀の国・銅の国の女帝たちを連れて帰国しようとするものの、兄たちの裏切りで、イワンだけが山に残されるが、魔法の笛を見つけ、笛の力で帰国を果たす。

　イワン皇子は父の宮殿に戻らず、身分を隠して靴屋に住み込み、魔法の力で見事な靴を作る。兄との結婚を迫られている金の女帝は、この靴を見てさらに見事な靴を注文する。イワンは再び魔法の力で靴を作り、金の女帝はイワンが帰国していることを察する。さらに、婚礼衣装を一晩で縫う、宮殿を一晩で建てる、などの難題を出す。イワンはどちらも魔法の力で果たした後、それまでの一切を明かす書面を皇帝に届け、両親と再会する。イワン皇子は金の女帝と結婚し、兄たちは銀の女帝・銅の女帝と結婚する。

　イワン皇子（129）は、母から「力が湧く水」を与えられたことで、全世界をひっくり返せそうだ、というほどの、並外れた力を手に入れている。それだけではなく、母は、力がつく水と力が衰える水の場所を入れ替えるよう指示し、竜巻が戦いの最中に間違った水を飲むように計らって、イワン皇子が竜巻を倒す手助けをする。超人的なのはイワンの母であって、その力は母からイワン皇子に引き継がれたと考えることもできる。そして、竜巻との戦い以外には、この能力が使われることはない。

　このタイプに属するのは、イワン皇子（129）のほかには、125, 130, 162のイワン皇子である。

助力者や魔法の道具の力を借りつつ
自ら難題を解決するイワン皇子

124　王子とそのお守役（Королевич и его дядька）

　あらすじ：

　最初に農夫とその三人の息子が登場する。末の息子が父の畑を荒らす犯人（勇士ニカノール）を捕らえることに成功するが、この犯人は

常人とは異なる力の持ち主だった。

　本筋に入り、皇帝の末の息子であるイワン皇子が、皇帝の元で囚われていた勇士ニカノールを、不用意に逃がしてしまう。イワン皇子は罰として追放される。

　追放に同行したお守役の悪だくみで、二人は入れ替わることになる。他国の皇帝のもとへ行き、皇子として迎えられたお守役は、イワン皇子が皇帝から難題を出されるように仕向けるが、イワン皇子は、勇士ニカノールの助けを借りてそれらの難題をクリアする。

　次に、三つの頭を持つオロチから、皇帝の娘を差し出せと言う脅迫状が届く。イワン皇子は勇士ニカノールを呼び出し、敵を倒してもらう。続いて、六つの頭のオロチからも手紙が来て、同じ結果になる。さらに、十二の頭を持つオロチから手紙が来る。イワン皇子がニカノールを呼び出すと、共に戦うよう言われ、協力して敵を打ち負かすが、イワン皇子は戦いの中で傷を負い、皇女が自分のスカーフで手当てをする。

　イワン皇子は自分の功績を語らずに料理番の仕事に戻るが、皇女はスカーフを手掛かりとして、オロチを倒したのがイワン皇子であることを見出し、イワン皇子は自分の素性を告げて、皇女と結婚する。

　イワン皇子（124）は、自分の過ちが原因で国を追われるのだが、逃がした勇士ニカノールの恩返しによって、奇跡的な能力が必要な難題をクリアしたり、オロチを退治したりすることができた。イワン皇子（124）の事績の大半は助力者（勇士ニカノール）の力によるものだが、三回目のオロチ退治では、助力者から助力を求められていること、またその後に深く眠り込み、常人であれば死んでしまうほど殴られてようやく目を覚ます、というエピソードが語られていることで、少しだけ超常的な力も持っている人物といえそうである。

　このタイプに属するのは、イワン皇子（124）のほかには、93, 174, 175, 201, 204, 267, 268, 269のイワン皇子である。このうち、イワン皇子（204）も、花嫁を取り戻すために宴会に潜入し、演奏で人びとを魅了する、という場面があり、少しだけ常人とは異なる力を示している。

なお、No.124には王子は登場していない（カラレーヴィチという語は一度も使われていない）にもかかわらず、タイトルで「王子（королевич）」という語が使われているのは、アファナーシエフの昔話集では、多くの昔話において、類話と判断される昔話を一ヵ所にまとめ、同一のタイトルを与えるという編集方針がとられているためである。同一タイトルでまとめられている昔話の数は、2～3話であることが多いが、12話にのぼることもある。この昔話の場合、123番と124番が類話とみなされていて、123番の主人公は王子（королевич）なので、上記のようなタイトルが与えられたと思われる。タイトルで類話の範囲が示されていることは、複数の話を比較検討する際に便利なのだが、一種の副産物として、このような不整合をあちこちに生じさせることにもなっている。

助力者が主で、自らは従であるかのようなイワン皇子

168　イワン皇子と火の鳥と灰色狼の話（Сказка об Иване-царевиче, жар-птице и о сером волке）

　あらすじ：

> 　皇帝には三人の息子がいて、末の皇子がイワンである。皇帝の、火の鳥を手に入れたい、という望みをかなえるため、三人の皇子は旅に出る。
> 　イワン皇子は途中で狼に出会う。狼は馬を殺した後、イワンに同情して助力者となり、火の鳥を飼っている皇帝のもとへ連れていく。火の鳥の盗み方も教えるが、イワン皇子は失敗して捕らえられ、償いに「金のたてがみの馬」が必要になる。狼は馬の飼い主である別の皇帝のもとへイワンを連れていき、盗み方も教えるが、イワン皇子は再び失敗し、捕らえられる。償いに「うるわしのエレーナ姫」が必要になり、狼はエレーナ姫の国へイワンを連れていくが、今度は狼みずからエレーナ姫をさらう。一行は金のたてがみの馬の飼い主のところへ向かうが、イワン皇子の懇願で、狼がエレーナ姫に変身して引き渡され、イワン皇子は金のたてがみの馬を手に入れる。狼はほどなく狼に戻って合流する。火の鳥も同じように、馬を引き渡すことなく手に入れる。

すべてを手に入れたイワン皇子は、狼と別れて帰国しようとするが、途中で兄たちに出会い、殺される。兄たちは戦利品をもって帰国する。

　狼は戻ってきて、「生の水」と「死の水」を入手してイワン皇子を蘇らせ、皇子を帰国させる。イワン皇子は、兄とエレーナ姫の結婚披露宴に姿を現し、姫が皇帝に全てを語って、兄たちは罰せられ、イワン皇子とエレーナ姫は結婚する。

　イワン皇子（168）の行動にはあまり精彩がない。馬を狼に殺されるのは、「この道を右に進む者は、健康で元気でいられるが、馬が死ぬだろう」という予言があったのに右に進んだからで、予想された結果なのだが、「イワン皇子は馬を思って非常に悲しみ、激しく泣いた」とされている。その後も、金のたてがみの馬を盗もうとして捕まった後や、馬を手に入れるためにエレーナ姫を差し出さなければならない場面や、また狼が「自分の役割は終わった」と告げて去る場面など、泣く姿が多く描かれている。また、イワン自身は力や知恵もあまりなく、それを補うような不思議な道具を手に入れることもなく、助力者である灰色狼に完全に依存している。ここでは、イワン皇子を無力に設定することで、助力者のキャラクターがひときわ鮮やかになっていると言うことができるだろう。

　このタイプに属するのは、イワン皇子（168）のほかには、158, 159, 198, 223のイワン皇子である。このうち、イワン皇子（223）は、遠国にいるのに自分の両親の様子が見えて涙を流す、という場面があり、少しだけ超常的な力を感じる人物である。

　なお、32人のうちでイワン皇子（368）だけは、以上のどれにもあてはまらないのだが、それは、「魔女の話（No.368）」が次のように特異な昔話だからである。

　あらすじ：

　イワン皇子は、結婚後に妻と不仲になり、他国へ去る。戦いに加わり、勝利して眠っていると、ヘラサギが飛来して娘の姿になり、「夫のワーニカ（イワンの卑称）はどこかへ行ってしまった」と言う。イワンはそれが妻だとわかり、右手を切り落とす。娘はまた鳥に戻って飛び去る

が、イワンが自国に帰ってみると妻が片腕になっていたので、魔女として処刑する。

　実は、「魔女の話（No.368）」を魔法昔話とみなすかどうかは、議論の余地がある問題である。[10]「イワン皇子」をはじめとする主人公の検討は、魔法昔話というジャンルの輪郭をより明確にする上でも、有効な手段のひとつとなりそうである。

註

[1] 大野（2015）p.8-10

[2] アファナーシエフ昔話集における魔法昔話の数については、水上（2015）p.53において検討している。

[3] 水上（2015）には、魔法昔話の一覧表が掲載されており、そこには242編の昔話が含まれているが、その後、索引の誤りを発見したため、132, 242, 333を加え、275を削除した結果、244編となった。

[4] 身分の低い者を呼んだり、軽蔑や憎悪のニュアンスを表したりするために用いられる形。

[5] アファナーシエフ昔話集の大部分はロシア語だが、ベラルーシ語であることが確認できる昔話が12編、ウクライナ語であることが確認できる昔話が42編含まれている。

[6] 合算したのは以下の名詞である。Иван, Иванко, Иванушка, Ивашечко, Ивашко, Ванька, Ванюха, Ванюша, Ванюшка, Ваня, Іван, Івашечка, Івашка

[7] 露露辞典でも、царевичという語には「皇帝の息子」という説明が与えられているのみだが、昔話では、たとえばNo.155のように、「ツァレーヴナ（皇女）の配偶者」という意味で使われている例もある。本稿ではこのようなツァレーヴィチは除外している。

[8] No.264, 283, 284, 285など、ほかにも「イワン皇子」が登場する昔話はあるが、主人公であるとみなすことが難しく、ここでは除外した。

[9] 昔話のタイトルと類話については、水上（2015）p.54においても検討している。

[10] アファナーシエフ昔話集の最新版（1984-1985）では、「魔女の話（No.368）」には、魔法昔話の範囲に含まれる307 H* という話型番号が与えられているが、プロップ（Пропп, В. Я.）が編集した第六版では、この番号が与えられておらず、魔法昔話とみなされていない。

参考文献

アファナーシエフ　『ロシアの民話　1』　金本源之助訳　群像社（2009）.

アファナーシエフ　『ロシアの民話　2』　金本源之助訳　群像社（2010）.

アファナーシエフ　『ロシアの民話　3』　金本源之助訳　群像社（2010）.

アファナーシエフ　『ロシアの民話　別巻』　金本源之助訳　群像社（2011）.

アファナーシエフ　『ロシア民話集　上』　中村喜和編訳　岩波文庫（1987）.

アファナーシエフ　『ロシア民話集　下』　中村喜和編訳　岩波文庫（1987）.

『ロシアの昔話』　内田莉莎子編・訳　福音館書店（1989）.

大野寿子編　『カラー図説　グリムへの扉』　勉誠出版（2015）.

水上則子　「アファナーシエフにおけるзмейをめぐって」　『国際地域研究論集（JISRD）』第6号（No.6）　国際地域研究学会（2015）.

［ロシア語文献］

Народные русские сказки А. Н. Афанасьева: В 3 т. М.: «Наука», 1984-1985.

Народные русские сказки А. Н. Афанасьева: В 3 т. М.: «Академический проект», 2017 (Печатается по изданию: Народные русские сказки А. Н. Афанасьева: В 3 т. М.: Государственное издательство художественной литературы, 1957)

Андреев Н.П. Указатель сказочных сюжетов по системе ААРНЕ. Издание государственного русского географического общества. Ленинград. 1929.

Чистов К. В. и др. Сравнительный указатель сюжетов восточнославянская сказка. «Наука», 1979

2

「ことば」と「文化」を問う
── 在日朝鮮人文学 ──

高橋 梓

1. 韓国語＝韓国文化？　日本語＝日本文化？
──徐京植「文化ということ」(1996 年)

　近年、日本社会における韓国の大衆文化への関心が高まる中、大学で韓国語を学ぶ人も増えている。韓国語を学ぶことで、韓国語のコンテンツ（映画・ドラマ・ニュース・文学・動画等）に触れる機会も増え、より多くの韓国文化・社会についての情報を手に入れることができるようになるだろう。さらに、韓国人と出会った際に、韓国語を使って互いの文化について語り合うということも、韓国語を学んでこそできる経験だといえる。

　このように、ある言語を学ぶことは、その言語が使われている地域への理解を深めることにつながる。しかし、ここであえて考えたいのは、韓国語を学ぶことは、韓国語が使われている地域（韓国）の文化との出会いのみをもたらすのか、ということである。

　韓国語を学びはじめると、身の回りの韓国語・韓国文化を意識するようになると思う。たとえば、韓国料理の「ビビンバ」の正確な発音は「비빔밥（ピビンパップ）」で「混ぜご飯」という意味を持っていることに気づいたり、駅の案内図や飲食店のメニューの韓国語表記を発見することになるだろう。さらに、「韓国」「朝鮮」を意識しながら日本社会を見回してみると、「在日朝鮮人」と呼ばれる人びとの存在に改めて気づくことになるかもしれない。

　「在日朝鮮人」という言葉をインターネットで検索してみると、「日本の植民地支配によって日本に渡り、敗戦後も日本で生活するようになっ

た朝鮮人とその子孫たち[1]」と説明されている。日本の植民地支配下に置かれていた1920年代、朝鮮の農村では帝国日本による「産米増殖計画」がおこなわれ、米の生産量は増えることになるが、多くの米は日本に運ばれ、農民たちは困窮した。その結果、農村から多くの人が働き口を求めて都市に流出し、中には朝鮮半島を飛び出し日本、満洲、沿海州などに移住した人びともいた。植民地期（1910-1945年）をとおして多くの朝鮮人が日本と朝鮮半島の間を往来し、一番多い時期で日本には約200万人の朝鮮人が住んでいたという。また、朝鮮は1945年に植民地支配からの「解放」を迎えるが、その後アメリカとソ連による分割統治が行われ、さらに1950年に勃発した朝鮮戦争を経て、南北分断という大きな歴史的局面を迎えることになる。このような朝鮮半島の解放後の混乱によって故郷に帰ることができず日本に住み続けた（あるいは一度帰国して戻ってきた）人びとが、今日の「在日」社会を形成した[2]。

　在日朝鮮人は、日本社会の構成員として日本語を使いながら生活している。それでは、在日朝鮮人の「文化」は「日本文化」といえるだろうか。あるいは、朝鮮半島というルーツから考えると、在日朝鮮人の「文化」は「韓国文化」、あるいは「朝鮮文化」なのだろうか。

　　「民族とは、言語、地域、経済生活、および文化の共通性のうちにあらわれる心理状態、の共通性を基礎として生じたところの、歴史的に構成された、人々の堅固な共同体である」という有名なスターリンの定義（『マルクス主義と民族問題』）を最初に知ったのは高校生のときだった。その時、私の心のうちに生じた葛藤はいま振り返ってもなかなか興味深い。

　　私にはこの定義は、文句なく支持すべき普遍的な正義のあかしに思われた。なぜなら、朝鮮民族はこのような資格条件を満たしていたにもかかわらず、日本の植民地支配によって――間接的には欧米先進国によっても――「民族」として存在することを否定されてきたのだから。そして、その結果、私は日本に生まれ落ち、本来属していたはずの共同体から引き剝がされたのだから。

しかし同時に、私はこうも思ったのである。残念ながら私の母語は日本語である。住んでいる地域は日本であり、経済生活といえば日本の国民経済の網の目にがっしりと組み込まれている。それに、そもそも「文化の共通性のうちにあらわれる心理状態の共通性」とはいったい何なのか？　自分自身について考えるならば、私はすべての資格条件において欠格者なのだった。

（徐京植「文化ということ」『思想』1996 年 1 月、4 頁）

　上に引用したのは、在日朝鮮人知識人の徐京植（1951-2023）が1996年に発表した「文化ということ」という文章の一部である。ここで徐は、高校時代に知ったというスターリンの民族をめぐる定義を挙げながら、日本に住み、日本語を母語とする自分は、スターリンの定義では「文化」と「民族」が一致しない「欠格者」になってしまうと述べている。

　このような「文化」＝「民族」とする考え方は、日本文化＝日本人とし、在日朝鮮人を排除・差別してきた日本社会のあり方ともつながる。たとえば、1970年代には「国籍条項」による在日朝鮮人の就職差別が問題になった。これらの国籍による就職差別は1990年代にかけて解消されていったが、今日でも在日朝鮮人には参政権がなく、国家公務員になる道も閉ざされている。

　しかし、ここで注目したいのは、上に引用した徐の文章の続きの部分である。徐は、「文化」によって「民族」を認定することと、「文化」からの断絶・欠格をもって個人の民族的所属を否認することは、ある固定観念――「文化」を静態的かつア・プリオリなものと捉えるステレオタイプ――に発しているとする。その上で、彼は「文化」から引き剝がされた者たち自身の「動態的で創造的な文化観」を鍛えることが今求められていると主張する。

　この徐京植の文章は、今から約30年前に書かれた。その間、日本社会ではK-POPや韓国ドラマをはじめとする「韓国文化」への関心が非常に高まった。また、在日朝鮮人を描いた映画『GO』（2001年）、『パッチギ！』（2004年）、『かぞくのくに』（2012年）、『焼肉ドラゴン』（2018年）などを

とおして、在日朝鮮人への理解も深まりつつあるといえる。さらに、朝鮮学校での経験をもとに書かれた崔実〔チェ・シル〕『ジニのパズル』（2016年）、在日朝鮮人一世の人生を描いた深沢潮『海を抱いて月に眠る』（2018年）、排外主義者による政権への在日の若者たちの抵抗を描いた李龍徳〔イ・ヨンドク〕『あなたが私を竹槍で突き殺す前に』（2020年）など、新世代の在日朝鮮人作家による小説も発表され、徐京植のいう在日朝鮮人自身による「動態的で創造的な文化」も作られていった。一方で、日朝関係において問題が生じたり、地震などの災害が起きると、在日朝鮮人へのヘイトスピーチや流言飛語（関東大震災の朝鮮人虐殺を連想させる「朝鮮人が井戸に毒を入れた」というもの）がネット上で、街頭で、あるいは身近な人びとの間で飛び交うことになる。このように、徐京植の文章において提示された「文化」と「民族」をめぐる固定観念は、今もなお日本社会に存在しており、日本文化＝日本人という考え方や、在日朝鮮人をめぐる差別・排除を生み出しているといえる。

　韓国語を学ぶことをとおして、韓国の文化・社会への理解を深めることは言うまでもなく重要である。同時に、韓国語を学ぶことは、「韓国語＝韓国文化」「日本語＝日本文化」の範疇には入り切らない「文化」への想像力を持つきっかけにもなるべきではないだろうか。そこで、本稿では在日朝鮮人のエッセイ・文学をいくつか取り上げながら、在日朝鮮人の「文化」について考えてみたい。

2. 植民地期の「国語」がもたらしたもの
——金時鐘「クレメンタインの歌」（1979年）

　日本社会の「文化」や「民族」をめぐる固定観念に対し在日朝鮮人が感じる葛藤——在日朝鮮人であることを表明できない等——について考えるには、植民地期に遡る必要がある。

　1937年に日中戦争が勃発すると、帝国日本は戦力としての朝鮮人を必要とし、朝鮮人を日本人化しようとする皇民化政策（同化政策）がおこなわれた。具体的には、「皇国臣民ノ誓詞」の制定（1937年）、陸軍特別志願兵令の施行（1938年）、第三次朝鮮教育令（1938年）による日本語教育

の強化（朝鮮語の随意科目化）、創氏改名の実施（1940年）などがある。

　これらの政策の背景には、朝鮮総督南次郎が「半島人ヲシテ忠良ナル皇国臣民タラシムル」（「道知事会議ニ於ケル総督訓示」1939年5月29日）と提唱した「内鮮一体」が基本方針として存在していた。日本と朝鮮の「一体」化を謳った「内鮮一体」は、皇民化政策によって日本と朝鮮が同等になり、「差別からの脱出」が可能になるという考えを朝鮮人の間に生み出した。しかし、「一体」「同化」の判断基準は支配者側にあったため、そもそも「内鮮一体」による朝鮮人の「差別からの脱出」は実現不可能なものだった。[4]

　　植民地朝鮮で、少年たちがただ与えられて皇国臣民になったというのは、あれは嘘だ。なるのが当然の私でさえ、天皇陛下の赤子となるには、親と子の心に刺さるせめぎがあったのだ。親を超えなければ「日本人」にはなれなかった小さい魂の喘ぎなど、歴史を繰ったところで見えはしまい。（金時鐘「クレメンタインの歌」『ことば・詩・子ども』谷川俊太郎責任編集、世界思想社、1979年、78頁）

　植民地朝鮮の人びとが皇民化政策（同化政策）によって「差別からの脱出」を試みたことは、植民地期に朝鮮で生まれ、後に日本に渡った在日朝鮮人詩人・金時鐘（1929-）のエッセイ「クレメンタインの歌」（1979年）から読み取ることができる。日本統治下の学校で、金時鐘は懸命に日本語（「国語」）を学んでいた。帝国日本の支配下にあった植民地朝鮮では、子どもたちが「皇国臣民」として「国語」を身につけることは、「良い子」であることを意味した。そのため、良い子であろうとすればするほど、金時鐘は日本語（「国語」）を肯定し、朝鮮語を否定するようになる。その結果、親子の間での朝鮮語は消えていった。つまり、帝国日本の「国民」になるために帝国日本の「ことば」——日本語（「国語」）を学んだ金時鐘は、朝鮮の「ことば」と「文化」からは引き剝がされるという経験をしたのである。

　1945年8月15日、彼は呆然自失のまま、朝鮮語の文字も書けない「正体不明の若者」として朝鮮の解放の日を迎える。解放からしばらく経って

から、金時鐘は突堤で父親が自分に歌ってくれた朝鮮語の歌（クレメンタインの歌）を思い出し、朝鮮人に立ち返ったと回想する。

> とっくに忘れてしまったはずの歌だったが、歌詞はなくなることもなく心の内に残っていた。釣り糸を垂れる父の膝で、小さいときから父とともに唄って覚えた朝鮮の歌だった。（中略）言葉には、かかえたままの伝達もあることを、このときようやく知ったのだ。干上がった土に沁む慈雨のように、言葉は私に朝鮮を蘇らせた。（金時鐘「クレメンタインの歌」、80頁）

父親が朝鮮語で歌ってくれた「クレメンタインの歌」を金時鐘が忘却していたことは、帝国日本の「国民」になるために日本語（「国語」）を学ぶ中で、朝鮮の「ことば」と「文化」から必死に距離を置こうとしていたことを想像させる。「ことば」と「文化」の忘却や否定——このような金時鐘の経験は、日本社会において「文化」や「民族」の「欠格者」として差別・排除されることを恐れて在日朝鮮人であることを表明できない、今日の在日朝鮮人の葛藤とも重なり合う。

3.「戦後」日本を問う——金達寿「孫令監」（1951年）

金時鐘が朝鮮語の歌を思い出したように、植民地朝鮮の人びとは解放を迎えると朝鮮の「ことば」と「文化」へと立ち返っていった。しかし、在日朝鮮人にとっての戦後／解放後は、より複雑なものだった。

日本はサンフランシスコ講和条約（1951年）によって連合国の占領が終わると、「戦後民主主義」の道をたどった。このとき、日本に住んでいた旧植民地出身者（朝鮮人・台湾人）をめぐっては、日本国籍が剥奪された。朝鮮戦争と朝鮮半島の分断の混乱によって、帰る故郷を持たなかった在日朝鮮人たちは、無国籍の「難民」[5]状態になってしまう。

このように、在日朝鮮人は解放後も朝鮮の「ことば」と「文化」から引き裂かれた状態に置かれ続けることになる。解放後には、在日朝鮮人による文学は自分たちの民族の言葉（朝鮮語）で書かれるべきだという激

しい議論が繰り返されることになったが、多くの在日朝鮮人文学は日本語で書かれ、日本の媒体に発表された。

　第1節の徐京植の文章の中で引用されたスターリンの「民族」をめぐる定義を思い出すと、日本語で書かれた文学は「ことば」と「文化」が一致する文学＝日本文学を連想させる。それでは、在日朝鮮人文学は「日本文学」といえるのだろうか。

　在日朝鮮人文学の第一世代の作家である金達寿（1920-1997）は、多くの日本語作品を残した。しかし、金達寿の作品を読んでみると、在日朝鮮人作家が日本語で書いた作品は、決して「日本文学」の範疇には収まりきらないことを感じ取ることができる。

　金達寿の「孫令監」（1951年）は、朝鮮戦争勃発から約1年後に発表された。太平洋戦争末期の空襲で妻と孫を失った主人公「孫令監」（令監＝男性の呼称）は、海岸沿いの幹線道路の近くの朝鮮人部落に住んでいる。その幹線道路には、武器を積んで港へと向かうトラックの群れが走り、そのエンジン音は「諧調音」（ハーモニー）を成している。ある日、孫令監は朝鮮戦争のニュース映画を見たことをきっかけに、かつて自身が経験した空襲の爆撃と、映像に映し出された朝鮮戦争の爆撃、そして幹線道路を走るトラックに積まれた武器がぴったりと一致し、気がふれたようになってしまう。

　　＜ぶうんーーー＞夜なかでもその諧調音、心臓が凍りちぢまるようなその諧調音がひびいてくると、孫令監は悪夢からさめたように、寝床のうえにがばとはねおきた。そしてそれは悪夢ではない。現実にその諧調音は近づいてきて、＜ぶるんーー＞＜ぶるんーー＞と一台、また一台と通りすぎてゆく。そこへさらに、空からジエット機の噴射音が入りまじるときもある。
　　「ああ！あれを止めねばならぬ。あれを止めねばならぬ。」
　　人が、人間が殺される。何十人、何百人、何千人、何万人！老妻の黒こげの胴体、孫の焼けただれた小腕。――
　　故国朝鮮の人々が殺される。可哀想な、いつしよに腹をすかして

いた人々が、こつぱみじんにふきとばされてゆく。

（金達寿「孫令監」『新日本文学』1951年9月、98頁）

　この作品は、日本の敗戦から6年経った1951年に、日本語で日本の雑誌に発表された。この小説に登場する「空襲」「朝鮮戦争」という言葉は、戦後の日本社会においてどのような意味を持ちながら認識されてきただろうか。「空襲」は、太平洋戦争末期におけるアメリカ軍による日本本土への爆撃や、戦後の焼け野原を連想させるものであると考えられる。また、日本では朝鮮戦争が勃発すると、在日アメリカ軍による物資・サービス需要が高まり、「朝鮮特需」として日本経済の回復をもたらした。そのため、「朝鮮戦争」という言葉も、日本の経済成長と結びつけられて、理解されてきたといえる。

　一方で、金達寿の「孫令監」では、空襲が朝鮮戦争、さらには日本から朝鮮半島に運ばれる武器と結びつけられている。「あれを止めねばならぬ」という孫令監の叫びは、奇妙な諧調音として響きながら、日本の朝鮮戦争への「協力」、さらには日本の「戦後」を問うものであるといえる。

4. ことばの杖──李良枝「由熙」（1988年）

　日本語で書かれながらも「日本文学」の範疇に収まりきらない在日朝鮮人文学──このような特徴は、より現代に近い時期に書かれた作品にも見ることができる。

　1955年に生まれ、37歳で夭折した李良枝（イ・ヤンジ）（1955-1992）は、日本で生まれ育った在日朝鮮人二世の作家である。複雑な家庭環境から高校時代に家出を繰り返していた彼女は、朝鮮の歴史を学ぶなかで次第に自身の血や民族について考えるようになる。その後、李良枝は韓国の伝統音楽と舞踊に関心を持ち、韓国に留学した。

　このような自身の経験をもとに書かれたデビュー作「ナビ・タリョン」（1982年）からは、日本社会における在日朝鮮人の怯えを読み取ることができる。両親の不仲から家を飛び出した在日朝鮮人女性の主人公・愛子は、京都の旅館で働き始める。自分の出自を隠している彼女は、従業員

同士の何気ない会話にも怯えながら過ごす。その後、彼女は満員電車や街中で日本人に刺されるという幻覚を見るようになる。

　　日本人に殺される――。そんな幻覚が始まったのはあの日からだった。満員電車に乗った時は一駅ずつホームに降りて無傷を確かめ、また電車に乗った。洪水のような人の群れに押されて駅の階段を降りる。ここで殺されて私は血だらけになってのたれ死ぬのだ。どうにか無事に降りきってもまた階段をのぼらなければならない。後ろから駆け上がってくる人の波。私が階段を一段踏み上がる瞬間、一段下にいる誰かが私のアキレス腱を切り裂く。私は日本人たちの下敷きになって息絶える。

　　　　　　　　（李良枝「ナビ・タリョン」『群像』1982 年 11 月、31 頁）

　このような主人公の怯えは、日本社会における「文化」と「民族」のあり方（日本文化＝日本人という考え方）から排除されることへの在日朝鮮人の葛藤をあらわしている。一方で、李良枝の作品では「母国」（韓国）に留学する在日朝鮮人も多く描かれた。日本社会において「文化」や「民族」の「欠格者」として排除されることへの怯えを感じ、ある希望を求めて「母国」に向かった登場人物たちは、今度は「母国」と日本の間で葛藤することになる。「母国」（韓国）の語り手の視点から書かれた「由熙」（1988年、第100回芥川賞受賞作）では、「母国語」（韓国語）と「母語」（日本語）の間で揺れ動く在日朝鮮人留学生・由熙の葛藤が「ことばの杖」と表現される。

　　――ことばの杖を、目醒めた瞬間に摑めるかどうか、試されているような気がする。
　　――……。
　　――아なのか、それとも、あ、なのか。아であれば、아・야・어・여、と続いていく杖を摑むの。でも、あ、であれば、あ、い、う、え、お、と続いていく杖。けれども、아、なのか、あ、なのか、すっきりとわかった日がない。ずっとそう。ますますわからなくなっていく。

杖が、摑めない。(李良枝「由熙」『群像』1988年11月、65-66頁)

　「母国」(韓国)と日本の間で、そして「母国語」(韓国語)と「母語」(日本語)の間で揺れ動く由熙。さらに、韓国で韓国語を母語として生きてきた韓国人の語り手も、由熙の葛藤する姿を見ながら、次第に自分も「ことばの杖」を奪われてしまったと感じるようになっていく。彼女たちの姿は、冒頭の徐京植の文章の中で見られたような、「文化」と「民族」が一致しないことをめぐる葛藤と重なり合う。

　「ことばの杖」を摑むことができない、という由熙の悩みや韓国人の語り手の気づきは、「ことばの杖」を摑みきれず、どの「ことば」にも属せないような複数の声の存在を想像させる。そのような声の存在は、「文化」によって「民族」を認定する(または「文化」の断絶・欠格によって「民族」を否認する)日本の、韓国の、あるいはさまざまな地における「文化」をめぐる固定観念を鋭く照射し、さらに問いかけているといえる。

註

[1]　在日韓人歴史資料館「在日コリアンQ&A」http://www.j-koreans.org/etc/qna.html。なお、「在日朝鮮人」の他に「在日コリアン」「在日韓国人」「在日韓国・朝鮮人」などの呼称もあるが、本稿では植民地朝鮮の歴史をふまえながら在日朝鮮人の「文化」について考察するため、「在日朝鮮人」という言葉を用いることにする。

[2]　在日朝鮮人についての入門書・概説書として、徐京植『在日朝鮮人ってどんなひと?』平凡社、2012年、水野直樹・文京洙『在日朝鮮人　歴史と現在』岩波新書、2015年等がある。

[3]　斎藤美奈子「webちくま　世の中ラボ　【第128回】新世代の在日文学を読んでみた」https://www.webchikuma.jp/articles/-/2239 。

[4]　宮田節子『朝鮮民衆と「皇民化」政策』未来社、1985年、148-192頁。

[5]　徐京植『在日朝鮮人ってどんなひと?』平凡社、2012年、122-136頁。

3

魯迅、蕭紅とその"故郷"、そして蒋谷虹児

後藤 岩奈

1. 魯迅

　中国の近現代文学の創始者ともいわれる魯迅（Lu Xun 本名周樹人、1881-1936）は、中国の封建制度、それを支える思想である儒教（礼教）を鋭く批判し、中国人の精神の独立、民族の独立を、文学作品を通して訴えた作家ともいえよう。そのため彼は、日本の封建的な身分制度による不平等に反対した福沢諭吉や、日本の明治時代の知識人のあり方を追求した夏目漱石などと比較して論じられることもある。

　魯迅は1881年、浙江省紹興の読書人の家庭に生まれた。祖父の不正事件や父の重病で家庭は没落し、それにより彼は世間の冷たさを経験し、また封建思想や迷信への不信を抱くようになる。その後、彼は医学を学ぶために1902年に日本に留学し、仙台医学専門学校（現在の東北大学医学部）に学ぶが、その後文学に転じことになる。

　帰国後の1918年、魯迅は中国近代文学の最初の小説ともいわれる「狂人日記」を雑誌「新青年」に発表する。ある一人の精神を病んだ被害妄想狂の男の日記という形式の小説である。彼は周りの者が自分を食べようとしているのではないか、という強迫観念を持ち、恐怖する。そして自分も知らない間に人肉を食わされたのではないか、と思うようになる。この小説中で書かれている「人が人を食う世界」とは、古代からこの当時まで続いていた封建的な社会の中での人間関係、儒教の教えや古い迷信によって民衆同士が互いに首を絞めあい、発展を妨げあう世の中のことを表している。そして最後に「まだ人を食ったことのない子どもはいるだろうか。子どもを救え」という言葉で終わる。

　1921年の中編小説「阿Q正伝」は、魯迅の故郷の浙江省紹興をモデル

とした農村未荘の、阿Qと呼ばれる、ある一人の日雇い農民の話である。阿Qは、村人たちから見下され、馬鹿にされているが、彼は"精神勝利法"という得意技を持っていた。これはどんなに自分がいじめられて、侮辱され、抑圧された状況にあっても、「人生にはこういうこともあるさ」と自分に言い聞かせて、納得して受け入れ、自分が勝っているんだ、と思い込む、一種の自己満足とも言える考え方、思考方法である。これは当時、中国社会に普遍的に見られた中国民衆の精神構造を描き出したものであった。

　同じく1921年には短編「故郷」を書いている。筆者である「私」は、故郷にいる家族を北京の自分の家に呼び寄せるため、20年ぶりに故郷に戻る。そこで少年時代に一緒に遊んだ閏土という名の少年と再会する。少年時代、閏土は生き生きとした少年で、彼の話に私はすっかり魅了されて、仲良しになる。しかし、現在の閏土には昔の面影はなく、毎日の厳しい農作業、自然の災害、税の取り立てなどで、すっかり老け込んだ、生気の感じられない姿になっていた。私は、今の自分と閏土の間には、越えられない壁があることを知る。

　しかし、自分の甥と、閏土の子どもが、かつての自分たちと同じ様に、仲よく遊んでいるのを見て、この子どもたちには、自分と同じような思いはさせたくないと考え、子どもたちを見て、この世代の子どもたちに希望を見出し、「希望」とはいったいどういうものなのか、を考える。

　魯迅はその後、北京の学生運動を支持したため軍閥政府に追われ、北京を離れて転々とし、1927年以降は上海で、中国国民党の独裁を批判し、中国人の精神の自立、民族の独立を訴える文章を書き続け、1936年10月に死去する。

　魯迅が上海でその晩年を過ごしていた1934年11月、一組の男女の青年作家が訪ねて来る。それは蕭軍と蕭紅の夫婦で、ともに中国の東北地方の出身で、男性の蕭軍は遼寧省、その妻の蕭紅は、黒龍江省呼蘭の出身であった。

2．蕭紅

　蕭紅（Xiao Hong 本名張廼瑩、1911-1942）は黒龍江省呼蘭県の地主の家庭の出身である。8歳のときに生母が死去、父は後妻をむかえるが、父と継母から冷遇され、祖父の愛情を受ける。13歳のとき、親の決めた婚姻で王恩甲と婚約するが、結婚よりも勉強がしたいと言って父の反対を押し切ってハルピンの女子中学に入学、魯迅などの中国の新文学に触れ、美術や社会問題にも関心を持ち、社会運動にも参加する。31年春、ハルピンの旅館で婚約者と同棲を始め妊娠する。9月、満州事変が勃発し、翌32年3月、満州国が建国される。

　その後、同棲していた王は姿を消し、蕭紅は体調を崩し、旅館代未払いのため妓楼に売られそうになるが、蕭軍など地元の作家たちが救出、子どもを出産するが、人の手に渡すことになる。蕭軍と同居を始め、結婚する。当地の作家たちと交流、影響を受け、作家として出発する。一方で、夫である蕭軍から暴力をふるわれることもあった。33年、蕭軍との共著である小説集『跋渉』を出版するが、日本軍部による身の危険を感じ、34年に二人でハルピンを離れ、著名な作家である魯迅に手紙を書いて11月に上海に渡り、魯迅との交流が始まる。魯迅は二人を経済的に援助し、創作活動のアドバイスをし、二人を励ます。

　36年7月、病弱であった蕭紅は、病気の療養と文学創作の勉強、日本語学習のため日本の東京へ留学するが、10月、魯迅の死を新聞で知る。翌37年1月に帰国。この頃から、夫の蕭軍との間の感情的矛盾が増大してゆく。

　1937年7月、日中戦争が勃発。上海に日本軍が迫ると、蕭軍とともに各地を転々とする。蕭軍とは、すすむべき進路の違いから離婚をし、美術家の端木蕻良と結婚。蕭軍との間にできた男の子を出産するが、子どもは死亡する。38年、故郷の呼蘭を題材とした自伝風の長編小説「呼蘭河伝」を書き始める。

　1940年1月、夫と香港に行くが、直後に体調を崩し、12月に『呼蘭河伝』を書き終えるが、41年12月に病状が悪化し、翌42年1月、死去している。享年30歳。

小説『呼蘭河伝』には、蕭紅の故郷である呼蘭をモデルにした架空の街「呼蘭河」を舞台として、自らの幼いころの記憶に残っている街の様子、街の人びと、実家の家庭内の様子、家族、親族、同居人、隣近所の人びとが描かれ、また街の風俗習慣、伝統行事、四季の移ろい、天体、自然、動物、植物、昆虫などの姿が抒情的に描かれている。

　またこの小説には、文化的に未開の、あるいは迷信や風俗風習に支配される人びとの、当時としてはごく普通であったであろうが、今日の眼、今日の人権感覚からすれば、愚かしいとも思われる行動、生態も描かれる。そしてとくに「女性」を書くことに力が込められており、迷信の支配、封建的家族制度や共同体の中で、人として扱われない女性たちの姿や、街の人びとから見下されたり、虐げられ、蔑まれているような人びとの中からも、逞しく生き続けようとする姿を見出している。

　作者がこのような描き方をする背景としては、作者自身の、生母との死別、父親や継母、祖母からの冷遇、幼年期に目撃したであろう呼蘭の街の女性たちの境遇、婚約者との同棲と破綻、出産した子どもを人手に渡したこと、蕭軍との同棲とその矛盾、流産などの実体験が背景となっていると思われる。

　現在呼蘭には、蕭紅の生家が保存されており、隣に記念館がある。展示の一番最後に、蕭紅が自身で手作りした、「私の文集」と日本語で書かれた詩集が展示してある。

3．黒龍江省　省都ハルピン

　蕭紅の故郷である黒龍江省は中国の東北部でロシアと国境を接している。省都（日本の県庁所在地に相当）はハルピン（哈爾濱）、ハルピンのある平野部が「三江平原」と呼ばれる。

　「三江」とは三つの大きな川のことで、北東部のロシアとの国境である黒龍江（アムール川）、平野の中央部を流れる松花江（スンガリー川）、東南部のロシア国境である烏蘇里川（ウスリー川）。この三つの大河から形成された平野が「三江平原」である。

　8世紀に渤海国、12世紀に金国が建国し、その後、満州族の後金国が建

国、のちに清を名乗り、1644年に中国を統一。清朝末期には山東や河北から多くの開拓移民が入植している。19世紀末、帝政ロシアのシベリア鉄道の支線建設がおこなわれ、ロシアは清朝から土地を租借して、ハルピンの都市建設がおこなわれる。このためハルピンには現在もロシア風の建物が多い。

1905年の日露戦争後、シベリア鉄道の南部支線は、日本の南満州鉄道株式会社となる。その後日本の中国東北部進出が本格化する。1931年9月18日の満州事変（柳条湖事件）で日本の関東軍が軍事行動を起こし、翌32年3月、日本の傀儡国家である満州国が建国される。その後、満州の豊富な穀物や資源の獲得と日本国内の過剰人口のはけ口として、満州には日本から多くの「満蒙開拓団」が入植した。

1937年7月、日中戦争（抗日戦争）が始まり、41年には太平洋戦争が勃発する。45年8月9日、ソ連が対日参戦して満州に進攻。15日、日本は降伏し、満州国は崩壊する。ソ連の参戦と敗戦の混乱の中、満州にいた多くの日本人が家族と生き別れになる。のちに「中国残留日本人孤児」と呼ばれる人びとである。1949年、中華人民共和国が成立する。

ところで話題は変わるが、現在の新潟市東区海老ヶ瀬から、江南区亀田、横越一帯の水田地帯は、排水施設が整っていて、田んぼも碁盤の目のように整っている。これは「亀田郷水利事業」によるものであった。1960（昭和30）年代、この一帯は水はけが悪く、農家の人は腰まで水に浸かり、舟を使って農作業をしていた。水利事業により水はけが良くなり、こんにちのような状態になった。事業の指導者は佐野藤三郎氏であった。1972年、北京で開催された農業展覧会で、「新潟県亀田郷水利事業」の展示がおこなわれた。これを当時の国務院総理周恩来が注目し、黒龍江省の三江平原の水利事業にこの技術を導入するため新潟県に協力を要請、新潟県と黒龍江省の交流が始まる。日本側は佐野藤三郎氏が尽力した。これを契機に1978年、新潟市とハルピン市が友好提携し、83年には新潟県と黒龍江省が友好提携を結んでいる。また、新潟県立大学の前身である県立新潟女子短期大学と黒龍江大学との教育・学術交流も1993年より始まっている。

ちなみに蕭紅の生まれた地である呼蘭はハルピン市の街の中心部から北に約25kmに位置し、市街地の西南には呼蘭河という川が流れている。以前は、行政区画上は黒龍江省呼蘭県であったが、2004年からハルピン市呼蘭区となる。もともと農業が中心の街で、街中では商業がおこなわれていた。のちにハルピン市内の教育施設が移転してきて、高層マンションが並ぶベッドタウン化している。

4．蕗谷虹児

　話題が中国東北部から新潟に飛んでしまった。ところで魯迅は、ある日本の画家の絵画とその詩をとても評価していて、中国でその画家の画集を出版して紹介し、その詩を中国語に翻訳している。その画家とは新潟県出身の蕗谷虹児（ふきやこうじ）である。蕗谷虹児、本名一男は1898（明治31）年、新潟県新発田町（現・新発田市）の出身である。13歳で母エツ死去。1912年、日本画家尾竹竹坡の弟子となり上京、1919年「少女画報」に虹児の筆名で挿絵を描いてデビューする。1921〜25年には朝日新聞の連載小説、「令女界」「少女倶楽部」などに表紙絵や口絵を描き、人気作家となる。1920年代後半にパリに留学、帰国後、龍子と結婚。詩画集『花嫁人形』を著し、その詩「花嫁人形」は「金襴緞子（きんらんどんす）の帯しめながら、花嫁御寮（ごりょう）はなぜなくのだろう」の歌詞で、杉山長谷夫の作曲により、世に広く知られることとなる。蕗谷虹児の描く少女画は、若くして亡くなった彼の母の姿を抽象化したものであるといわれている[1]。

　1946（昭和21）年、戦後復刊された各誌に執筆。絵本を描き始める。1968年以降、たびたび個展を開催している。1979年に死去、享年80歳であった。ここで蕗谷虹児の詩と魯迅によるその中国語訳を挙げてみよう[2]。

　　　萌芽　―小曲―　　　　　　　　萌芽　―小曲―

わたしは　なんにも　言（い）へなんだ　　**我不能説什麼話、**
あの子（こ）も　なんにも　言（い）はなんだ　　**她也不能説什麼話、**
ふたりは　だまつて　花つんだ……。　　**両人黙黙地摘了花…………。**

蝶々は　二翅して　舞ひ舞ふた	蝴蝶一雙跳了舞、
小鳥は　二羽きて　うた歌ふた。	小鳥児一対来唱了歌、
雄花に　雌ばなが　咲いてゐた……。	雄花和雌花呀開着花…………。

あの子は　だまつて　花くれた	她是黙黙地給我花、
わたしも　だまつて　花やつた	我也黙黙地送她花、
わかれは　さびしい　ものだつた……。	分離是多麼凄涼呵…………。

　現在、新発田市の「蕗谷虹児記念館」には、蕗谷虹児の詩「岸よ柳よ
──新潟港──」と、魯迅によるその中国語訳「岸呀、柳呀──新潟港
──」の未発表手稿のコピーが展示されている。

おわりに

　以上、魯迅、彼を敬愛する蕭紅、彼女の出身地である黒龍江省、新潟、
蕗谷虹児という一本のつながり、一筋の道を見てきた。

　ここで、黒龍江とも関わりのある、私たちが住んでいる新潟を考えて
みる。新潟もやはり、信濃川、阿賀野川という二つの川をもつ日本の穀
倉地帯である。地理的に中央から離れ、「裏日本」と呼ばれる境遇にあり、
厳しい冬の寒さがあり、その一方で豊かな山河に恵まれ、素朴な人間が
多い土地柄で、対岸の中国東北部、朝鮮半島、極東ロシアとのつながり
が深い所である。この新潟の地で生活している人たちにとって、蕭紅な
どの作家たちの作品に共感したり、また共感とまではいわないまでも、
共有するもの、共通の課題はありはしないだろうか。

　現在、日本と中国の関係の緊張が言われている。「あの国は嫌だ、嫌い」
と言って、マイナスに受け取り、避けて、関わらないのも一つの選択で
あろう。その一方で、自分とはまったく異なる相手から敢えていい所を
探し、自分に無いものを探し、積極的に関わっていく、という方向もあ
ろう。新潟の地に住む人たちが、今後この一筋の道に関係してゆく可能
性も大いにあると思われる。相手の地域や人びとの生活を想像して、そ

こに自己を投影して、自分と重なるもの重ならないものを見て、共有できるものを見出す。それは大きく言えば、争いやトラブルを抑止してゆく方法の一つにもなり得るのではなかろうか。

　魯迅の「故郷」より、最後の部分を引用する。

　　ぼんやりした私の眼に、見はるかす海辺の緑の砂地がうかんでくる。頭上の紺碧の空には、一輪の金色の丸い月がかかっている。思うに、希望とは、もともとあるものだともいえぬし、ないものだともいえない。それは地上の道のようなものである。もともと地上には、道はない。歩く人が多くなれば、それが道になるのだ。[3]

註

[1]　蕗谷虹児『蕗谷虹児』（河出書房新社、2007年）106頁。
[2]　蕗谷虹児『蕗谷虹児』（河出書房新社、2007年）52頁。
[3]　魯迅、竹内好訳『阿Q正伝・狂人日記　他十二篇（吶喊）』（岩波書店、1955年）96頁。

参考文献

片山智行『魯迅　阿Q中国の革命』（中公新書、1995年）
藤井省三『魯迅　東アジアを生きる文学』（岩波新書、2011年）
平石淑子『蕭紅研究――その生涯と作品世界』（汲古書院、2008年）
特定非営利活動法人　新潟県日中友好協会　ホームページ：www.niigata-inet.or.jp/njcfa/
新潟県立近代美術館『蕗谷虹児展　少女達の夢と憧れ』（2004年）

4

あなた／わたしの居場所を探して
──フェミニズム・クィアの想像力──

五十嵐 舞

1. 居場所がないこと、居場所をつくること

　わたしたちが社会の中で何を「普通」とみなすか判断する際の基準を「規範」という。わたしたちは規範に則って物事を考え、判断して生きている。では、この規範が想定する社会や文化の中にあなたの居場所がなかったらどうだろうか。フェミニズムやクィアの運動は、男性や異性愛者や白人やシスジェンダーを「普通」とみなす社会に抵抗してきた歴史でもある。本稿では、フェミニズムやクィア・スタディーズとはどのような営みであるのか、「居場所」をキーワードに考える。

　まずは、居場所がないことについて、アメリカの第二波フェミニズムの歴史を手がかりに考えたい。1960年代の、第二次世界大戦中の銃後のアメリカ社会を支える女性の雇用促進から一変し、女性を家庭へと戻るよう推進する風潮と、1950年代の公民権運動による社会運動の展開を背景に、第二波フェミニズムがアメリカではじまる。アメリカの第一波フェミニズムが主に参政権を要求したのに対して、第二波フェミニズムは主に私的領域とされてきた家族関係などの親密圏や職場等の日常生活、誰を好きになるかといったセクシュアリティに関する規範を問うた。その先駆であるベティ・フリーダン（Betty Friedan, 1921-2006）は、『新しい女性の創造』（1963）で、女子に教育は必要ない、女性は結婚して子どもを産み、夫と子どもに仕えることこそが幸せだという価値観の時代に、郊外に住む白人の専業主婦の女性が抱える憂鬱感を「名前のない問題」と名付け、それまで女性の個人的な問題だと考えられてきたものを、社会の問題だと指摘した。フリーダンは、1966年創設の全米女性機構

（NOW）の初代代表となった。男性中心的な社会の中で居場所が家庭内に限定されたことを女性たちは問うた。

　しかし、この問題提起も実はすべての女性を包摂するものではなかった。NOWの創設者の中に黒人女性もいたが、NOWの専業主婦の女性の悩みに焦点化するような運動は黒人女性の関心に合致するものではなかった。というのも、黒人女性の多くは高等教育へのアクセスが困難で、経済的にも困窮しており、専業主婦など望もうともなれなかったからだ。彼女たちにとって貧困層や下層階級や非白人女性が直面する問題が重要であったが、多くの白人女性のフェミニストたちはそれらに無関心だった。黒人女性作家のトニ・モリスン（Toni Morrison, 1931-2019）は、「黒人女性がウーマン・リブについて考えていること」（1971）の中で、白人女性が黒人女性の置かれた状況を理解しようとせずに連帯を呼びかけることや、白人中産階級の女性のフェミニストが、フェミニズムの運動をおこなう間に黒人の家政婦に家事を外注していることなど、その多くが貧しい労働者階級の黒人女性を犠牲にしていることを批判した。黒人女性たちが、公民権運動の男性中心主義とNOWをはじめとする第二波フェミニズム初期の白人中心主義に異議申し立てし、声をあげる。

　黒人女性作家が黒人女性によるフェミニズム運動の思想的枠組みの形成を担った。以下は、モリスンの小説『青い眼がほしい』（1970）からの引用だ。訳し、登場人物の人種や階級や家庭環境を考えてほしい。

HEREISTHEFAMILYMOTHERFATHER

DICKANDJANETHEYLIVEINTHEGREE

NANDWHITEHOUSETHEYAREVERYH (Morrison, *Bluest Eye* 38)

実はこれは、1930年代から1970年代に使われた教科書の有名な文章、"Here is the family. Mother, Father, Dick, and Jane live in the green-and-white house. […]" (Morrison, *Bluest Eye* 3) を崩壊させた文章だ。そして、この崩壊した文章は、白人中産階級モデルを規範とする「家族」概念の暴力性や虚構性を暴く。規範的な文章で書かれた家族が白人中産階級の「よく機能

した」家族を意味するのなら、そうではない家族——妻に暴力をふるい娘をレイプする父、勤務先の白人家庭を愛し家族を顧みない母、醜さを原理として行動する兄がいるような貧困な黒人家族——を同じ言葉で語れるだろうか。すべて大文字になり、文字と文字の間のスペースがなくなり、単語は途中で区切られるような、「正しくない」、あるいは「普通」ではない文章で描かれる、規範的な法則から外れた家族は、白人中心主義的な家族像の外にある家族が不可視のものとされる状況を示す。そして、黒人の少女が、母に愛されず、学校でいじめられる原因を自分が黒くて醜いからだと考え、白人の象徴たる青い眼をほしがり精神的に崩壊していく様子は、アメリカの白人中心主義的な美的価値観の暴力性を指摘する。「美しさ」がその定義から青い眼と白い肌を意味するのなら、そうではない身体は必然的に醜いものと位置づけられてしまう。規範的な言葉の中に黒人少女の居場所がないことをモリスンは指摘した。

　続いて、アリス・ウォーカー（Alice Walker, 1944-）の小説『カラーパープル』（1982）からの引用について、二人の人物の人種や性別を考えてほしい。

> She say, I love you, […] And then she haul off and kiss me on the mouth.
>
> *Um*, she say, like she surprise. I kiss her back, say, *um*, too. Us kiss and kiss till us can't hardly kiss no more. Then us touch each other. (Walker 103)

愛を伝える「彼女」も、彼女にキスを返す「わたし」も黒人の女性だ。継父にレイプされ、夫から暴力を受け、妹と離れ離れにされるといった奴隷制を彷彿させる暴力を受け続け、自己肯定感も闘う気力も失った女性に、彼女は自尊心を教える。この女性と彼女の関係は、同性への欲望も可視化する。そして、女性が、周囲の黒人女性から闘うことや自由に生きることを学び、夫から独立し自分の生活を手に入れる物語は、白人からの暴力だけでなく、黒人コミュニティも家父長制による暴力の問題を抱えており、黒人女性にとって必ずしも安全な居場所ではないことと、

黒人女性の連帯し居場所を創造する力を提示する。

2. 排除を分析する

　このように、さまざまな女性が、居場所を求め創造してきた。同時に、彼女たちは、規範の構造も問うてきた。1974年にレズビアンとラディカルな黒人フェミニストたちによって結成されたコンバヒー・リバー・コレクティヴ（Combahee River Collective）は、1977年の「声明文」で、黒人のレズビアン女性が経験する抑圧は、人種差別と性差別と階級と異性愛中心主義の問題が重なり合っているものだとして、それらの抑圧を統合されたものとして考える必要性を主張した（15）。このような、非白人の女性たちの運動が蓄積してきた問題意識を、キンバリー・クレンショー（Kimberlé Crenshaw, 1959-）は「人種と性の交差を脱周縁化する」（1989）で、「インターセクショナリティ」として概念化した。黒人女性が差別される状況を、四方八方から車が行き来する交差点の真ん中で車に轢かれる事例に喩える。人種差別という車に轢かれたのか性差別という車に轢かれたのか特定されない黒人女性は、補償の網から零れ落ちる（Crenshaw 149）。人種差別のみを考えたり、性差別のみを考えたりするのでは黒人女性の置かれた状況を理解することはできず、人種差別と性差別が交差する場を考えることの必要性を指摘する。それは、黒人の運動は性差別や家父長制に関する視点を、フェミニズムの運動は人種差別に関する視点を持つ必要があるということだ（Crenshaw 166）。

　1970年代以降、ポスト構造主義の台頭を背景に、ある規範がなぜ規範とされるのか、という規範の虚構性を暴く姿勢がフェミニズムや性的マイノリティの運動と理論にも影響を与える。アドリエンヌ・リッチ（Adrienne Rich, 1929-2012）は、「強制的異性愛とレズビアン存在」（1980）で、なぜ異性愛が普通とされるのか検討する。女性たちの親密な関係性はつねに逸脱や逃避とみなされたり、友情という言葉で語られたりすることで、存在が無視される。同時に、異性愛の関係性に従事しない者は「精神異常者」とみなされ、「治療」と称した暴力が振るわれる状況は、人びとが異性愛以外の関係性を生きる可能性を閉ざす。異性愛が普通と

考えられていることに対して、リッチは、異性愛が文化の中で強制され
ていることを指摘する。

3. 今の社会を見つめ直す

　以上見てきたのは、主に1960年代以降のアメリカで蓄積されてきた、
フェミニズムやクィアの知見である。しかし、居場所からの排除は、現
在のあなたが生きる社会でも喫緊の問題だ。

　レベッカ・ソルニット（Rebecca Solnit, 1961-）は、女性が道を歩くこ
とから排除されてきた歴史を分析し、法や社会的慣行、セクシュアル・
ハラスメントやレイプの脅威などは、公共空間の多くを女性にとって安
全で快適な場所とせず、女性が望むときに望む場所を歩くことを阻んで
きたことを指摘する（393）。女性が公共空間で痴漢やつきまといなどの
被害に遭うことは、女性の歩行が移動手段ではなく他者を誘惑する行為
と受け取られていることを示す（ソルニット 393-94）。

　あるいは、単にその場にいるだけで、犯罪者とみなされることも、排
除の一つの形態である。ジュディス・バトラー（Judith Butle, 1956-）は、
『アセンブリ』（2015）で、誰が公共空間に安全に現れることができるの
かを問い、わたしたちがどのように公共空間に現れることができるかは
ジェンダーに関する規範と大いに関係していると指摘する（48-49）。一
方で、たとえば、トランスジェンダーなど、シスジェンダー中心の社会
の中で「理解可能」とされる仕方でジェンダーを生きていない人びとが
ハラスメントや病理化や暴力の高いリスクに曝される（バトラー、『アセ
ンブリ』48）。街を歩くだけで暴力の標的にされる存在は、公共空間に安
全にアクセスする権利を保障されていない。他方で、規範から排除され
た人が、あたかも暴力の主体とみなされることもある（バトラー、『アセ
ンブリ』48-49）。アメリカで黒人が単に歩いているだけで、犯罪者とみな
され白人警察官に殺される問題を聞いたことがあるかもしれない。同様
のことは日本でも起きている。外国にルーツを持つ人が犯罪者予備軍と
して扱われ、警察から執拗に職務質問の対象とされる。トランスジェン
ダーが、シスジェンダーが望むのと同様に、安全で健康を害さない生活

を望むだけで、犯罪者予備軍と扱われるのもこの問題系の中にある。スーザン・ストライカー（Susan Stryker, 1961-）が言うように、シスジェンダー規範の中でトランスジェンダーは、「常識的な社会秩序」を破壊しようとする加害者と位置づけられ狙い撃ちにされる（21）。居場所は現在進行形の問題だ。

4. 声をあげる、トラブル化する

　では、居場所をめぐる問題にわたしたちはどのように向き合えばよいだろうか。まずは、あなたの居場所がない場合だ。オードリー・ロード（Audre Lorde, 1934-1992）は、「怒りの有用性」（1981）で、虐げられた者の「怒り」の重要性を指摘する。排除された者が怒りの声をあげることに対して、あまり強い言い方をしないようにマジョリティが求めることがある。ロードはそのような要求を拒否し、怒りはこの社会の前提を根本的に変えるための前進と変革に役立つ強力な力となると主張する（127）。怒りを示したらトラブルになるのではないかと不安に思うかもしれない。『ジェンダー・トラブル』（1990）でバトラーは、わたしたちは子どもの頃からトラブルを起こしてはいけないと教えられ、そんなことをしたらトラブルに巻き込まれるぞと脅されるが、いかに上手くトラブルを起こすかが重要だと言う（7）。というのも、たとえば、規範が、「男」と「女」といった二元的なジェンダー・カテゴリーや異性愛を前提としている以上、そこから外れる存在が生きようとすればトラブルは避けられないからだ（バトラー、『ジェンダー』7-9）。トラブルが起こることで、ジェンダー・カテゴリーや異性愛が絶対のものではないことが明らかになる（バトラー、『ジェンダー』8-10）。もちろん、トラブルは必ずしも思いどおりに扱えるわけではないが、トラブルはその社会の排除の構造を明らかにし、規範の恣意性を知らせる。

　他方で、あなたの居場所がある場合に求められるのは、その空間を占めるものとしての責任だ。バトラーは、『触発する言葉』（1997）で、人を中傷する言葉を発することの責任を考える。言語の一般的な性質として、わたしたちは既に使われた言葉しか使うことができない。したがっ

て、人を中傷する言葉を使う責任は、その言葉を発明したことではなく、すでにある中傷する言葉を再び使うことに対してある（バトラー、『触発する言葉』44）。恐らくこの社会や文化という空間についても同様に考えることができるだろう。わたしたちは、必ずしも誰かを排除するこの空間の創始者ではない。しかし、その空間に甘んじて沈黙していたら、排除を是認することになり、排除に加担してしまう。だからこそ、居場所がある者として、排除に反対する声をあげる責任がある。ベル・フックス（bell hooks, 1952-2021）が言うように、それを排除される者への「支援」と考えてはいけない。支援とは相手を無力な存在とみなし、気分次第で手を引くこともできるような（フックス 97-100）、問題を他者化する行為である。責任を持つ者として排除された者からの「怒り」に向き合うとき、あなたは気まずい思いをするかもしれない。しかし、排除が人を殺しうる一方で、変革を迫る「怒り」はあなたを殺さない（Lorde 130-31）。気まずくなることは、成長の証だとロードは言う（131）。それに向き合うことによって、わたしたちはこの空間の秩序のラディカルな変革を担うことができる。

　排除され居場所がないことに対して、規範的なジェンダーやセクシュアリティや人種から外れるフェミニストやクィアが異議申し立てし格闘してきた。現在も格闘が必要だ。そして、あなたもその渦中にいる。フェミニズムやクィアを学ぶことは、あなたに課された責任や可能性を理解するための営みとなる。

参考文献

Combahee River Collective. "The Combahee River Collective Statement." Taylor, pp. 15-27.

Crenshaw, Kimberle. "Demarginalizing the Intersection of Race and Sex: A Black Feminist Critique of Antidiscrimination Doctrine, Feminist Theory and Antiracist Politics." *University of Chicago Legal Forum*, 1989, issue 1, pp. 139-67.

Lorde, Audre. *Sister Outsider: Essays and Speeches by Audre Lorde*. Crossing Press,

1984.

---. "The Use of Anger: Women Responding to Racism." Lorde, pp. 124-33.

Morrison, Toni. *The Bluest Eye*. Vintage Books, 2007.（＝『青い眼がほしい』大社淑子訳、早川書房、2001年）

---. "What the Black Woman Thinks about Women's Lib." *The New York Times,* August 22, 1971. www.nytimes.com/1971/08/22/archives/what-the-black-woman-thinks-about-womens-lib-the-black-woman-and.html.

Taylor, Keeanga-Yamahtta, editor. *How We Get Free: Black Feminism and the Combahee River Collective*. Haymarket Books, 2017.

Walker, Alice. *The Color Purple*. Weidenfeld & Nicolson, 2019.（＝『カラーパープル』柳沢由実子訳、集英社、1986年）

ストライカー、スーザン「『トランスジェンダー』の旅路」山田秀頌訳『ジェンダー研究』23、2020年、7-25頁。

ソルニット、レベッカ『ウォークス——歩くことの精神史』東辻賢治郎訳、左右社、2017年。

バトラー、ジュディス『アセンブリ——行為遂行性・複数性・政治』佐藤嘉幸・清水知子訳、青土社、2018年。

――『ジェンダー・トラブル——フェミニズムとアイデンティティの攪乱』竹村和子訳、青土社、1999年。

――『触発する言葉——言語・権力・行為体』竹村和子訳、岩波書店、2004年。

フックス、ベル『ベル・フックスの「フェミニズム理論」――周辺から中心へ』野﨑佐和・毛塚翠訳、あけび書房、2017年。

フリーダン、ベティ『改訂版　新しい女性の創造』三浦冨美子訳、大和書房、2004年。

リッチ、アドリエンヌ「強制的異性愛とレズビアン存在」リッチ、53-119頁。

リッチ、アドリエンヌ『血、パン、詩』大島かおり訳、晶文社、1989年。

コラム

漢字文化圏とおカネの話

高久 由美

中国キャッシュレス社会

　今年の夏（2023年）は、コロナ禍でずっと中断していた中国での短期語学研修を久し振りに実施できる運びとなった。実に四年ぶりの再開である。道中の無事を祈りつつ黒龍江へと旅立つ学生を見送りながら、コロナ禍の中国で急速に進んだというキャッシュレス決済が、滞在中の学生たちを困らせはしないだろうかと、気を揉みながら帰国までの2週間を待った。帰国後の報告によると、現金が使えない店があったとか、そのために持参したはずのトラベルカードやクレジットカードでも支払いができないとか、アリペイでさえ不調な時があったなど、たしかにキャッシュレス時代を象徴する出来事がいろいろあったようだが、旅全体を通してみると「なんとかなった」のだそうだ。おのおの中国語コミュニケーション力を駆使して、移動もショッピングも観光も、それぞれに楽しんでこられて、胸をなでおろした。

　ほんの少し前まで、国際クレジットカードもそれほど普及していなかった頃は、おカネといえばキャッシュ。中国への旅ではいつも持参した現金を銀行やホテルで現地の通貨に両替していたものだ。20世紀末までは確かにそういう時代だった。ところで、世に通用していたキャッシュのお金が、はるか昔に普及し始めた頃の中国は、一体どんなだったのだろうか。お金の使用と普及、それと漢字の関係を、漢字文化圏のそもそもの始まりあたりに遡って探ってみよう。

硬貨の起源

　古今東西、おカネの形はさまざまだが、キャッシュときいて直ちにイ

メージするのは、硬貨と紙幣という形状の異なる二種類のおカネだろう。ことに、硬貨といえば、五円玉や五十円玉のような形をした穴あき銭と、十円玉や百円玉のような穴の無いものと、円い形をした銅貨を容易に思い浮かべることができるだろう。ところが、今から二千数百年前の古代中国では、金属製の鋳造貨幣が量産されるようになった春秋戦国時代、おカネの姿形は実にさまざまであった。現代でもなじみ深い円銭はもちろんのこと、土を耕す鋤をかたどった布銭と呼ばれるおカネや、片刃の刀の形をした刀銭などが造られ流通した。農具と武具の違いはあるが、いずれも実用品の模倣という点で共通点があるといえる。布銭は農耕の象徴、刀銭は戦いの象徴ともいえ、それぞれが流通した地域ごとの文化的特徴を反映するものといえよう。

貨幣と漢字──多様化の時代

　周王室の衰退にともない列国の諸侯たちが勢力を増した春秋戦国時代、貨幣経済が社会に浸透するだけでなく、それまで王室中心だった漢字の使用が急速に中国各地に拡大していった。文字が記録された物資や文書の伝達が、この時代の社会活動をなお一層活発にしていったといえよう。この時代の諸地域の文字文化は、漢字の伝播と普及にともない、それぞれのお国ぶりを反映した地域ごとの特徴が色濃く反映された。たとえば、馬車の馬の字は、今から三千三百年ほど前、中国最古の漢字である甲骨文字では、のように書かれ、かなり象形性を留めている。そこから一千年近くが経過した春秋戦国時代になると、など前代からの連続性を保ったスタンダードな馬の字が存在する一方で、、など、同じ文字であるにもかかわらず、同時代の中国各地でさまざま字形で書かれていた。

　また、貨幣を通じた経済活動が世の中に広まると、地域ごとに貨幣が造られるようになり、さまざまな形態、大きさのおカネが各地で盛んに用いられたのは前述したとおりである。形だけでなく、漢字文化との関係性からみると、おカネに記された文字は、おカネが造られ使用された時代、地域の言葉と文化の情報を記録したものでもある。表面に記された情報はシンプルだがさまざまで、「斉」「梁」といった各国の地名、「百」

「七」「半」といった数字、「両」「斤」といった当時の重量単位などが記されている場合が多く、多様化した各地の物質文化と漢字文化がいちどきに観察できて興味深い。人の移動が物流と交易をもたらし、そこに文字の伝播と普及が相まって、春秋戦国時代の漢字文化が一気に多様化したのである。

秦の天下統一の後には

　漫画『キングダム』の第1話「無名の少年」は、西暦紀元前245年、春秋戦国時代の終盤から始まる。今から二千三百年ほど前の中国が舞台である。中華の覇権を競う諸国の君主のもとで、多様化した中国文化が独自の拡がりをみせた時代を背景としている。主人公シン（信）の盟友として登場するセイ（政）は、後に始皇帝として天下統一を果たす秦王である。西の大国となった秦国の王、嬴政は、紀元前221年に東の大国であった斉を滅ぼして、天下の統一を果たした。これをもって戦国時代が終りを迎え、政は自らを「始皇帝」と号して、統一後の秦は中央集権国家としての地歩を固めていく。戦国時代に各国で多様に発展した文字文化も統一の対象となり、例外はなかった。使用する言葉や文字を、秦国のそれに統一、今風に言えば漢字文化圏にとって初の、言語政策と文字改革の実施がなされた、とでもいえよう。文字と言語だけではない。貨幣や度量衡も、戦国時代に多様化したそれぞれの地域の文化を、秦風の文化に収斂させていく方針が国策として示された。儒家思想を弾圧した「焚書坑儒」と称される思想統一も例外ではない。

　当時のおカネに話をもどすと、戦国時代から秦で造られ流通していた円形の通貨がある。円銭に四角い孔が空いて左右に「半両」の二字が記された銅銭だったが、始皇帝の天下統一の後に、秦帝国の標準的な通貨として使用されるようになり、それ以降の中国の各王朝でも同じ円形をした銅銭が大量に生産されて世に定着し、かつての布銭や刀銭は過去の遺物となった。

漢字文化圏の域内である日本への伝来

　日本で最も古いとされる鋳造貨幣「和同開珎」も、秦の「半両銭」と同じく、古代中国から続く円形の鋳造貨幣からの連続性を持っている。秦の「半両」銭と日本最古の鋳造銅貨「和同開珎」の形状の相似は、中国を代表する物質文化の一つである鋳造貨幣の、日本への伝来が一目瞭然で判る好例であろう。表面の漢字四字も、中国に起源をもつ言葉と書記体系である。

　おカネだけではない。コロナ禍の日本社会では、ペーパーレス化とそれにともなう押印の省略、いわゆるハンコレス化という現象が急速に進んだことも、我々日本人にとっては記憶に新しい。紙もハンコ（印または印章というのが正しい）も、中国で発明され日本に伝来した、中国由来の物質文化と漢字文化の融合品という点では、おカネの伝播と似通っているといえる。もっとも、ハンコの過去と現在について日本と中国を比較すると、ハンコを本人確認の身分証明として使用しつづけた日本が、中国由来の印章文化を継承しているのに対して、中国ではとうのむかしに印章による身分証明を棄てて、本人自署のサインが通用する社会になっている。一方で、中国におけるハンコは、書家や画家の作品の落款として捺印され、一種の芸術品として輝く場を見出した後は、「篆刻」という書芸術の中で脈々と生き続けている。

第 5 章

人間と社会

日常に潜む危機とは
― 感情と構造から考える ―

1

ヤマトンチュという名の怪物
——現代日本の無意識の植民地主義と「悪の陳腐さ」——

福本 圭介

1. ヤマトンチュという名の怪物

　「ヤマトンチュ」という沖縄の言葉がある。「ヤマトンチュ」とは、「ヤマトの人」、つまり沖縄の人から見た日本の人、日本人を指す言葉である。それに対して、「ウチナーンチュ」という沖縄の言葉がある。これは、「沖縄の人」を意味し、沖縄の人が「ヤマトンチュ」と区別して自らを呼ぶときの言葉である。沖縄ではどちらも日常で使われる言葉である。しかし、「ヤマトンチュ」という言葉には日本人の沖縄に対する歴史的な加害性を告発する独特の響きがある。この言葉の背後には、薩摩の琉球侵攻（1609年）以来、日本人が琉球／沖縄の人びとに対しておこなってきた植民地主義の歴史が横たわっているからである。[1]

　あらためて日本の近代史をふり返ってみれば、1879年の「琉球処分」とは明治政府による軍事力を背景にした琉球の強制併合であった。[2]また、1945年の沖縄戦では、帝国日本は沖縄を「本土」防衛の「捨て石」にした。1952年のサンフランシスコ平和条約では、日本国は沖縄を切り離し米軍統治下に置いたし、1972年のいわゆる沖縄の日本「復帰」の際は、沖縄の民意を無視して巨大な基地負担を沖縄に押しつけた。そして現在も日本国は、どれだけ国連の人権機関から基地の集中は「差別」だとしてその是正を勧告されても、沖縄の自己決定権を踏みにじりながら、この国の米軍基地の70％を国土面積0.6％の沖縄に強い続けている。[3]

　しかし、ここに奇妙な事実がある。このように140年以上にもわたって続く差別的な国策——植民地主義——を維持・継続している主体であるヤマトの主権者たちにその加害の自覚がないことである。たとえば、日

本国は、1952年以降、70年以上にわたって日米安保条約を維持してきたが、国民の大多数は自らが沖縄に基地を押しつけていると自覚することなしに沖縄に基地を押しつけ続けている。ヤマトの主権者は沖縄の深刻な基地被害を知らないのではない。深刻な基地被害については知っている。沖縄の基地負担が圧倒的に不平等であることも、もちろん知っている[4]。しかし、奇妙なことに、ヤマトの主権者たちは、この自分もこの構造的暴力を支える主体なのだという事実を知らないのである[5]。

　ヤマトンチュは自らのポジショナリティ（政治的権力的な位置性）とそれに基づく「特権」に無知なのだといってもよい。たとえば、ヤマトンチュは、歴史的にこれだけの犠牲を沖縄に強いておきながら、「沖縄、大好き！」とためらいなく口にする。そのとき、なぜ自分は重い基地負担を免れるという「特権」を維持できているのかについて考えることはない。民間機関がおこなっている「都道府県人気ランキング」でも沖縄県はつねに上位である[6]。ここにあるのは、ヤマトンチュの暴力的かつ滑稽な姿である。ヤマトンチュは、他者を虐げながら、その当の他者を愛していると妄想しているのだ。したがって、沖縄の人たちが日本「本土」の人間を自分と区別して「ヤマトンチュ」と呼ぶとき、そこに日本人の加害性を告発する響きが宿るのは当然である。暴力をふるいながらもその自覚なく自分勝手な妄想を続ける巨大な怪物、それがヤマトンチュなのだ。

　本稿でおこないたいのは、このようなヤマトンチュの怪物性を、哲学者ハンナ・アーレント（Hannah Arendt, 1906-1975年）の著作『エルサレムのアイヒマン——悪の陳腐さについての報告』（1963年）を導きの糸にして理解することである[7]。ナチス・ドイツによるユダヤ人絶滅政策の中で重要な役割を果たした役人アドルフ・アイヒマン（Adolf Eichmann, 1906-1962年）には罪の自覚がなかった。アイヒマンは、自分が虐殺に協力していることは知っており、戦後の裁判でも認めたが、自分は命令に従っただけであり、殺人には関わっていない、無罪であると主張し続けた。アイヒマンの主張では、彼はシステムの被害者であって加害者（暴力の主体）ではなかった。アーレントは、このようなアイヒマンの態度に「悪の陳腐さ」（the banality of evil）を読み取り、ホロコーストという巨大

な暴力のシステムを構成していたのは悪魔的な怪物ではなく、異様なほど浅薄な普通の人間なのだと示唆した。私が本稿で分析を試みたいのは、罪の自覚なくユダヤ人虐殺を支えたアイヒマンと罪の自覚なく沖縄への制度的差別を支えるヤマトンチュの類似性である。

2. アイヒマンにおける「悪の陳腐さ」

アイヒマンは、第二次世界大戦中、ナチス・ドイツによるユダヤ人絶滅政策のなかで重要な役割を担った役人だった。彼は、絶滅収容所へのユダヤ人の移送を組織し、移送列車の運行計画を立てさせ、ガス室を効率的に利用する手配をおこなった。しかし、先に述べたように、彼はエルサレムでの裁判ではユダヤ人虐殺に関して自分は無罪だと主張した。自分はユダヤ人の殺害には関わっておらず、命令にしたがってユダヤ人を輸送したにすぎないと主張したのである。[8]自分は上からの命令によって動かされる「歯車」のひとつにすぎず、強制労働や虐殺は自分の権限の外だったというわけである。このようなアイヒマンの態度をイスラエルの裁判所で目の当たりにしたハンナ・アーレントは、次のように述べている。

> 犯された悪は極めて怪物的なものでしたが、その実行者は怪物のようでも、悪魔のようでもありませんでした。[9]

アーレントは『エルサレムのアイヒマン』のなかで、アイヒマンの「滑稽さ」（EJ54/75）に言及している。彼は、官庁用語でしか語れず、「紋切り型の文句」（cliché）以外の言葉は一文も話すことができなかったからである（EJ48/68）。しかし、それでも彼は、自らが口にする紋切り型の文句に「昂揚」しつつ自らの無実を語り続けた（EJ53/75）。それはまるで「道化」のようだった（EJ54/76）。犯された悪は怪物的だったが、その実行者は、紋切り型しか語れない、滑稽なほど浅薄な人間だったのである。

とはいえ、アイヒマンの精神に異常はみられなかった。アーレントは、むしろアイヒマンの正常性を強調している。ひとりの精神科医は、妻子

や父母や兄妹友人に対する彼の態度は「単に正常であるのみか、最も模範的」だと鑑定したという（EJ25-26/35）。そしてアーレントによれば、この「正常性」は、ナチス・ドイツの権力を支えたドイツの大衆にも共有されたものだった。人びとは、倒錯してもおらず、サディストでもなかった（EJ276/380）。つまり、正常な「普通」の人間が、怪物のような悪を支え、実行していたのである。

　しかし、正常な普通の人間が同時に「道徳的崩壊」（EJ125/176）を生きているという矛盾をどのように理解すればよいのか。アーレントは、アイヒマンを念頭におきつつ、「正常な」人間が遂行する怪物的な悪の条件を次のように述べている。

　　　この新しい型の犯罪者は、自分が罪を犯していると認識したり、感じたりすることをほとんど不可能とするような状況のもとで、その罪を犯している。（EJ276/381、強調は福本）

アイヒマンは自分の仕事がユダヤ人を虐殺する機構の一部だということは理解していた。しかし、アイヒマンは自分がユダヤ人を殺しているとは認識していなかったし、感じてもいなかった。彼はつよく「出世」を意識しており、創意工夫を凝らしてユダヤ人の追放と虐殺をおこなうシステムを動かし続けたが、ユダヤ人殺害は彼自身がおこなっていることとしては把握されていなかったのである。

　アイヒマンには、自らの行為の責任をあらゆるものに責任転嫁する自己中心性があったが、逆説的にも彼の人格の中心には「自己」が欠落していた。アイヒマンは「自己との対話」をしていなかったのである。同じことを、アーレントは、違う角度から次のような言葉で表現している。

　　　アイヒマンの性格にある、より特殊な、しかもより決定的な欠陥は、ある事柄を他人の立場に立って見るということがほとんどまったくできないということだった。（EJ47-48/66）

アイヒマンは、権力のまなざしが自分をどう見るかということは考えた。しかし、自分が虐げているものたちが自分をどう見るかは考えなかったし、根源的には自分が自分をどう見るかを考えなかった。そのような思考をおこなうと、仕事を続けることができなくなるからだろう。したがって、アイヒマンという人格の中心にあったのは、他者のまなざしを拒否し、権力のまなざしのもと自分で自分をペテンにかける「自己欺瞞」（self-deception）（EJ52/73）だったのだといってよい。

　アイヒマンが紋切り型の文句で武装していたのは、現実から身を守るためであり、自分で自分をペテンにかけるためだったと言っていいだろう。彼は、他者のまなざしを拒否し、紋切り型の決まり文句に自己陶酔しながら、ユダヤ人を殺害する機構を動かし続けた。それは彼にとって、彼自身の行為でありながら、彼自身の行為でなかった。彼は紋切り型の文句に逃避し、他者からも自己からも距離をとっていたからである。

3．ヤマトンチュにおける「悪の陳腐さ」

　ここで私たちは、自らのポジショナリティ（政治的権力的な位置性）に無知なヤマトンチュに目を転じたい。アーレントは、アイヒマンの人格の中心に「自己欺瞞」を見いだし、その本質を「紋切り型の文句で自慰する」（EJ55/77）という言葉で表現した。アイヒマンは、怪物的な悪に加担しながらも、紋切り型の文句に昂揚し、「自分は罪を犯していない」と妄想する主体だったからである。しかし、これは、まさにヤマトンチュの姿でもあるのではないだろうか。

　ヤマトンチュとは、沖縄に基地を押しつけながら、「自分は沖縄に基地を押しつけていない」と妄想する主体である。とはいえ、ヤマトンチュは、政治的な立場にしたがっていくつかのタイプに類型化することができる。どのタイプも、沖縄のまなざしを拒否し、自らのポジショナリティに「無知」である点では共通しているが、依存する紋切り型の文句が異なる。ここでは代表的な四つのタイプを取り上げよう。

● ヤマトンチュタイプA：「辺野古が唯一の解決策」

タイプAは、日本政府が念仏のように繰り返す紋切り型を口にする。曰く、「普天間基地の危険性を除去し、抑止力を維持するには、辺野古が唯一の解決策である」。この紋切り型を生きる主体は、地理的優位性の神話、つまり抑止力を維持するには基地の場所は地理的にどうしても沖縄でなければならないのだと信じることで、自らのポジショナリティを否認する。タイプAが生きているのは、「沖縄に基地を置かねばならない客観的な理由が存在するのだから、自分は基地を押しつけていない」という妄想であり、このタイプは「国家に同一化する自分」に昂揚する。

● ヤマトンチュタイプB：「基地はどこにもいらない」

タイプBは、日本の左派やいわゆる反戦平和主義者が金科玉条のように繰り返す紋切り型を口にする。曰く、「基地はどこにもいらない。沖縄にいらないものは、本土にもいらない」。この紋切り型を生きる主体は、軍事基地そのものが悪なのだから、基地の公平負担は間違っていると信じ、自らのポジショナリティを否認する。タイプBが生きているのは、「自分は基地という悪をなくそうとしてるのだから、基地を押しつけていない」という妄想であり、このタイプは「平和を愛する自分」に昂揚する。

● ヤマトンチュタイプC：「沖縄に寄り添う」

タイプCは、日本政府や日本の保守派から、中道リベラル、左派まで、幅広い政治的な立場の人間が多用するもっともポピュラーな紋切り型を口にする。曰く、「沖縄の過重な基地負担の軽減に向けて、沖縄に寄り添う」。この紋切り型を生きる主体は、自分は沖縄の負担軽減を願っているのだから、けっして沖縄に基地を押しつけてはいないと信じ、自らのポジショナリティを否認する。タイプCが生きているのは「自分は沖縄をかわいそうだと思っており、基地の負担を減らしてあげたいと思っているのだから、自分は基地を押しつけてはいない」という

妄想であり、このタイプは「他者にやさしい自分」に昂揚する。

●ヤマトンチュタイプD：「沖縄、大好き！」
タイプDは、自らの政治的な立場を意識していない無関心層にまで広く浸透している紋切り型を口にする。曰く、「沖縄、大好き！」。この紋切り型を生きる主体は、沖縄の自然や文化を賛美し、自分は沖縄を愛していると信じつつ、沖縄を差別する気持ちなどいっさいないと主張し、自らのポジショナリティを否認する。タイプDが生きているのは「自分は沖縄を愛している、そんな自分が沖縄を差別するなどありえない、自分は基地を押しつけてはいない」という妄想であり、このタイプは「沖縄を愛する自分」に昂揚する。

これらの四つのヤマトンチュのタイプはそれぞれ異なる紋切り型（クリシェ）の文句を口にしているが、共通するのは、沖縄に基地を押しつけている「自分」のポジショナリティ（政治的権力的な位置性）を強力に否認しているところである。ヤマトンチュは自らのポジショナリティに無知なのではなく、正確には、さまざまなクリシェを盾に、それを絶えず否認しているのだ。
　ヤマトンチュがこのような紋切り型の文句を繰り返す限り、無意識の植民地主義の解体はありえない。どのタイプもさまざまな形で「自分は差別をしていない」「自分は基地を押しつけていない」とアピールしているのであり、問題の本質の理解を拒んでいるからである。

むすびにかえて
　アーレントは、アイヒマンの態度に「悪の陳腐さ」を読み取り、ホロコーストという巨大な暴力のシステムを構成していたのは悪魔的な怪物ではなく、異様なほど浅薄な「普通」の人間であることを示唆した。同様に、私たちは、私たち自身の態度に「悪の陳腐さ」を読み取り、現代日本の継続する植民地主義のなかで私たち自身が「自己との対話」を放棄し、巨大なヤマトンチュという怪物と化していることを自覚するべきだろう。

アイヒマンはエルサレムで取り調べを受ける最中、その取り調べをおこなっているユダヤ人の調査官レスの父親が絶滅収容所に移送され殺害されていたことを知るが、そのとき「いや、それはとんでもないことだ、大尉殿、じつにひどいことだ！」と反応したという。[10]自分がその移送を手配した張本人であるのに、アイヒマンは、そのような陳腐な文句を反射的に口にし、自分で自分の行為を忘れた（否認した）のである。

　同じことを私たちヤマトンチュはやっていると言えないだろうか。沖縄の人びとからの「差別はやめなさい」「平等にあつかいなさい」という訴えに対して、私たちヤマトの主権者は、「沖縄、大好き！」とか、「かわいそうに！」とか、「基地はどこにもいらない！」とか、「辺野古が唯一の解決策！」などの紋切り型を反射的に口にし、昂揚しながら自分自身の加害性を忘れて（否認して）いるのである。

　アイヒマンは、「自分は命令に従っただけだ」という陳腐な文句を自らの無実を訴えるなかで何度も語ったが、逆にそれを「自分はすべての命令に忠実だった」と非常な誇りをもって言い切りもした。自分はいかなる命令であろうと、それに忠実に従っただろうと（EJ42, 92 /58, 130）。自分で自分をペテンにかける「自己欺瞞」は、他者を殺害する政策に加担することにさえ人が「誇り」を感じることを可能にする。ヤマトンチュはこのような妄想からどのようにして脱却できるだろうか。私たちは、自らの暴力的かつ滑稽な姿を直視して、自覚することができるだろうか。他者を理解するのではなく、他者のまなざしに向き合い、自分自身の正体を理解することによってしか私たちは自らの尊厳と自由を回復できないように思われる。

註

[1] 詳しくは、福本圭介「基地引き取り運動とは何か？——無意識の植民地主義からの脱却を目指す草の根の応答」『帝国のヴェール——人種・ジェンダー・ポストコロニアリズムから解く世界』（明石書店、2021年）、335-359頁を参照のこと。

[2] 沖縄の視点から語られる琉球併合を含む古代から日本「復帰」までの琉球

／沖縄の通史としては、国場幸太郎『沖縄の歩み』（岩波書店、2019年）が読みやすく、鋭い。

[3] たとえば、2010年、国連の人種差別撤廃委員会は、「沖縄の人びとが被っている根強い差別に懸念を表明」し、「沖縄への軍事基地の不均衡な集中が、住民の経済的、社会的および文化的な権利の享有に否定的な影響を与えている」として日本国に沖縄の代表者との協議を勧告した（2010年4月6日　国連文書番号CERD/C/JPN/CO/3-6）。同様の勧告は、2014年にも2018年にも出されている。また、国連の人権機関は、2008年以降、複数回にわたって、日本国政府にたいして沖縄の人びとを「先住民族」として認めるように勧告している。これは、ユネスコや人種差別撤廃委員会などの国連の人権機関が沖縄の人びとを植民地主義の犠牲者として認識し、その権利保護のための具体的な措置を条約締結国である日本に求めていることを意味する。詳しくは、反差別国際運動（IMADRA）編『日本と沖縄　常識をこえて公正な社会を創るために』（解放出版社、2016年）83-85頁を参照。

[4] 沖縄の日本復帰50年を前に共同通信がおこなった全国世論調査では、沖縄県の基地負担が他の都道府県と比べ「不平等」と回答した人は「どちらかといえば」を含め計79％にのぼった。詳しくは、新潟日報朝刊（2022年5月5日）を参照。

[5] 社会学者・野村浩也はこのようなヤマトの主権者による沖縄差別を的確にも「無意識の植民地主義」と概念化した。詳しくは、野村浩也『増補改訂版 無意識の植民地主義——日本人の米軍基地と沖縄人』（松籟社、2019年）を参照。とはいえ、ヤマトの主権者は本当に自分が基地を押しつけていることを「知らない」のだろうか。知らないふりをしているだけではないか。このような疑問のもと、ヤマトンチュの態度とその暴力性をあらためて鋭く問うた著作が、知念ウシ『シランフーナー（知らんふり）の暴力——知念ウシ政治発言集』（未來社、2013年）である。

[6] ブランド総合研究所による「都道府県魅力度ランキング」において、2022年に沖縄は第3位（3年連続）であり、2009年からの調査において第4位を下ったことがない。詳しくは、同研究所のホームページを参照（https://www.tiiki.jp/index.php）。

[7] Hannah Arendt, *Eichmann in Jerusalem: A Report on the Banality of Evil* (Penguin Classics, 2006). また、訳書には、ハンナ・アーレント『エルサレムのアイヒ

マン――悪の陳腐さについての報告 ［新版］』大久保和郎訳（みすず書房、2017年）がある。以下、同書からの引用は、EJの略号を用いits頁数を原著/訳書の順に本文中に括弧で記す。なお、引用の際の日本語訳は、前掲訳書を参照しつつも、福本が部分的に翻訳し直している。

[8] アイヒマン裁判の前におこなわれた尋問の記録を録音テープから起こした調書が出版されており、日本語では以下の著作を参照のこと。ヨッヘン・フォン・ラング編『アイヒマン調書――ホロコーストを可能にした男』小俣和一郎訳（岩波書店、2017年）。

[9] Hannah Arendt, *Responsibility and Judgment* (Schocken Books, 2003), p159. 訳書は、ハンナ・アレント『責任と判断』中山元訳（筑摩書房、2016年）、295頁を参照。

[10] 『アイヒマン調書』、386-387頁。

2

凡庸な風景と場所の感覚
──復元に向けた環境表象とは──

小谷 一明

1. 凡庸なる風景表象の水脈

　英国の批評家テリー・ギフォード（Terry Gifford）は1999年に出版した
『パストラル』（*Pastoral*）で、都市化を伴う近代化が進むなか、都市と田
舎といった「弁証法的な知覚様式」（174）が機能しなくなる環境変化の事
例をいくつか紹介している。核実験の事例として紹介されたのがレベッカ・
ソルニット（Rebecca Solnit, 1961-）の『野蛮な夢　アメリカ西部の隠さ
れた戦争への旅』（*Savage Dreams: A Journey into the Hidden Wars in the
American West*, 1994）だ。米国西部出身のソルニットが生まれた時代は冷
戦時代のただ中で、その影響から彼女は核攻撃による世界の終わりを想像
して育つ。「死の灰」が広範に降り注ぐ世界においては、都市と田舎、自
然と文化といった二項対立的な思考は成立しない。また、核攻撃が中心と
なるだろう第三次世界大戦を想像しながら育つことで、「環境の感覚（sense
of environment）」（174）が研ぎ澄まされるも、場所の感覚は育たなかった。
ギフォードは場所との一体感が生まれない、破壊以前の自然を想像できな
い事態を「ポスト・パストラル」と命名したが、こうした状況は拡大し続
けている。

　一方、地球環境を急速に変えていった「大航海時代」や産業革命以降、
紀行文の執筆や自然美を鑑賞する文化的営為が人気となっていく。前者は
ヨーロッパの貴族や新興階級などによる世界物見遊山の産物だ。彼らの旅
は自らの教養を高め、民衆を啓蒙するという口実でもおこなわれたが、植
民地主義的視察といえるだろうか。また、「風景」という言葉も流布して
いき、絵画では風景画というジャンルが確立されていく。スケッチという

行為は文学領域でも人気となっていくが、「風景」を愛でるという文化的営為も資源開発といった帝国主義的欲望を誘うものであった。こうした文化的装いをまとった「世界」との接触が、二項対立的発想の元、発展のためには犠牲にしてよいとされた場所や人びととの選別をロマン化しつつ隠蔽することになる。失われゆくとされるものへの郷愁が「パストラル」概念の基底にはあるが、それは都市化や「文明化」への期待をあわせ持つものであった。結果、世界的な環境劣化への気づきを遅らせ、郷愁さえも消失していく事態が到来しつつある。20世紀の事例の一つが核実験を続ける米国西部であった。

　エコクリティシズムを1990年代からリードしてきた米国のシェリル・グロトフェルティ（Cheryll Glotfelty）は、2022年にピーター・ゴウイン（Peter Goin, 1951-）との共著『ピーター・ゴウインと環境変化の写真撮影』（*Peter Goin and the Photography of Environmental Change*）で、「文化を変えることが自然を変えることになり、逆もしかり」（Glotfelty, 4）というエコクリティシズムの基本的な考えを序文に記している。文化により構成される自然認識が環境破壊を促してきたが、その認識を変えることで環境を改善しうるという考え方だ。認識を変えるための重要なステップの一つが、環境劣化の視覚化であろう。共著者の写真家ゴウインが撮影対象とした、核実験を続ける米国西部はその劣化が見えづらい場所であった。それでも彼は30年以上にわたり写真を撮り続けたのである。

　米国西部にあるネヴァダ州では1950年代初頭から90年代初頭までの間に928回の核実験がおこなわれ、およそ100回が地上でおこなわれている（Solnit, 95）。出版20周年を記念して再版された『野蛮な夢』（2014）の序論でソルニットが述べたように、40年間、毎月一度の割合で実験が繰り返された。それでもネヴァダ周辺の一部住民による抗議運動しか起きなかった「隠された戦争」であったという（xvii）。21世紀に入っても臨界実験が密かに続けられ、少なくとも2012年までは確認されているとソルニットは述べている（xviii）。ソルニットも写真家ゴウインのように核武装論のもとで攻撃される大地へと向かうことになる。

　ネヴァダ・テストサイトと呼ばれる核実験場は実験開始からしばらく

の間、写真家の立ち入りが黙認されていた。この期間に実験場へ入り込んだのがリチャード・ミズラック（Richard Misrach）、キャロル・ギャラハー（Carole Gallagher）といった80年代を中心に活躍した写真家である。しかし、ミズラックらが「社会風景」とみなした西部の風景写真は米国で反響を呼び、米国海軍は実験場周辺の立ち入りを禁止する（Glotfelty, 125）。ゴウインはその禁止後に実験場へ向かった写真家だ。粘り強い交渉の結果、1984年に禁止後初めて実験場へ入ることが許されたが、ゴウインは核による汚染が見えないものであるという現実に直面する。彼は場所が自分に「印象」を刻み込むことを期待し、「場所が感じられる」のを待った（96）。しかし、見えないものは見えないという確認が反復され、核汚染は「見えぬがゆえに、気にもとめられぬ（Out of sight, out of mind)」(102）という実感を強めていく。

　そうしたなかで彼が立ちどまった場所の一つが、写真家ミズラックも撮影したネヴァダ州ファロン市の北西部にある「ブラボー20爆弾投下レンジ」であった。そこで撮られた写真には、赤い池や魚の尾ひれが地上に突き出たようなものが写されている（Glotfelty, 124-125）。前者の赤い池はミサイル実験で地面がへこんだ砲弾池のようなものであり、湧き出た地下水が赤い藻により色づいていた。陽光を浴びた砂漠の大地が流血しているようにも見える風景だ。また、後者の魚の尾ひれのようなものが突き出た写真は、砲弾の一部が地上に突き出たものである。錆び付いた鉄が地表から飛び出しながらも、その異物を大地がのみ込むような静かな風景の写真だ。異物があっても風雨にさらされて自然化していくというその見えづらさを感じつつ、ゴウインは「凡庸な」風景を映し出すという営為を続けることになる。結果的に彼もミズラックといった1970年代半ばに始まる「ニュー・トポグラフィックス」世代の写真撮影を反復することになったが、凡庸な風景を映し出すという行為は、壮大で崇高な荒野という西部イメージに抗う実践でもあった（Glotfelty, 49-51）。

　前述したようにミズラックやゴウインらの時間をかけた観察にもとづく写真には、静謐で美しくも見える風景写真が多く、環境破壊は目立たない。凡庸な風景の写真なのだ。しかし、半世紀にわたり核被害の見えづら

さを、見えづらいままに表象していく実践がなされ続けた背景には、西部に関する支配的な言説への憤りがあった。崇高な風景を写し出す伝統的な風景写真と同じく、西部表象は「フロンティアの保存と再発明」を目的とし、西部劇で見られるような「無法、混沌、一匹狼、自給自足」といった「荒野」を切り拓いた人びとの生き様を謳歌するものばかりであった（Solnit, 375）。西部は「荒野」ではなく先住民の暮らす地であり、彼らを虐殺しながら大地を占有してきたのが米国の開拓史である。この事実を覆い隠す言説にたいし、ソルニットもゴウインのように西部を社会風景として上書きし、既成イメージの解体に努めるようになる。

　しかし先述したように、幼少期に冷戦期の核攻撃から身を隠す 'duck and cover'[1] といった訓練をしてきたソルニットらにとっては、「隠された戦争」で攻撃された西部へのアクセスは困難だった（xvii）。核への恐怖が身体をしばりつけ、西部の大地に目を向ける気持ちが容易に芽生えなかったのである。しかし、核から身を守るという所作も、破壊から眼を逸らす人間中心的な思考を生むことがある。ヒトが生き延びるという思想だけが訓導され、世界の破壊・異変に向き合わずにすむ所作を身体化させる語りに、ソルニットらは抗うようになっていく。

　写真家ゴウインがひび割れた灼熱の大地に生える小さな植物を写し、グロトフェルティがその写真を本の表紙にしたように、環境劣化のなかでもノン・ヒューマンの営みは続いている。原爆文学で爆心地に生えた雑草や植物が描かれ、水俣の文学で海の生きものが愛着を込めて語られるのは、ノン・ヒューマンを捨象してきた環境語りへの反省からだ。ソルニットは核実験場に向かう行為を、「責任、回帰、記憶という行為（an act of responsibility, return, and memory）」と述べている（Solnit, 377）。大地の破壊に責任を感じ、その場へ繰り返し立ち戻って記憶に留めるため、彼女やゴウインは実験場へと向かう。歌枕的な風景語りでもなく、失楽園的な嘆き節とも異なる、何もないように見える大地を見つめる行為が現代の大切な文化的営みなのである。

2. 復元語りの意図再考

　ここまでは米国西部について述べてきたが、ここからは熊本県水俣市を取り上げていく。前世紀の中頃に水俣病が発生した不知火海沿岸、その中心に位置するのが水俣湾となる。今も湾沿いには水銀ヘドロが堆積している。この地で育った石牟礼道子（1927-2018）は、半世紀にわたり失われた自然の表象に取り組んできた。石牟礼は死後出版となった『道子の草文』（2020）で「もう一度、風土が呼吸するというか、呼吸する風土、歌っている風土、生命たちを回せている風土、人間という風土、人間が風土にならなければだめだと思う」（271）と晩年に述べたが、これは彼女の一貫した姿勢であったと思われる。戦後の短歌についての雑感を述べた初期のエッセイ「主観の風景化」（1962）でも、自己の苦悩や葛藤を嘆く歌ではなく、個人の「声」を「「風景」として押しやつて」、共同的主観を風景化する提言をおこなっているからだ（石牟礼『第1巻』182）。

　この「主観の風景化」で石牟礼は、「人間が風土に」なるという先の表現からもわかるように、場に語らせることを意図していた。「もう一度」という言葉が使われていることからも、場はすでに語らぬものとなっていたが、彼女は場が語っていたとされる時代へと遡っていく。宮脇昭との共著『水俣の海辺に「いのちの森」を』（2016）では、草との対話が石牟礼により語られた。

　　　私が母について畑に行きますと、母は草に語りかけていました。「お前たちは太うなったね」と。母にとって、草と自分とは対等でした。
　　　母が病気をしていると、近所のおばさんたちが畑に行く途中で、「お見舞いの声をかけてくださいました。「はるのさん、具合はどうですか。畑に何かことづけはありませんか」って。そうすると母は病床から「まだ起き上がれませんので、草によろしゅう言ってくださいませ」と言うんです。（120-121）

このように、海沿いであり山の麓に暮らす人びとの自然との対話が、彼女が幼少期の頃までは日常的な営みであったかのように描かれている。場の

声を聞き、感じ取った気配を大切にする描写では、ノン・ヒューマンを虐げる序列的思考はみられない。

渡辺京二（2011）が『苦海浄土』第1部について「石牟礼道子の世界」（1972）で述べたように、留意すべきは「山には山の精が、野には野の精がいるような自然界」（100）も、「現実から拒まれた人間が必然的に幻想せざるをえぬ美しさにほかならない」（112-113）という点だ。水俣の言葉で「じゃなかしゃば」という現実とは異なる世界、それを希求するがゆえの過度な美化が石牟礼作品にはうかがえる。ただし、水俣病事件が発生しながら桃源郷のような共同空間を描いたのは、近代とは何かを問う過程でのことである。真木悠介が『気流の鳴る音』（1977）で水俣にふれながら語る近代システムや、岩波新書『証言　水俣病』（2000）の冒頭で編者の栗原彬が述べた「生産力ナショナリズム」への反旗を翻すためでもあっただろう。国策としての効率主義、生産第一主義の本丸として描かれる無人格的な「東京」との対比的な世界を、語りで現出させる必要が石牟礼にはあった。

デビュー作となる『苦海浄土』第1部の「天の魚」でも、江津野家の杢太郎少年の爺さまに、東京の暮らしを憐れみながら不知火海の世界は最上のものと語らせている。海を含めて生活の場が破壊された水俣の石牟礼も、先に述べたソルニットのように有害物質への恐怖が身体化されていたはずだ。繰り返しになるが、この恐怖は「環境の感覚」こそ培いながらも、場所の感覚を育むことはない。それでも水俣という場との一体感を石牟礼は描き続けたのである。普通であれば、破壊以前を想像できないほどの「ポスト・パストラル」という段階では、「じゃなかしゃば」への想像さえ封じられるであろう。リスク感覚が日常にあふれるなかで、海や川、山はふれあうものではなく、眺めやる景観としてあるだけだ。この自然が対象化されていく、風景化されていくことへの危惧が、石牟礼の表現世界の隅々で感じ取れるのだ。工場の煤煙や水銀の垂れ流し、埋め立てによる環境破壊が進むなか、石牟礼は海と山の生きものが往来するにぎやかな世界を描き続けた。この営為はどのような効果を生むのだろうか。

前述の『道子の草文』所収のインタビューで石牟礼は、「塘」と呼ばれ

た土手に沿ってある湿地について語っている。そこは水銀ヘドロで汚染され、大半が埋め立て地となるエリアの湿地だ。石牟礼はそこを舞台とした自作の狂言「なごりが原」(2007) にふれながら、以下のように述べていく。

> 狂言の話しですが、人間の世界の話ばっかりじゃ面白くないでしょう。(中略)「とんとん」で聞いたキツネをはじめとする妖怪たちの話ですが、話はこども向けにされたのではありません。おとなたち同士の話です。(中略)「大廻りの塘」にはさまざまな「もののけ」が登場する舞台です。(264–265)

「とんとん」村とは自宅があった水俣川河口の集落にたいする石牟礼の呼び名である。彼女はそこで聞いた伝承の発生源として、船着き場のあった「大廻りの塘」という潮止め地帯を繰り返し描いた。この塘は水俣湾に沿った石積みの土手沿いで海と山の生きものが混じり合い、葦原も広がっていた。[2] 石牟礼作品ではシンボリックな場であり、石牟礼はそこで繰り広げられるノン・ヒューマンや「もののけ」との交流を描いている。

　雨乞いの悲劇を描いた「石飛山祭」(2011)[3] では瞽女頭のお婆が、この海辺にある葭の茅原で昼寝をするが、『椿の海の記』(1976) の第7章「大廻りの塘」では「神々やガゴたちの昼寝」(石牟礼『第4巻』137) の場所となっている。昼寝を妨げると「ガゴ」といったもののけの機嫌を損ねたという言い伝えがそこでは語られていた。幼少期の石牟礼とおぼしき「わたし」は野菊に誘い込まれてこの草むらに入り込む。ひこばえ、ナゴヤ草、青海苔、磯茱萸が繁茂する「潮止めの塘」で、「わたし」は「浄瑠璃の、葛の葉」を演じるかのように、「人間の子に化身」したり「白い狐の仔に化身して、こん、こん、こん、と啼い」たりする (135–139)。渡辺京二が『もう一つのこの世』(2013) で、石牟礼は「文字の世界に生きていない、日本の近代のマージナルなところにいる生活者、コスモスの層の民話的なものも含めた豊かさ」(14) を描いたと評したように、生きものや妖怪が跋扈するにぎやかな世界だ。このように彼女は破壊以前の世界を希求する、復元語りをし続けたのである。

水俣湾沿いでは明治の終わりに「チッソ」ができ、会社が大きくなる
なかでアコウの木が生える渚の世界が消えていく。そして、20世紀末には
この地域の大半が水銀ヘドロの埋め立て地となった。そのなかで埋め立て
られず、ヘドロが堆積したままの地が水俣川近くの八幡地区にある。1969
年の初版『苦海浄土』のカバーには、八幡残滓プールの写真が掲載された。
宮脇昭との対談で石牟礼 (2016) は「表紙にありますように、地面が固まっ
て干割れています。そこはなぜか見落とされている。ジャーナリズムから
も」(23) と述べている。「死の灰」をかぶった西部の実験場のように、水
俣にもまだ人や生きものの住めない場所が存在する。石牟礼は原状回復も
せずに「チッソは逃げ出しにかかっていますから、八幡プールの跡を遺産
として残していくんです。広大な敷地です」(24) と述べ、次のように言
葉を続けた。

> 　八幡プールの跡の残滓を持っていって棄てるところがないでしょう。
> 土堀りして、そこに萱とか、萩とか、彼岸花とか、南九州の山野の
> 草をいっぱい生やして、広い原っぱを造ろうかと思っています。そ
> こには狐も兎も、共食いしない種族の動物を連れてきて追い放つ。
> そして狐の棲みやすそうな洞窟も造ってあげて、遊ばせる。ここに
> 野外劇場を造ればいいなと思います。(27)

2014年に八幡プールの半分ほどに太陽光パネルが設置されたが、動物の
野外劇場という発想には環境の感覚より場の感覚を復元したいという思い
がうかがえる。ヘドロ堆積地の脇に今も残る「大廻りの塘」の一部、わず
かに残った小さな湿地の保全に石牟礼は多大な貢献をしてきたが、八幡残
滓プール跡にもそうした破壊以前とつながる場を拡大しようとしていたの
だ。生きものの復元力に期待しているのか、棲めない場所と決めつけてい
ないのである。
　石牟礼は志村ふくみとの対談集『遺言』で、「いま、大地を密閉し
てしまった文化ですよね。それが、いろいろ起きている原因ですよね」
(72–73) と述べ、コンクリートなどで大地を埋め立てることに警鐘を鳴

らしてきた。ノン・ヒューマンが生きられなくなるからではあるが、石牟礼は最後まで自ら再生しようとする場の力を信じていたのだろうか。少なくとも破壊された地で復元を夢見るとき、彼女は人間の視点で場をとらえようとはしなかったのである。

註

[1] ケヴィン・ラファティ監督の米国映画『アトミック・カフェ』（*The Atomic Café*, 1982）には、小学生が核爆発の瞬間に机の下に身を隠したり、露出している肌を隠すよう指導する冷戦期の学校映像が収録されている。

[2] 天草の石工の家に生まれた彼女にとっては祖父らが水俣の発展に関わったこともあり、自然破壊は鋭い痛みを伴うものであったと思われる。

[3] 1963年に執筆されたが未発表の作品で、約半世紀後に文芸誌『群像』（2011年3月号）で掲載された。

引用文献

石牟礼道子「石飛山」『群像』第66巻・第3号、講談社、2011年3月号、154-173頁。
――『石牟礼道子全集　不知火　第1巻/ 第4巻』藤原書店、2004年。
――『道子の草文』平凡社、2020年。
石牟礼道子・志村ふくみ『遺言　対談と往復書簡』筑摩書房、2014年。
石牟礼道子・宮脇昭『水俣の海辺に「いのちの森」を』藤原書店、2016年。
栗原彬編『証言　水俣病』岩波新書、2020年。
真木悠介『気流の鳴る音』ちくま学芸文庫、2003年。
渡辺京二『民衆という幻像　渡辺京二コレクション2　民衆論』小川哲生編、ちくま学芸文庫、2011年。
――『もうひとつのこの世　石牟礼道子の宇宙』弦書房、2013年。
Gifford, Terry. *Pastoral*. Routledge. 1999.
Glotfelty, Cheryll and Peter Goin. *Peter Goin and the Photography of Environmental Change: Visual Literacy and Altered Landscapes (Routledge Environmental Humanities)*. Routledge. 2022.
Solnit, Rebecca. *Savage Dreams: A Journey into the Hidden Wars in the American West*. U of California P. 1994/2014.

3

社会史におけるソシアビリテと感情への着目
——『マルタン・ゲールの帰還』と
『リトル・マーメイド』にみるジェンダーと人種——

荒木 和華子

はじめに

　いま、感情史がアツい。近年、人文社会系の学会・研究会だけでなく自然科学分野でも感情（エモーション）の成り立ちが注目されている。背景には研究史上の展開があるが、日本の一般社会に目を転じても、2023年4月にChatGPTなどの生成AIが一般利用可能になり、本格的なAI社会の到来が日常の個人レベルで実感されるようになったこと、そして感情や感性を持たないとされるAIがそれらを持つとされる人間を代替、管理することへの期待と不安が膨らんだこともあるだろう。また2016年に流行語大賞に上位ノミネートされた、感情の揺れ動きを表わす「エモい」が2022年には広く流通するようになったといわれている。個人が意識するしないにかかわらず、これほどまでに「感情」がホットになった時代があっただろうか。ここでは、感情をめぐる歴史研究の一端を紐解きながら、私たちの日常に潜む危機に着目する。

1．社会史研究と感情・感性の歴史

　歴史学分野のなかでも社会史研究は、感情と類似に用いられる感性（センス）に以前から注目してきた。1990年代にフランスの代表的社会史家のリュシアン・フェーベル、ジョルジュ・デュビィ、アラン・コルバンによる『感性の歴史』が日本でも出版され、社会史研究の重要な潮流となった。[1] また2020年以降にはコルバン監修『感情の歴史』が三巻本で訳出されている。[2] 感情（情念）の歴史をめぐり、歴史環境のなかで特定の感情が生成される

多様なありようが、ヨーロッパを主に縦横無尽に論じられる。さらに2020年に日本語訳が出版されたヤン・プランパーによる『感情史の始まり』は感情をめぐる研究史の概要として注目に値する[3]。

　それではまず、社会史とはどのような研究アプローチなのか確認しよう。米国史家の貴堂嘉之によると、社会史の特徴は端的には「『普通の人びと』の顔の見える歴史」である[4]。社会史以前の歴史学では、政治や経済、国家が中心に叙述されたり、社会を支配する権力者やエリート層が主だって描かれたりすることが多く、各時代を生きた一般の「人びとの顔」が見えにくかった。しかし、そのような非エリートの民衆は歴史上の変動において、エリートである過去の歴史家が想定したように、はたして本当に知恵才覚がなく無力であったのだろうか。これまで国家や社会のなかで「客体」とされてきた一介の人びとにも、明確な意図や知性があり、「主体」として底辺から歴史を動かしてきたという意識から、民衆の日常史が着眼されるようになった。社会史研究は、エイジェンシー（行為主体性）を重視し、民衆の主体化により、既存の歴史ナラティヴを書き換え、民衆をエンパワーする方法論でもある。

２．アナール学派と歴史の深層への着目

　ここで社会史研究の始まりをおさえておこう。フランスで『年報(アナール)』を発行していた歴史研究グループが1930年代以降アナール学派と呼称され、初期は統計学的方法を中心に歴史の集合的心性(マンタリテ)を捉えようとした[5]。社会史家フェルナン・ブローデルは、海を中心とした叙述『地中海』が一国中心主義史観を乗り越えるメルクマールとなったが、1976年の講演において、経済史の再考を促した上で、次のように「歴史の深層」を対象とする理由を説いた。

　　一見したところ、人間の明瞭な意識からはみだした曖昧な部分の歴史が、このゲームにおいては、登場人物たちよりも活躍しているように見える。（中略）実際、そこで使われたすべてのキーワード — 無意識、日常性、構造、深層 — がそれ自身、曖昧であった。（中略）私

が出発したのは日常性であった。生活の中でわれわれはそれに操られているのに、われわれはそれを知ることすらないもの。（中略）人間は腰の上まで日常性の中に浸かっているのだと私は思う。今日に至るまで受け継がれ、雑然と蓄積され、無限に繰り返されてきた無数の行為、そういうものがわれわれが生活を営むのを助け、われわれを閉じ込め、生きている間じゅう、われわれのために決定を下しているのだ。[6]

　ブローデルが提示した「無意識、日常性、構造、深層」は、「新たな歴史」である社会史において鍵概念となった。識字率の低い農民や女・子どもなど無名の一般の人びとに目を向け、日常世界に潜む無意識、それを成り立たせている構造、集合的心性と呼ばれる「歴史の深層」へのアプローチは、海を渡ってアメリカでは公民権運動期に下からの民衆による民主主義や人権の闘いの歴史と共振し、日本では安丸良夫を先陣とするような民衆史とも響き合って、歴史学のなかで市民権を得てきた。再び貴堂が指摘するように、社会史は「それまでの近代歴史学が前提とした政治的人間や経済的人間といった概念的呪縛からヒトを解放し」、「新しい歴史学がこころとからだをもった生の人間へと回帰することを志向した」のである。[7]

3. 脱構築の歴史学と希望の歴史家

　このような流れのなかで、女性史を組み入れ、大文字ではじまるHistoryではなく、小文字ではじまる複数の歴史の語りを推奨するher-storiesというスローガンも散見されるようになった。いわゆる大文字の歴史から小文字の歴史への転換とは、前述したようにナショナルヒストリーへの批判であり、西洋中心主義史観からの脱却であり、さらにはエリート男性中心主義史観への異議申し立てでもある。加えて、「進歩」などの近代的原理が支配的ヒエラルキーを構成してきたことからの「脱構築」としての歴史研究という挑戦でもある。[8]

　このようなボトムアップの「人の顔の見える」社会史や脱構築の歴史研究を実践することは、いうほど易くない。安丸良夫の出口なお研究、カ

ルロ・ギンズブルグのドメニコ・スカンデッラ（通称メノッキオ）研究、あるいはナタリー・Z・ディヴィスの贋マルタン・ゲールと妻ベルトランド研究がいまだ金字塔であるように、個別事例を焦点化し民衆の世界観を描き出すミクロ史の手法と歴史家の手腕によって当時の社会全体を逆照射し、その時代の特質を炙り出す歴史叙述として成功をおさめることは稀である。[9] インドのサバルタン歴史研究を批判したスピヴァクが問題提起したように、幾重にも周縁化されたマイノリティは語る声を持たず、声を発しても発話の位置のためにその声はかき消されてしまうのだから、本当の意味でのボトムアップの歴史の記録や叙述は、極めて難儀であるといわざるをえない。[10]

　にもかかわらず、この分野の研究者は歴史を通して希望を語ることを諦めていない。近藤和彦が「ナタリ・デイヴィスの贈りもの」として日本に紹介したデイヴィスへのインタビューで次のように彼女が語ったように。

　　困難な時代にも人々は状況となんとか折り合いをつけたり、抵抗の手段を見つけたりできたのだ、と示したいんです。今日の人々に過去と関係をもてるようにしてほしい。過去の悲劇や苦難、残酷や憎悪、過去の人々の希望や、愛や美を見てほしい。権力をめぐって抗争したこともあるけれども、互いに手助けしあったこともある。愛ゆえに行動したことも、恐れゆえに行動したこともある ── これが、わたしのメッセージなんです。とりわけわたしが示したいのは過去は様ざまでありえた、過去は実際いまと違った、そして現在には複数の選択肢がある、ということです。[11]

　それでは、人びとが何に喜怒哀楽や愛や希望を感じて生きたのかを理解するヒントを得るために、次節ではデイヴィスが膨大な史料をもとに過去と対話した、社会史研究の代表作『マルタン・ゲールの帰還』を「ソシアビリテ」の概念を用いて考察してみよう。

4．ソシアビリテと『マルタン・ゲールの帰還』

　社会史のもう一つの鍵概念、「ソシアビリテ」（紐帯）は社会的結合の形態、つまり人と人が関係を切り結ぶありようを指す。それは、いかなる歴史状況のなかで人が他者と特定の関係を築き解消したのか、その動機やプロセスに着目し、当時の人びとの暮らしや生の実態に接近することを可能にする概念である。ここでの関係性とは、婚姻を通じた家族の関係性が対象となることが多いが、もちろん家族間関係には限られない。

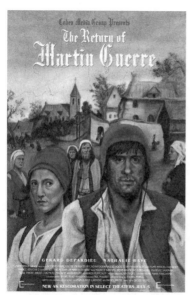

図1：映画ポスター *Return of Martin Guerre*（1982年）出所：https://www.imdb.com/title/tt0084589/mediaviewer/rm1778620673/?ref_=tt_ov_i

　『マルタン・ゲールの帰還』は、16世紀の南仏の農村アルティガットを舞台とした偽亭主騒動を扱っている（図1）。結婚後に無愛想な亭主が突然失踪したが、8年後に帰還したのは、まるで人が変わったかのように社交的で妻を理解する朗らかな「亭主」であった。彼との3年間の生活で新たに子を授かり平穏で幸せな毎日が続くかのように思われた矢先に、村で彼が偽者であるという噂が立ち、土地をめぐる親族とのトラブルから裁判に発展してしまう。長い裁判において妻の協力もあり彼が本人であるかのような詳細情報の完璧なまでの彼自身による証言もあり、彼を本物とする判決が下るまさにその瞬間に、戦争で片足が義足となった実の亭主が杖をついて、法廷に姿を現し、偽亭主の素性が暴かれるのである。

　これは奇想天外な実話であり、判事ド・コラスや法律家ル・スュウールが多くの史料を残したこともあり、後世の人びとを魅了しさまざまに語

り継がれてきた。しかしデイヴィスによれば、この事件に関する同時代の証言・記録はすべて男性によるものであるために、偽亭主をおそらく自発的に受け入れたであろうベルトランドに関する解釈は偏り続けてきた。つまり、読み書きのできない農民女性ベルトランドは弱者であり、詐称における被害者であり、公権力による保護の対象者として捉えられてきた。「『弱きもの女の性ゆえ』たやすく騙された」と認識され、結果として「法廷はベルトランドの詐欺共犯および姦通共犯の罪を追及することなく、すべてを極悪非道のアルノーに被せ」たのである。^[12]

　反して、デイヴィスが制作において関わった同作品の映画では、苦労しつつも逞しく生き抜く妻・母としてベルトランドが描かれている。ベルトランドにエイジェンシーが与えられているのである。映画では偽亭主から文字を学んだ妻が法廷で自らの名前を書いて判事を驚愕させたり、彼女が自らの意志で神に背いても（ベッドの十字架を慌ててどかして）偽亭主を受け入れたりするシーンがある。そして、実の亭主の登場により偽亭主との関係が絶望視された後に、瞬時に交わされた偽亭主とのアイコンタクトによって、彼女と子には生き残ってほしいという彼の願いを汲み、彼女は彼を犠牲にする選択をする。実際にベルトランドは罪を免れ、二人の間に生まれた子は非嫡出子としての不利益を被らずに済んだ。偽亭主アルノーの絞首・火炙り刑と引き換えに。当時の文脈において家父長や正妻であること、正統な血統の嫡出児であることは、コミュニティのなかで生き残るための重大事であったのである。

　ここには、明白な意志と決断力を持って亭主そして偽亭主との関係を切り結んだ一人の女性の姿がある。婚姻関係を結びコミュニティに承認された安定的生活が突然の夫の失踪によって崩壊し、そのために苦しくなった生活を8年もの間耐え続けた彼女にとって、夫と異なり明朗快活で、子どもたちにも愛情深く、家族経営を仕切る働き者の男性の出現は、毎晩の神への祈りが届いたかのように心強く感じられたことであろう。神や共同体の前での婚姻の誓いに背いても、新たに「愛し愛され」ながら共同生活を営む対象として現れた男アルノーの詐称を、戸惑いながらもおそらくベルトランドは自身の意志で受け入れ共犯関係を築いた。そして二人の情愛

の証として産まれた子が「私生児」との咎を受けないためにも、子と自ら
を守るためにも詐称が暴かれたときには、彼女自身の主体的営為としてア
ルノーを夫とみなす主張を覆したのである。デイヴィスが「フェミニスト
として、また歴史家として、人はどこかで自分の人生を決めてゆくという
信念がありましたので、ベルトランド・ド・ロルスを一人の行動主体とみ
なし」たと述べたとおりである。[13]

　カトリックに抵抗するプロテスタンティズムは夫婦間の真のパート
ナーシップについても問うた。この点は、偽亭主が絞首刑にあった同じ場
所で裁判長コラスがプロテスタンティズムの信条のために数十年後に同志
たちとともに絞首刑にあうという皮肉的な帰結にみられるように、コラ
スが長期にわたってこの騒動に心を奪われて詳細な記録を残す動機となっ
た。コラスは、虚偽証言による冒瀆罪で偽亭主アルノーを絞首刑に処した
のだが、法的には偽でも、二人の関係性においては愛情に基づくパートナー
シップが築かれていた。実の夫と贋者、はたしてどちらが真のパートナー
といえるのか。前近代の規範や社会制度（カトリック教会の権威や婚姻制度）
による「構造」を超越する可能性のある価値観として近代的な人間性や
個人の感情（ここでは愛情に基づくパートナーシップ）の尊重が対峙される。
つまりコラスは二人の間に愛情による関係性をみとめたからこそ、自身が
体現する法と宗教の権威としての決定と自身の内的信仰からくる矛盾に直
面し葛藤したのではないか。

　さらに、この作品はアイデンティティの脆弱さについても問うている。
DNA鑑定がない時代に、人が何者なのか本物（オウセンティック）かどうかはどのように証明
されるのか。属性によってなのか。しかしその属性についても、それにな
ろうとして役割を演じているのだとしたら、偽物が本物のマルタン・ゲー
ルのように振舞うことと、夫、父などの社会的役割を演じることの間には
どれほどの距離があるのか。自己は何、あるいは誰によって証明され、そ
こで「感情」はどのように機能するのだろうか。これらは歴史を越えて現
代の私たちにも問いかけている。

5．映画『リトル・マーメイド』のヒロインの 受容と拒絶における「感情」

　次にフィクションの人気映画の主人公をめぐり巻き起こった視聴者の感情に焦点をあててみよう。誰が映画のヒロインとして相応しいのかという問いは、社会史研究においてさまざまな登場人物のうち誰を主役（アクター）として歴史を語るのかをめぐるエイジェンシーに関する問いと近しい。第三世代の社会史家ロジェ・シャルチェが「表象をめぐる闘争で争われたものは、社会構造そのものの序列化、つまりは階層序列の形成に他ならないのだ」と述べたように。[14]

　2023年に日本でも公開されたディズニー映画『リトル・マーメイド』は、主人公のアリエルをめぐりハリー・ベイリーの配役決定当初（2019年）から「黒人」がアリエル役を演じることに違和感をおぼえる人びとが＃Not My Arielを立ち上げSNS上で反発してきた。「アリエルは白人がいい！」という声が「白人の」子どもたちの多くからあがり、一方で公開された映画をみた「黒人の」子どもたちは主人公が「私みたい！」と感激の声をアップした。[15] 他方、アジアの子どもたちは総じて黒人プリンセス誕生に強い抵抗感を表している。[16] アリエルの配役に関する批判には、1990年代の多文化主義以降、差別是正のためにPC（政治的正しさ）を希求する政策を行き過ぎと懸念する声と重なるものもある。しかしそのような批判にはプリンセスという高位の役は「白人」が演じて当然という思惑が見え隠れする。

　科学的とされてきた人種概念は、ヨーロッパが啓蒙主義の誕生と同時に展開された植民地主義を正当化する方便として、白人を知性と権力においてトップに位置づけるために社会・歴史的に創られた。[17] 竹沢泰子は「白い肌が美しいとする考えは、元来、極めてユダヤ＝キリスト教文化圏の伝統に支配された考え方」であり、「白を光、黒を闇として、善である白い色を自分たちの色に当てはめた」ことに起因すると説明している。[18] アジアの子どもたちが黒人プリンセスを拒絶するのは自らのイメージに合致しないからであるが、同時に人種による権力や優劣のヒエラルキーを内面化したことに無自覚でいられる「アジア」の存在が浮き彫りにされよう。このように文化的媒体における特定の対象に抱く違和感を通して、逆に正統性

の基準や規範がどのように構築されるのか、そして私たちの「自然な」感情として認識されるのかについて気づくことができる。

おわりに——感情と社会構造とのはざまで

はたして感情は本能なのか、社会・文化による創造なのか。何かを嫌悪し、時に人を他者に対するヘイト的言動に向かわせるものは何なのか。私たちは、歴史や社会のなかでたとえば「愛情」が自然化され、美化されるプロセスの目撃者でもある。一見対極に見える憎悪と愛の感情が、表裏一体であったとしたら。また、個人によって多様に認識されるはずの感情や感覚が、特定の状況下で全体がそのように感じるべきと有形無形の圧力がかかるとしたら。それらは一種の暴力につながらないか。本質的に内在するとされる「自然な」感情が、実は、歴史や社会のなかで構築された制度や構造によって、創られたものであったとしたら。あるいは権力保持者（個人、国家、企業組織など）によって、彼らに都合よく、巧妙にある種の感情が喚起されるような仕掛けが施されていたり、欲望がデザインされ方向づけられていたりしたら[19]。マックス・ウェーバーの近代社会の「鉄の檻」の喩えは、私たちがこのような囚われの身であることの予見であったのだろうか[20]。それらに対して私たちはどう抗えばよいのだろうか、そもそも抗うことは可能なのだろうか。あるいは、私たち自身も日常的な行為においてそれらの感情や欲望の一部を構成しており、弱者を搾取する「暴力」行為者側に知らず知らずのうちに加担していたとしたら。このように、感情と社会をめぐる問いは際限なく溢れてくる。

空前の大ヒットCMのキャッチコピー「そこに愛はあるんか」（図2）は、なにげない日常生活や労働の場で肯定的に受け止められる感情（愛情）の有無をおもしろおかしく問うている。CMにはたくさんのバージョンがあるが、年配の女将が前近代的な着物姿で、若い修行中の男性に「そこに愛はあるんか」と問いかけ、愛こそすべての基盤であるべきと諭す様子が視聴者に受けるのは現在のロストコーズ的現象の反映であろうか。

「愛が一番」と訴えるCMがロングランで受容されてきたように、社会制度の歯車の一部になることから解放されるための方途として、無機的か

図2：「そこに愛はあるんか」アイフルCM
出所：Oricon News https://www.oricon.co.jp/photo/6173/286859/

つ無慈悲な「構造」に抗する「感情」が措定されよう。一方で、このような肯定的「感情」は油断すると安易な本質主義に陥るので私たちはつねに細心の注意を払わねばならない。たとえば、「良妻賢母」による「愛情」によって手作りされることが期待される弁当の写真は、美談とともに現在SNSを連日賑わせているが、妻や母による「愛」に基づいた家事労働が当然視されることの負荷や対価については一般ではほとんどといってよいほど問題視されない。小玉亮子が「教育における母なるもの」[21]の存在と、それによる「呪縛」を指摘するように[22]。よって、歴史的文脈のなかで社会規範が生成されるプロセスを批判的に検証し、それらが個人を無意識にも呪縛するものになっていないか、肯定的「感情」として無批判に美化することなく、「感情」がイデオロギーに取り込まれる瞬間を見逃さないよう留意しなければならない。これらはまさに日常に潜む危機である。私たちは今この瞬間に新たな「感情史の始まり」に立ち会っているのかもしれないのだから。

註

[1] アラン・コルバン（山田登世子・鹿島茂訳）『においの歴史——嗅覚と社会的想像力』（藤原書店、1990年）、アラン・コルバン（渡辺響子訳）『感性の歴史学——社会史の方法と未来』（御茶の水書房、2000年）

[2] アラン・コルバン監修（片木智年監訳）『感情の歴史Ⅰ』（藤原書店、2020年）、（小倉孝誠監訳）『感情の歴史Ⅱ』（藤原書店、2020年）、（小倉孝誠監訳）『感情の歴史Ⅲ』（藤原書店、2021年）

[3] ヤン・プランパー（森田直子監訳）『感情史の始まり』（みすず書房、2020年）

[4] 貴堂嘉之「歴史のなかの人種・エスニシティ・階級」『アメリカ史研究入門』（山川出版社、2009年）、171頁

[5] アナール学派は大きく3期に分けられ、田畑論考掲載時点では4期に入り細分化している。ここでのフェーブルらは第1期、ブローデルらは第2期、ルゴフら表象を扱うようになるのは第3期である。田畑久夫「『アナール』学派の形成と地域研究」『昭和女子大学大学院生活機構研究科紀要』Vol.12,13（2003,2004）9-27頁

[6] フェルナン・ブローデル（金塚貞文訳）『歴史入門』（中央公論新社、2009年）

[7] 貴堂、174頁

[8] 岡本充弘『開かれた歴史へ──脱構築のかなたにあるもの』（御茶の水書房、2013年）

[9] 安丸良夫『出口なお』（朝日新聞社、1987年）、カルロ・ギンズブルグ（杉山光信訳）『チーズとうじ虫──16世紀の一粉挽屋の世界像』（みすず書房、1984年）、ナタリー・Z・デーヴィス（成瀬駒男訳）『帰ってきたマルタン・ゲール──16世紀フランスのにせ亭主騒動』（平凡社、1993年）

[10] C. G. スピヴァク（上村忠男訳）『サバルタンは語ることができるか』（みすず書房、1998年）

[11] E. P. トムソン、N. Z. デイヴィス、C. ギンズブルグ他（近藤和彦・野村達朗編訳）『歴史家たち』（名古屋大学出版会、1990年）、101頁

[12] 同上、50頁

[13] N. Z.デイヴィス「贋者のリメイク──マルタン・ゲールからサマーズビへ、そしてその先」『思想』No.880（1997年10月）、55頁

[14] ロジェ・シャルチェ「表象としての世界」ジャック・ルゴフほか（二宮宏之編訳）『歴史・文化・表象──アナール派と歴史人類学』（岩波書店、1999年）、197頁

[15] ELLEgirl編集部「『アリエルは白人がいい』『子どもに夢をありがとう』実写版『リトル・マーメイド』の予告動画に賛否＆人種差別的な中傷も」*ELLEgirl*（2022年9月21日）https://www.ellegirl.jp/life-culture/social/a41306243/little-mermaid-trailer-22-0922/

[16] バイエ・マクニール「『実写版リトル・マーメイド』日本人が批判のなぜ『白人のアリエル』を求めるのは人種差別なのか」『東洋経済Online』（2022年9

月18日）https://toyokeizai.net/articles/-/619134?page=4

[17] Kehinde Andrews, *The New Age of Empire: How Racism and Colonialism still Rule the World* (Allen Lane, 2021)

[18] 京都大学人文科学研究所、放送内容、竹沢泰子、https://www.zinbun.kyoto-u.ac.jp/hub/zinbun/021011.htm

[19] 荒木和華子・福本圭介編著『帝国のヴェール――人種・ジェンダー・ポストコロニアリズムから解く世界』（明石書店、2021年）

[20] マックス・ヴェーバー（大塚久雄訳）『プロテスタンティズムの倫理と資本主義の精神』（岩波書店、1989年）

[21] 土屋匠平「『愛情弁当』イデオロギーの起源を探る――1920－30年代の学童弁当改善論と学校給食導入論におけるナショナリズムとジェンダー」（ジェンダー史学会会員企画「教育×ジェンダー×歴史」セミナー、2021年）

[22] 小玉亮子「教育における母なるものの呪縛―ジェンダー視点に立つ歴史研究から」*Forum on Modern Education* No. 25 (2016) 129-138頁

4

法をめぐる感情の所在

新井 貴大

はじめに

　現代において、われわれの感情が揺さぶられる契機はいっそう増加した。SNSのようなソーシャルメディアを支配するのは、アテンション・エコノミーであるといわれる。つまり、人びとの関心・注目を引きつけることが経済的な価値に転化するようになっている。熾烈なアテンションの奪い合いは、コンテンツの過激化をもたらした。2016年のアメリカ大統領選挙におけるフェイクニュースが問題となり、コロナ禍においては、感染対策・ワクチン接種をめぐって過激な議論がネット世論を分断させてきた。生成AIを活用した（現実に存在しない）映像・画像が飛び交い、人びとの感情にはたらきかける事態も生じている。

　このあおりを受け、人びとの感情も——とりわけSNSのようなプラットフォームを介して——いっそう飛び交うことになる。これに対し、法による抑制に期待する声もある。たとえば、従来も議論されてきたヘイトスピーチ規制の是非とは、憎悪感情の発露に対して法による統制を及ぼしてよいかが問われていた問題であったといえる。他方で、この間、#MeToo運動、Black Lives Matter運動など、怒りという感情から発した共感が社会を動かした例もあったことを想起するとき、法による感情の統制へと安易にとびつくことには、躊躇を覚えることになる。

　しかしそもそも、感情と法はいかなる関係に立つといえるのか。法と感情は相容れないとして切り離すべきものであるとか、感情は法によって統制されるべきものと考えるか。それとも、法と感情のあいだに、有意義な関連を見出す余地があるのだろうか。

1. 感情の位置づけ

いわゆる感情を表す言葉には多くのものがある。例を挙げると、「感情（emotion)」「情動（affect)」「情念（passion)[1]」などである。こうした言葉を眺めてみても、法のイメージとはかけ離れているという印象をもつかもしれない。

法の分野では、法は理性と重ね合わされることで、感情と対置されることが通例であった。理性により感情を統御し、感情に左右されないことをよしとするイメージである。トマス・ホッブズ（Thomas Hobbes, 1588-1679）が『リヴァイアサン』で、優れた裁判官たる条件のひとつに「判決に当たって、すべての恐怖、怒り、憎しみ、愛、共感を捨てることができること[2]」を挙げた箇所は、よく引き合いにだされている。

2. 公私二元論とその変動

法学は伝統的に、法と感情を意識的に切り離す試みも実施してきた。

たとえば、法と感情を対置させる枠組みとして、公私二元論がある。法は理性のあらわれとして公的領域をつかさどり、他方で感情は非理性的なものとして私的領域へと配分する考え方である。さらにいえば、公的領域は、公共の利益を追求する領域として、理性、法、政治（そしてその主たる担い手とされた、男性）の領域であり、それにそぐわない感情、信仰、非政治は、私的領域にとどめるべきであると考えられた。

公と私を区分すること自体は、われわれの社会を成り立たせるために必要な営みでもある。憲法学者の長谷部恭男は、多様な価値観が比較不能でありうる（たとえば、二つの異なる宗教の善さを比べる物差しは存在しない）ことを前提に、次のように考える。

「人間の本性からすれば、自分が心から大切だと思う価値観は、それを社会全体に押し及ぼしたいと思うものである。しかし、そうした人間の本性を放置すれば、究極の価値観をめぐって『敵』と『友』に分かれる血みどろの争いが発生する。それを防いで、社会全体の利益にかかわる冷静な討議と判断の場を設けようとすれば、人為的

に公と私とを区分することが必要となる。[3]」

　この考え方によれば、プライバシーの権利、思想・良心の自由、信教の自由といった憲法上の権利は、「比較不能な価値観を奉ずる人々が公平に社会生活を送る枠組みを構築するために、公と私の人為的な区分を線引きし、警備する[4]」ことに奉仕するものと位置づけられうる。

　上記の議論に示されているように、公私二元論は、事物の必然ではなく、理念的に構築されたものである。それだけに、公私二元論の撤廃までは求めないにせよ、異議申立てがなされることも当然にある。[5]第一波フェミニズムの思想は、女性が「政治」（＝公）の領域へ登場することを促し、第二波フェミニズムは、私的領域——そして、女性——に追いやられていた諸問題（いわゆる「家庭」の問題——生殖、中絶、DVなど）を、公的領域へと引きずり出した。公的領域＝男性＝主、私的領域＝女性＝従という性別役割分担のなかでの抑圧があらわとなったのである。[6]1968年5月のフランスで起こった「68年革命（五月革命）」は、多様かつ世界的な波及をみせた。[7]そうした潮流のなかで、第二波フェミニズムに代表される「個人的なことは政治的なことである（The personal is political）」というスローガンは、伝統的な公私二元論に再考をつきつけたものとして、著名である。

3．法と感情をいかに関連づけるか

　典型的な公私二元論において、感情は——とりわけ理性と対立するものとして——私的領域へと配分されるものであるようにみえる。しかしながら、公的領域の代表である政治や法と、感情との関係もまた、広範に論じられてきた。

(1) 政治と感情

　政治学者の齋藤純一は、「政治をめぐる議論において感情に言及されないことはむしろ稀であるとすら言ってもよい」とする。[8]感情が理性（や徳性、利益）によって制御されるべきと論じられてきたことによるという。つまり、従来は「公共の秩序を攪乱し、その安定性を破壊する恐れのある

ものとして、感情は秩序の中心から遠ざけられねばならないものと考えられてきた[9]」。しかし、こんにちにおいて、感情を公的領域から遠ざけ、価値観の対立を私的領域へと押しとどめようとすることには困難が伴う。だからこそ齋藤は、「信仰／信念を公共的領域から再び排除し、私的領域に封じ込めることが不可能でもあり、望ましくもないとすれば、同様に、感情についても、それを再び私事化しようとするのではなく、公共的領域においてそれを受けとめながら、それにどのように対応すべきかが問われなくてはならない」と主張する[10]。公的領域において対応が迫られている私事（とされてきたもの）は――信念、信仰、さらには、家庭の問題、性的指向、ジェンダー・アイデンティティにいたるまで――、多岐に及ぶ[11]。

(2) 法と感情

　法の分野では、先にみたとおり、法を理性と重ね合わせ、感情と対立させる考え方が根強い。他方で、「法と感情」という学問領域は、1980年代以来の英米圏で主導され、確立するに至った[12]。その成果は、翻訳として日本にも紹介されているほか[13]、学会のテーマにも取り上げられている[14]。

　「法と感情」研究は、法分野の議論に広がりをもたらした。従前より、法をめぐる議論で感情への言及が皆無であったわけではない。たとえば、刑事裁判における応報感情ないし処罰感情といわれるものは、刑事裁判における被害者の感情の発露として、あるいは、刑事立法における国民の感情の発露（いわゆる厳罰化の議論）として、言及されてきた[15]。「法と感情」研究は、こうした議論に深みを加えるものでもあるとともに、その裾野も広げている。「法と感情」研究における「感情」は、嫌悪感からロマンティック・ラブにいたるまで、多様なものを含んでいる。さらに、感情の主体として、一般市民のみならず、裁判官のような法律家も議論の射程におさめようとしている[16]。たとえば、「法と感情」の論者であるスーザン・バンディズ（Susan Bandes, 1951-）は、次のように述べている。

　　「…… 裁判官が、何かに感情移入したり特定の価値観にとらわれたりすることなく意思決定を行うことは可能だろうか。それは不可能

だと、私は主張したい。それどころか、裁判官は個人の感情や道徳的選択を超越した感情とは無縁の領域で活動しているという幻想は、裁判官、訴訟当事者、そして司法制度一般に重大な危険をもたらしているのである。[17]」

　世界的に著名な哲学者であるマーサ・ヌスバウム（Martha Nussbaum, 1947-）も、法における感情の存在を認めている。[18]むしろヌスバウムからすれば、感情は、社会や法を刻印づけてきたものである。感情には恐怖、怒りなど多くのものが含まれるが、ヌスバウムは、「嫌悪感（disgust）」と「恥辱（shame）」については、法の基礎とすべき感情でないと批判する。たとえば、嫌悪感はソドミー法（男性間の同性愛行為など、自然に反するとされる行為を禁止するもの）を擁護する根拠となってきたように、マイノリティを標的としたものになりがちである。恥辱は、嫌悪感もそうであったように、特定の人物や集団を標的とすることがある。そうした人びとを恥じ入らせることにより、「正常でない」ものとして、スティグマを付与するのである（例として障害者、貧困者、同性愛者などが挙げられている）。ヌスバウムは、法が恥辱やスティグマを市民（とくにマイノリティや立場の弱い人びと）に付与することに加担してはならないという。むしろ、そうした人びとが恥辱やスティグマにさらされないよう、法の平等な保護を確保する必要があるというのである。

　このヌスバウムの主張を、先にみた公私二元論とあわせて考えてみよう。公私二元論は、公＝法、私＝感情を、人為的に区分するプロジェクトであった。こうした区分に対して、怒りという感情から発した社会運動が修正を促したことも、前述したとおりである。公と私の境界が不断に問い直されていくなかにあって、ヌスバウムの「法と感情」論は、公を司る法の基礎となるべきではない感情の存在を教えてくれる。嫌悪感や恥辱という感情に基づく法は、多様な人びとが平等に尊重されるべき公的領域にとって不適格なものではないか、疑ってみる必要がある。[19]

4．立法・司法における国民感情・国民意識

　人びとの感情や意識は、現実の立法や司法においても参照されている。裁判においては、「法感情」や「国民感情」といった概念への言及がみられる。国民の「法感情」とは、「人々が一般的に抱く法的な常識・正義感情あるいは社会的共通観念などと説明されるもの」であるとされ、「国民感情」は、「現実の国民意識やその傾向を表すもの」とされる。[20]

　現在全国で複数進行中の同性婚訴訟における国民感情への言及をみてみよう。そのうちのひとつとして、憲法14条1項および24条2項違反との判断を下した令和5年5月30日の名古屋地裁判決は、憲法24条2項の判断に関連して、「……婚姻及び家族に関する事項は、国の伝統や国民感情を含めた社会状況における種々の要因を踏まえつつ、それぞれの時代における夫婦や親子関係についての全体の規律を見据えた総合的な判断によって定められるべきものである。」（圏点筆者）と述べている。[21]婚姻や家族に関する事項は、立法者による法制度形成によることになるが、その際には国民感情も考慮されるというわけである。また、裁判所も、違憲の判断を下す際に、その理由のひとつとして「国民意識」の変化に言及することがある。[22]もっとも、こうした国民感情や国民意識をどのように理解するか、そもそも考慮すべきなのか、ということは、検討が進められている状況にある。

おわりに

　このようにみてくると、感情は、ただ法によって統制されるべきものではないことがわかる。むしろ感情とは、必然的に法とかかわり、また法に対して影響を与えるものなのである。もちろん法の基礎となるべきではない「感情」もあるわけだが、そうした感情の「質」に踏み込んで問う作業は、「法と感情」研究によってもたらされるものである。法を考えるうえで、感情は一概に切り離されるべきものではない。

　18世紀後半に登場した人権がその内実を備える過程では、人びとの「共感」、つまり広く共有された「内面の感情」が大きな役割を果たしたことが指摘されている。[23]これはこんにちにおいても妥当しよう。判例において

新たに憲法上の権利が承認されるためには、多くの場合、「社会的なコンセンサスの形成」が必要となるためである。[24] 法の形成・発展は、論理解釈のみでおこなわれるわけではなく、「感情」も踏まえた、動態的なプロセスである。

　法を考えるうえで、理性と感情の二者択一ではなく、冷静に感情を考慮するという難題がここにはあるが、そのための方針を、「法と感情」研究は提供している。

註

[1] 以下では、感情そのものについて立ち入ることは控える。さしあたり、清水真木『感情とは何か──プラトンからアーレントまで』（筑摩書房、2014年）17頁以下、114頁以下を、感情に関連する言葉の多様性に関しては、源河亨『感情の哲学入門講義』（慶應義塾大学出版会、2021年）22頁、西村清和『感情の哲学──分析哲学と現象学』（勁草書房、2018年）iv-v頁を参照。

[2] トマス・ホッブズ（加藤節訳）『リヴァイアサン　上』（ちくま学芸文庫、2022年〔原著1651年〕）439頁。

[3] 長谷部恭男『憲法と平和を問いなおす』（筑摩書房、2004年）65頁。

[4] 長谷部・前掲註［3］65-66頁。

[5] 関連して、スーザン・M. オーキン（山根純佳・内藤準・久保田裕之訳）『正義・ジェンダー・家族』（岩波書店、2013年〔原著1989年〕）177頁以下、小島妙子「ドメスティック・バイオレンス──介入と救済の法理」辻村みよ子編『かけがえのない個から──人権と家族をめぐる法と制度』（岩波書店、2011年）159頁（169-170頁）、姫岡とし子「①公私のあり方」同・久留島典子・小野仁美編『〈ひと〉から問うジェンダーの世界史 第2巻「社会」はどう作られるか？──家族・制度・文化』（大阪大学出版会、2023年）30頁以下なども参照。

[6] 参照、三成美保『ジェンダーの法史学──近代ドイツの家族とセクシュアリティ』（勁草書房、2005年）59頁。こうした指摘は数多い。たとえば、次のものを参照。三成美保「いくつかの論点から──議論の架橋をめざして」同編『ジェンダーの比較法史学──近代法秩序の再検討』（大阪大学出版会、2006年）42頁（43頁）：「近代以降、『自由・平等な市民』という擬制のもと、市民男性が『公』的領域の担い手となり、『自然』上、男性と『共通項』を

もつべくもない女性は『市民』たりえず、その結果、『公』的領域から排除された。『市民＝ひと＝男性』にほかならないと、ジェンダー研究は告発したのである。」／若尾典子「女性の身体と自己決定──性業労働をめぐって」岩村正彦ほか編『岩波講座現代の法11 ジェンダーと法』（岩波書店、1997年）247頁（247頁）：「自明の理であるはずの身体の自由を、女性から奪ってきた政治社会の構造が問題にされた。身体の自由を掲げる民主主義社会において、堕胎罪が公然と認められてきたのは、堕胎が一部の不道徳な女性の個人的問題とされてきたからである。」

[7] 詳しくは、吉田徹『アフター・リベラル──怒りと憎悪の政治』（講談社、2020年）243頁以下を参照。

[8] 齋藤純一「感情と規範的期待──もう一つの公私区分の脱構築」飯田隆ほか編集委員『岩波講座 哲学10 社会／公共性の哲学』（岩波書店、2009年）109頁（111頁）。

[9] 齋藤・前掲註［8］111頁。

[10] 齋藤・前掲註［8］113頁。さらに、（合）理性の観点のみから政治を把握することに限界があるという前提から、感情へと着目した検討をおこなう著作として、吉田徹『感情の政治学』（講談社、2014年）を参照。翻訳書として、カリン・ウォール＝ヨルゲンセン（三谷文栄・山腰修三訳）『メディアと感情の政治学』（勁草書房、2020年〔原著2019年〕）も挙げておく。

[11] われわれは、2022年の安倍晋三元首相の銃撃事件を発端として、こうした問題の一端に直面した。参照、島薗進編『政治と宗教──統一教会問題と危機に直面する公共空間』（岩波書店、2023年）。

[12] 概観として、橋本祐子「『法と感情』提題趣旨──法の淵源としての感情の探求」日本法哲学会編『法と感情（法哲学年報2021）』（有斐閣、2022年）1頁以下）。

[13] たとえば、マーサ・ヌスバウム（河野哲也監訳）『感情と法──現代アメリカ社会の政治的リベラリズム』（慶應義塾大学出版会、2010年〔原著2004年〕）、スーザン・バンディズ編（橋本祐子監訳・訳、小林史明・池田弘乃訳）『法と感情の哲学』（勁草書房、2023年〔原著1999年〕）など。

[14] 日本法哲学会の2021年度統一テーマは、まさに「法と感情」であった。詳しくは、日本法哲学会編『法と感情（法哲学年報2021）』（有斐閣、2022年）を参照。

[15] 詳しくは、橋本祐子「刑事司法における『感情』の所在——応報を中心に」論究ジュリスト22号（2017年）34頁以下を参照。

[16] ただし、そのような試みが過去になかったわけではない。石川健治「〈非政治〉と情念」思想1033号（2010年）262頁（262-263頁）による紹介を参照。

[17] スーザン・バンディズ（橋本祐子訳）「序論」同編・前掲註［13］7頁。

[18] 以下も含め、ヌスバウムの議論については、ヌスバウム・前掲註［13］を参照。さらに、高橋秀治「法は感情とどのように関係すべきか——マーサ・ヌスバウムとロナルド・ドゥオーキンの理論を参考にして」日本法哲学会編『立法の法哲学——立法学の再定位（法哲学年報2014）』（有斐閣、2014年）182頁、鬼頭葉子「ヌスバウムの感情論について」文化学年報（同志社大学）71号（2022年）67頁も参照。

[19]「地域感情」の観点から法を問い直す取り組みとしては、憲法学者の新井誠による「感情の憲法学」が注目される。参照、新井誠「地域の利害（あるいは感情）と憲法学——参議院議員選挙の『合区』問題によせて」法学セミナー738号（2016年）18頁以下（とくに23頁・註［18]）。

[20] 川﨑政司「『法意識』——人々の意識・感情と法の役割」同『法を考えるヒントⅠ——キーワードから現代の法を読む』（日本加除出版、2016年）267頁（272-273頁）。

[21] 名古屋地判令和5年5月30日 LEX/DB 25595224。この言い回しは、最高裁大法廷の夫婦同氏制合憲判決（最大判平成27年12月16日民集69巻8号2586頁）の説示に即したものである。

[22] 詳しくは、巻美矢紀「憲法解釈と『国民意識』」青井未帆・新井誠・尾形健・村山健太郎編『現代憲法学の理論と課題——野坂泰司先生古稀記念』（信山社、2023年）107頁およびそこに掲げられた諸文献を参照。

[23] リン・ハント（松浦義弘訳）『人権を創造する』（岩波書店、2011年〔原著2007年〕）。

[24] 高橋和之「人権論の論証構造——『人権の正当化』論と『人権制限の正当化』論（1）」ジュリスト1421号（2011年）52頁（59頁）。

コラム

人に寄り添う道具

野本 洋平

　近年、工学技術はこれまでにないほど私たちが使用する道具に取り入れられている。工学技術の進歩を予測することは、それほど難しいものではないが、新しい工学技術が何かに利用されるとき予測ができないほど急激に用途が変わることもある。工学技術の飛躍的な進歩は、私たちの生活を豊かにする一面もあるが、工学技術を取り入れたものに対する評価と使用者の知識不足が考えられる。身近な例として、スマートフォンがある。スマートフォンを保有している世帯の割合は、2010年に9.7%であったが、2021年には88.6%で約9倍となった。[1]スマートフォンが普及する前は、スマートフォンを使用することで児童の感情のコントロール低下、思考力低下などの問題を心配することはなかった。また、児童だけの問題ではなく、スマートフォンが社会生活に与える問題が議論されるようになり、技術の信頼性などの議論は、普及してから始まるのが実態である。

　しかし、スマートフォンは私たちの生活を便利で楽しくするものと考える人が多く、スマートフォンが日常生活に欠かせないものとなった。スマートフォンの元となる初期の電話は、電話と電話の間に交換手がいて、交換手が電話をつなげてくれることで相手と会話ができた。初期の電話の用途は、身内の不幸など緊急の用事があったときに使用するものであった。電話を利用する人が多くなると交換手に代わり自動交換機を導入して電話をつなげる方法に変わり、さらに電話を利用する人が多くなると自動交換機では、コストなどの問題があることからクロスバ交換機が導入されるようになった。この頃になると緊急の用事だけではなく、県外の遠く離れた家族への近況報告やお友達との世間話などが気軽にできるようになり、私たちの日常生活で身近に使用されるものとなった。その後、普及した携帯

電話は、どこからでも電話ができるようになり、マナーなどの問題はともかく、公共の場所や乗り物でも電話をすることができるようになった。現在、携帯電話はスマートフォンへと姿を変え私たちの日常生活に入り込んできた。スマートフォンは多機能であるため、あらゆることに対応することが可能である。電話の機能はもちろんであるが、電車やバスに乗るときは、スマートフォンがあれば乗車賃の支払いができる。電車やバスで移動している間、スマートフォンで新聞や本も読むことが可能となり、イヤフォンなどがあれば映画などの動画も視聴できる。映画などの動画を個人でみられるプライベート空間が公共の場所や乗り物の中でつくれるようになるとは想像もしなかったが、今では珍しくない光景である。スマートフォンが携帯電話と大きく違う点は、高速インターネットにつながった小さいパソコンになったことだと考える。インターネットにつながったスマートフォンは、情報を発信することができるツールを利用すれば、誰でもテレビのように情報発信ができる。また、スマートフォンは、どこに行くにも持ち歩くことが可能であるため、いつでもどこでも情報収集、動画視聴、コミュニケーション、情報発信、ChatGPTによる業務の効率化・多角的な情報収集・話し相手になるなど、児童から大人まで幅広く使用され、優秀な秘書のような利用もできるようになった。このようにスマートフォンは多機能であるため、使用者の安全性などを考える点が多い。とくに児童の場合、スマートフォン依存による寝不足や集中力低下、認知能力低下はかなり深刻な問題である。

　私たちの祖先は生きることと子孫を残すことが大きな目標であったため、遺伝子情報とその時々の経験から学ぶ知識で生存確率を高め、人生の目的が達成できたのだろう。生きる目的は、文化が発展すると複雑化し、遺伝子情報やその時々の経験以外にも多くの知識を学ばないと生きていくことが困難になった。現在の児童は、国際社会の競争で負けないように英語や情報を小学校から学び、産業や学術の振興のためにより多くの知識が必要である。小学校で英語や情報を学ぶことは重要であるが、恋人をマッチングアプリで探求する人にとって、悪い男・女に騙されないための講座を受講して良き伴侶の見つけ方を学ぶことのほうが重要であると考える。

一方、児童の遊び方も変わってきた。35年ほど前は放課後に虫取り、鬼ごっこ、野球、サッカーなどのボール遊びをする児童をみかけることも多かった。今どきの児童は外で友達と遊ぶよりも、スマートフォンやタブレットに夢中のようだ。スマートフォンはあらゆる動画、ゲームなど簡単に切り替えることができるので、集中力のない児童でも没頭できるメリットもあり、親は付きっきりで面倒をみる必要もないが運動不足、親や友達との直接的なコミュニケーション不足、受け身の姿勢などの問題も考えられる。児童は遊びから創造性、自発性、社会性を育む。スマートフォンでゲームをすることは、創造性や自発性を育むかもしれないが、近年では鬼ごっこやボール遊びで体を動かすことのほうが児童にとっては効果的であることが多くの先行研究で報告されている。私たちが祖先から受け継いでいる遺伝子情報には、外で遊ぶことで能力を向上するものが組込まれているのであろうが、スマートフォンを使用することで能力が向上するものは組込まれてはいないのだろう。しかし、今更スマートフォンを手放すことは難しく、スマートフォンの効果的な活用方法の一つとして、家族でルールを考えるなどの対策をしている人も多くいる。これ自体はとても重要であるが、本質的な解決にはならない。私たちの生きる目的は多種多様となり、生活様式もスマートフォンが中心となっている状況で、児童にスマートフォンの使用を禁止することは難しい。しかし、人が世に生まれることは、世の中や身近にいる人などのために貢献することだと思う。人生の目的が1日の半分以上をスマートフォンで暇を潰すことでは決してない。

　今後、スマートフォンは、ARやメタバースなどとより強く連携していき、運動不足、親や友達との直接的なコミュニケーション不足、受け身の姿勢などの問題がより深刻になることが予想される。教育の現場では児童の学習効率や意欲を高めること、教員の負担軽減などを目的として、ICT機器を積極的に利用している。方針はよいことだと思うが、児童はインターネットを駆使することで、最短経路で知識を得ようとすることが多くなる。児童はインターネットの使い方は上達するだろうが、最短経路で得た知識は能動的かつ試行錯誤しながら得た知識とはまったく違う。このことは物理で学んだ作用と反作用の原理と同じである。たとえば、美味しい

料理店を調べるときにあるインターネットサイトの評価点を参考にして、料理が美味しい・美味しくないお店とわかったつもりでいる人がいるが、インターネットで調べたことによって、お店が提供している料理の美味しさを評価できるはずがない。この場合の能動的とは、積極的に料理店に行き店構え、店内の様子、接客などをその場で体感することである。気に入った料理店は、美味しい料理だけではなく、店員の気持ちの良い接客などによってセロトニンの分泌が促され幸せな気分にさせてくれる。料理の味はお店の雰囲気を総合的に感じながら味わうものである。すなわち、料理店に行った動作は大きな作用となりその結果、反作用として大きな反応が得られる。スマートフォンやタブレットの画面を指でなぞるような動作からは、大きな反作用はない。人種差別や戦争を学ぶ方法として、歴史の本を読み経験者の体験を聞くことは重要であるが、一人で外国に行き人種差別を経験したときは、本から学んだことよりも大きな反作用として、人種差別がいかに愚かであるかを強く実感するだろう。人種差別や戦争を実際に経験することを教育に取り入れることはできないので、ARなどの技術を応用して人種差別や戦争を模擬的に経験させることも方法の一つだと思う。しかし、必ずしもARなどの技術で提供するリアルな環境における体験だけでは正しい知識が得られるわけではない。むしろ、さまざまな本を読み体験談を聞いて多くの知識が蓄積されることで、偏った考えではなく多角的な思考ができるようになる。さらに蓄積された知識と合わせて、人種差別や戦争が人の感情にどのような影響があるか理解することが重要である。現在、人類が作った道具によって人類滅亡の危機が論じられている。教育現場では危機を回避する方策を法学、文学、哲学、工学などの学問の垣根を越えて総合的に検討し、大人が作った道具で児童の才能の芽を摘むことのないように教育環境を急ぎ整備しなければいけない。

註

[1] 総務省　令和4年情報通信白書

第2部

これからの言語教育

序 論

Language and Language Education as Tools for Understanding and Adapting to the Changing World
変化する世界の理解と適応を可能にする ツールとしての言語と言語教育

Howard Brown

In the second section of this book, we turn our attention to language and language education. In these days of change, considering the role that language plays in our lives and how acquiring a new language can influence our lives is a key concern.

On the one hand, technology is changing how we interact with language. During the coronavirus pandemic, we all became more familiar with new tools for communication. Like many aspects of our lives, language education shifted online and remote connections became the norm. We have returned to face-to-face interactions in the classroom but the new tools we mastered are still part of our lives and they have made international and cross-cultural communication easier than it has ever been. And more recently, new technologies are presenting both an opportunity and a challenge for language education. Generative AI and automatic translation tools have made it easier than ever before to communicate across language barriers. We have tools in our pockets that our parents and grandparents could never have imagined. And those tools are leading some to believe that the era of language learning as a necessity is coming to an end. While at the same time, AI tools are giving language learners new and exciting ways to interact with language and polish their proficiency and creating an opportunity for a renaissance in language education.

On the other hand, changes in Japan's society are creating greater needs for intercultural understanding and communication. Japan's population is shrinking while the number of foreign people in Japan, both visitors and long-term residents, is skyrocketing. This creates a double-sided need for language education. It is now more important for Japanese people to have language proficiency in English and other languages along with skills for intercultural communication and an acceptance of other ways of life. At the same time, there is a growing need for Japanese-language education as part of creating a multicultural society.

As you read the chapters in the second part, keep these issues in mind. Consider how much smaller and more interconnected the world seems now for your generation, and how it will be even smaller in the future in ways no one can predict. As a language learner and a language user, how will the changing landscape of language education affect you? And how will you adapt?

第2部では、言語と言語教育に焦点を当てます。変化の激しい今日、言語がどんな役割を果たしているのか、また、新しい言語を習得することによってどんな影響があるのかを考えることが重要となっています。

　一方では、IT技術によって私たちの言語との関わり方は変わりつつあります。コロナウィルスの大流行で、新たなオンラインコミュニケーションツールがより身近なものとなりました。生活の多くの場面においてもツールの活用が進んだように、言語教育もオンライン化され、遠隔地とつながることがごく当たり前のこととなりました。教室では対面授業に戻りましたが、習得した新たなコミュニケーションツールは今では私たちの生活に定着し、国際的かつ異文化間のコミュニケーションがこれまでとは比べ物にならないほど気軽におこなえるようになりました。さらに最近では、生成AIや自動翻訳ツールといった新たなテクノロジーが登場し、言語教育における可能性と課題の両方をもたらす存在となっています。こうした新たなテクノロジーを使えば、言語の壁を越えたコミュニケーションもかつてないほど容易にできるようになりました。私たちにとっては、すでにそれが当たり前のこととなっていますが、一世代前の人たちには想像もできなかったことでしょう。そして、これらのツールの出現によって、言語学習が必要不可欠であった時代が終わりを告げようとしていると考えている人もいます。同時に、AIツールは、言語学習者に言語とのふれあい方や熟練度を磨くこれまでにないエキサイティングな方法を提供し、言語教育のルネッサンスの機会を生み出しています。

　日本社会の変化によって、異文化理解や異文化コミュニケーションのニーズも高まっています。日本では、人口が減少する一方で、訪日外国人や長期滞在外国人の数が急増しています。そのため、日本人にとっては、英語や他言語の語学力とともに、異文化コミュニケーションスキルや異なる生き方を受け入れる姿勢を身に付けることがより重要になっています。同時に、多文化共生社会づくりの一環として、外国人に対する日本語教育の必要性も高まっており、語学教育にはこうした両面的なニーズが生まれています。

　こういった背景を念頭に置いたうえで、第2部を読み進めてみてくださ

い。具体的には、皆さんの世代にとって、世界との距離感はどのくらい縮まり、どの程度相互につながっているように見えているのか。将来、誰も予測できないような形で世界がどれほど小さくなっていくのかを考えてみてください。言語教育の変化は、言語学習者または第二言語使用者である皆さんに、どのような影響を与えるでしょうか。そして、皆さんはどのようにその変化に適応していけるでしょうか。

1

Internationalization of Higher Education

Howard Brown

In the past 25 years, all over the world, higher education has been changing and becoming more international. Universities have more connections to partner schools in other countries, more students are studying abroad, more classes include international contents, and more companies want to hire graduates who have international skills. In this chapter, we will think about some key questions in order to learn about how and why the internationalization of higher education is happening in Japan.

What is Internationalization?

When we think about how universities are becoming more international, it is important to understand what "international" means. But actually, the definition is somewhat vague and many different things can be called international. When we talk about internationalization of higher education, we normally think of three important factors. First is the number of inbound international students, the number of students from other countries coming to Japan to study. Next is the number of outbound students, the number of Japanese students who go to other countries to study. And finally is the number of international programs offered by universities.

How is Internationalization Progressing in Japan?

In Japan, the internationalization of higher education has been progressing quickly since the early 2000s, especially at universities. In the past 25 years, Japanese universities have become much more international in several interesting ways.

First, the number of inbound students coming to Japanese universities from other countries has increased dramatically (JASSO, 2022). As you can see in figure 1, only about 50,000 students from other countries came to Japan each year in the 1990s, but that number started to increase quickly in the 2000s. By 2010, about 140,000 students were coming every year. And in 2019, about 225,000 students came to Japan to study at university. Of course, after 2020 the number of inbound students decreased very quickly due to the impact of the coronavirus pandemic. However, the government and universities are working hard to encourage students to come to Japan again, and the government has a goal to increase the number of inbound international students to 400,000 per year by 2030.

Not only the number of international students, but also the diversity of students is increasing (JASSO, 2022). In 2012, almost 80% of all

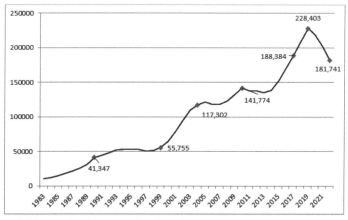

Figure 1. The number of international students studying at universities in Japan.

international students studying at universities in Japan came from just two countries China and South Korea. However, in 2022, the situation was very different. Students from China were still the largest group, but only 43% of international students were from China. More than half of the international students came from various other countries and regions including Nepal, Taiwan, and Shri Lanka. In particular, many international students came to Japan from ASEAN member countries.

The number of international students coming to Japan increased but at the same time, the number of Japanese students studying abroad also increased (MEXT, 2021). In the early 1990s, only about 17,000 Japanese students studied abroad. But by 2004, almost 83,000 students went abroad. The number deceased a little after that but it increased again, and in 2019 more than 80,000 students from Japan went abroad to study. Similar to inbound students, the number of outbound students decreased very quickly during the coronavirus pandemic, but in 2023, the number of Japanese students studying abroad began to increase again.

Although the number of students studying abroad increased before the pandemic, the amount of time they were overseas is problem. Almost 70% of Japanese students who study abroad stay overseas for less

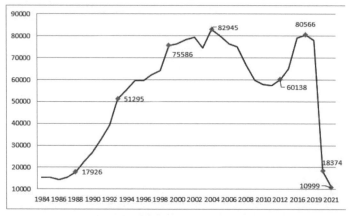

Figure 2. The number of Japanese students studying abroad.

than one month (MEXT, 2021). The government is trying to encourage students to stay overseas for a longer time, at least 6 months. The government also has a very ambitious goal to increase the number of Japanese students studying abroad to 500,000 per year by 2030.

Student mobility, international students coming to Japan and Japanese students going overseas, is not the only way higher education is becoming more international. Japanese universities are internationalizing on their own campuses too. Many universities have an international focus on their curriculum and classes, and many university teachers are international. About 5% of all university teachers in Japan are from overseas (Huang, 2019).

One of the main ways that universities are becoming more international is by creating international programs, especially programs taught in English. In these programs, students study classes in their major field in English instead of in Japanese. The lectures, textbooks, class discussions, and assignments all happen in English. These classes are popular with international students who find Japanese difficult, and with Japanese students who want to challenge their English skills and have an international experience without studying abroad. A few Japanese universities, about 35, have programs where students can study all of their classes in English and many more, almost 400, have programs where students can study some of their classes in English and some in Japanese (MEXT, 2021).

Why is Internationalization Progressing in Japan?

For universities, internationalization has several important benefits. The most direct benefit is increasing the number of students. Japan is an aging society and the number of young people who go to universities is decreasing. This means that it is difficult for universities to recruit enough new students. At the same time, the amount of money universities receive from the government is decreasing. So, universities are under pressure to recruit more students. One way to directly recruit more students is by appealing to international students. If they come to Japan to study, they can support universities by paying tuition fees.

However, recruiting international students is not easy for universities in Japan. Because of globalization, students who want to study abroad now have many choices of where to go. The most popular choices are the English-speaking universities of America, England, and Australia. But, universities in Europe are also becoming more popular for international students. And in Asia, universities in China, South Korea, and Singapore are working hard to recruit international students. Japanese universities face difficult competition to attract high-quality international students.

Japanese universities also have an indirect benefit from internationalization. International programs and an international feeling on campus have become important ways that universities appeal to domestic Japanese students. So, if a university has more inbound international students, more opportunities for outbound study abroad, more international teachers, and more international programs on campus, they can appeal to Japanese high school students. In fact, most of the university ranking lists in Japan measure internationalization as one of the main factors in a university's rank.

Universities in Japan also work to internationalize to respond to pressure from the government. For the government, internationalization has been a top priority, especially from 2000 to 2020, and the government has encouraged universities to become more international. Universities with strong internationalization programs can get more support from the government.

For the government of Japan, the internationalization of universities is an important goal for several reasons. First, Japan is trying to support universities. The government cannot provide enough money for universities, so encouraging them to internationalize is a way to support them.

Also, Japan is hoping that internationalization of higher education will be good for Japan's economy in the future. For international students, Japan is hoping they will stay and work in Japan after they graduate. As part of the aging society, Japan is facing a labor shortage. There are not enough young people to work in Japan. So, the government is hoping many of the international students who come to study will also work at part-time jobs while they are a student, and then work for Japanese companies after they graduate. Even if they do not stay in Japan, theses students can help create a connection between their country and Japanese companies.

For Japanese students, the government wants young people to have a more international outlook. The government believes that in the future, Japan will need more young people who can work in an international environment. Japanese companies need workers who can speak foreign languages, understand different cultures, and work with many different kinds of people. The internationalization of higher education is one way to create that kind of young people.

And finally, for the government of Japan, internationalization of higher education is one way to compete with rival countries. In the 20th century, Japan was the clear leader in Asia. From the 1950s to the 1990s, Japan had the strongest economy in Asia. Japan was also a political and cultural leader in Asia. But since 2000, Japan's position is not as clear as it used to be. Other countries in Asia, especially China, South Korea, and Singapore, have very strong economies and play important political and cultural roles in Asia. Internationalization of higher education is one way that Japan competes with these rivals. So, the government of Japan puts a high priority on encouraging universities to be more international.

What will Happen in the Future?

For the past 20 years, internationalization of higher education has been a top priority for the government of Japan. The government and universities have invested a lot of time, money, and effort in internationalization projects. Recently, the government's focus on internationalization has become a bit weaker. Other new priorities have become more important, especially data science and AI.

However, internationalization has become a standard part of university life in Japan and that will not change. Universities will continue to recruit international students and appeal to domestic students with international programs. Japanese universities will continue to internationalize.

References

Huang, F. (2019). International Faculty in Japan. *International Higher Education*, 96, 18–19.

JASSO. (2022). *Result of an annual survey of international students in Japan 2022*. Japan Student Services Organization. https://www.studyinjapan. go.jp/en/statistics/zaiseki/data/2022.html

MEXT. (2021). *Reiwa 3-nendo gakkō kihon chōsa (kakutei-chi) no kōhyō ni tsuite [About publication of 2021 school basic survey (confirmed value)]*. Ministry of Education, Culture, Sports, Science and Technology - Japan. https://www.mext.go.jp/content/20211222-mxt_chousa01-000019664-1. pdf

2

From High School to University English: Experiences and Reflections

John Adamson

Introduction

As April brings a fresh group of students into the university, English teachers and students face each other for the first time, at times nervously but with some excitement. After years of studying English at school, students may wonder what kind of lessons they will take. In this short paper, I will draw upon some of my practical experiences as an English professor in teaching Japanese freshmen, and also mention some key research related to those experiences.

I am an English teacher and, importantly for me, a qualitative researcher which means that I am interested in human behavior, ways of thinking and how to explain them. For my research, I talk to teachers and students a lot and write research about my discussions with them. Much of my research has looked at how students learn and teachers teach English and many of the reasons for those studies can be connected to how people have learned and taught before coming to the university. Most Japanese students entering our university started English classes in their junior high school days and some attended cram schools to prepare for important entrance tests. These experiences shape young minds into the kind of freshmen that first walk into their April English classes. How they were taught in classes or by themselves at home influences their expectations of the university English classes they take.

I would like to outline some of my key experiences over the years teaching English to university students at this important first year stage, a time of great change for young people. My experiences and reflections are grouped into the following short sections: learning actively and collaboratively; using all your languages and skills and translating for a purpose; content and language integrated learning; reading extensively; writing as a process; keeping good notes and developing long-term autonomy in learning, and, finally, becoming a young researcher. I have made a diagram to try to make these ideas clearer below:

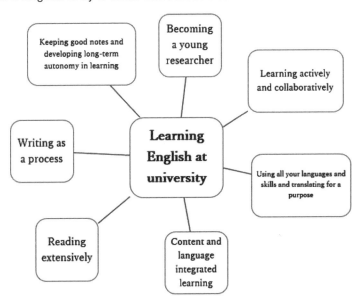

Diagram 1: Learning English at university

At the end of this paper, I will draw some conclusions and reflect upon teaching and learning at the university 1st grade stage.

Experiences and reflections

As I write my experiences and reflections, I will refer to some research that I have done myself or feel is useful. Those references are all listed at the end of this paper.

Learning actively and collaboratively

Many students who first enter the university English class need to study in a different, more active way to their high school days. At university, in parts of the lesson students are asked to do pair work and group work to practice language. This may be a little unfamiliar for some students and even uncomfortable. It's good for practicing language as finding the time to talk directly to the teacher may be limited. The teacher may give the language to practice and then arrange an activity or "task" in which that language can be used; for example, going to a restaurant, making a complaint about something bought in a shop, or negotiating a price in a business deal. Teachers often try to create a real-life, authentic purpose for using the language, called "task-based learning." This is a kind of role play or simulation of real life in the classroom which requires some preparation of expressions, vocabulary and grammar before the task and students must work together, or 'collaboratively.' This can be exciting for many students, but others may feel it is a waste of time or that some group members work less than others and are lazy. When the teacher is monitoring the class during tasks, they can often notice who is working hard or not and may quietly encourage the less active students to study harder. In a way, collaborative work in the language class is similar to any other type of collaboration in education or work - some people naturally work harder than others. The experience, though, is important for 1st year students as learning how to communicate with classmates is like working in a team in an office. Human relations are complex but avoiding them will not prepare students for the reality that collaboration is really important.

Using all your languages and skills and translating for a purpose

In some English classes, the teacher may say 'No Japanese, please' because it is an English lesson and chances to use English in Japan are limited. That is called a 'monolingual' approach to learning English. It's a fair argument to have an 'English only' policy but other teachers, like me, have another opinion. We believe that it's useful to allow students to use some Japanese when studying English. But when? For example, when the instructions for a task or activity are a little difficult in English, the teacher could give a quick explanation in Japanese. That improves comprehension and makes that part of the lesson quicker. Additionally, some tasks require detailed planning, for example, a group presentation for which students need to discuss what to include in their presentation or the design of a poster or PowerPoint. Lower proficiency level students may not yet be able to negotiate such things in English yet, so a Japanese discussion may be more efficient. Of course, such stages of a lesson can be conducted in English but the teacher needs to teach that language first. The final product (the presentation, the report, the role play etc) should be in English but the process to prepare for it may benefit from some Japanese language use, especially for lower proficiency students. A colleague and I researched how we allowed Japanese to be used in an English class some years ago (Adamson & Coulson, 2015) and found that the English reports that were written by students often required quotations from Japanese books and articles. We discovered that some reports included more than 50% of Japanese reading references because the theme of the report was about a Japanese topic; for example, the Great Tohoku Earthquake in 2011 and how that region could be revitalized was a popular report theme about which there were many more good, useful Japanese language articles than English language articles. If we had told students not to use such articles, then the final reports would not have been so insightful.

So, in summary, some Japanese can be helpful in a lesson in a kind of bilingual approach to teaching and learning. This use of both languages is called "translanguaging" (Blackledge & Creese, 2010) and is thought to be a practical and natural way to learn languages. It is also argued that translanguaging prepares students for the realities of a multilingual world in which people change languages frequently. In practice, in the high school English language classroom in Japan, there has often been a lot of Japanese used to teach English, called *yakudoku*. That, as many Japanese students know, is often a struggle as all English words need to be translated into Japanese. At university, however, as I have explained in the report writing about the Great Tohoku Earthquake, it is not necessary to translate all of an article. Only the important parts of a Japanese article need translation which means that there is a clear, practical purpose for translation. The skill is to find what part of the Japanese article is useful for the English report.

Content and language integrated learning

One growing trend in university English programs in Japan and around the world is the approach to teaching called CLIL (content and language integrated learning). This is a lesson, or even just a part of the lesson, when the teacher uses some materials from the students' content curriculum, for example, economics, politics, comparative culture or environmental studies. Although the English teacher is not a specialist in that content, they become familiar with it so that they can use the material for a task or activity. They may sit down with a content teacher to discuss what materials are best to use in the language class. As students are already familiar with this content perhaps in Japanese, it is said that CLIL can motivate students to study. CLIL lessons focus on both the language and the content of the materials (Coyle et al., 2010) which is different to high school English lessons which have mostly a language focus. Such CLIL lessons may be a little confusing at first for students as they wonder if it is a language or a content class but they can understand its benefits if they need to take English-medium instruction (EMI) in that subject. The CLIL class is one way to prepare students for EMI.

Reading extensively

Many classes have reading materials for the students. Usually in class the teacher will give students a passage to read and then discuss or write about it. Reading in English is a challenge for many Japanese students, especially authentic articles or books which are used in western universities. To help students get used to reading and to enjoy it more, extensive reading (ER) is different in that the books are simplified and have different levels of difficulty (Day & Bamford, 2005). Students are encouraged to choose their own genre (fiction books like drama, romance, action etc or non-fiction books like those about the environment, culture etc) and to read quickly, not stopping to check every word in the dictionary. It is said that students acquire good reading habits if they read a lot of extensive reading books (or 'graded readers') regularly and those habits are transferred over to authentic reading. ER is also a way to find how already known and new vocabulary is used in a text. These kinds of books can be found in the library or the university SALC (Self Access Learning Center) where staff can advise students which books to borrow.

Writing as a process

At university, academic writing becomes more important than at high school. In English classes where academic writing is taught, it may seem a long, tiring process for new students. High school students have some experience writing for a standard test like STEP but that kind of writing needs to be done quickly in a timed manner and without reference to resources like dictionaries or books. Writing a research report at university may take weeks and involve searching for information in a library or online, or even gathering original data which then needs to be analyzed. Planning is important, not only for the content of the report, but also for the language. English teachers help in this long process by encouraging students to brain-storm ideas and discuss them with a partner. Drafts of the report are recommended which then need to be checked, not only by a teacher, but by students themselves - the 'self-editing' process in which a checklist of language items reminds students what errors or slips to avoid. Common mistakes among many Japanese writers are a lack of logical and critical thinking and providing evidence for ideas. Many Japanese freshmen have not written much even in Japanese at high school so have little experience in how to write a report. Frequently, English classes at university give students their very first experience of writing a report. As writing is so important at university, making writing a habit in student life is key to writing well. Picking up a pen or opening a document on the PC to write something regularly - a report, notes about a lecture, a diary - needs to become everyday practice for a university student.

Keeping good notes and developing long-term autonomy in learning

A student's daily academic life involves going to small or large classes. Some teachers ask students to do regular homework or prepare for a long-term report or presentation. Whether they do these activities alone or with friends depends on how that student likes to study but as university life progresses, more and more things need to be completed outside of the classroom. In any university, students can be seen in class, in the library, in a corner of a cafeteria or quiet area studying. Some of these areas have teachers who are in charge of an area (a classroom, a lecture room etc) but others are teacher-free areas where the student decides how to study or even simply relax. Students in such teacher-free areas frequently look at their notes, textbooks or readings to try to make sense of what they have studied. Good note-keeping of important points in a lesson is key as students cannot remember everything they have learned. It's a skill that teachers do not often teach but is so important for effective, independent study. Clear writing with important points highlighted make it easier to recall the lesson. But it all depends on how well the students have listened, understood and made the effort to write good notes.

Learner independence, or 'autonomy', is a kind of study skill which is promoted in one newer kind of 'space' in the university, called SALC (Self Study Learning Center). In our university, we opened a SALC in 2009 but students were initially confused about its purpose and how to use it. Some thought it was an extra library, PC room, spare classroom, or place to meet friends but gradually began to understand its purpose more clearly and visited it regularly. We researched how they used it and thought about it in a study (Adamson et al., 2012) which helped us improve its materials and purpose. SALC is basically a place for self-study by students alone or with a group. There are extensive reading books, CDs, DVDs for English, Korean, Chinese and Russian self-study. It is staffed with three bilingual 'mentors' who advise students in their language studies to become effective, self-directed learners. Studying in the classroom only is perhaps typical at high school but, at university, SALC offers the chance to become less dependent on the teacher. So much can be learned away from the classroom.

Becoming a young researcher

From what I have written so far, it is hopefully clear that teachers of English here also are researchers. We teach a lesson and then hurry back to our offices to write a research report. As well as preparing lessons, we also read, collect data, analyze it, discuss it with other teachers and do academic presentations in conferences. Our lives are busy, full of critical thinking about our work and research and, importantly, fulfilling. In a similar way, we want students to look at us as possible models how to study and to become young researchers. That means that the purpose of studying English is not just to be good speakers, but also good readers, listeners, note-takers and critical thinkers who can use Japanese and English effectively. Student life should be full of active learning and research, unlike passive thinking to prepare for a standard test.

Conclusions and reflections of teaching and learning

In conclusion, when studying English at this university, new students may need to study in a different way to high school. In diagram 1, the seven points can be a challenge. There are still some tests like in high school but mainly teachers try to prepare students for studying academic English in the long term. That means that students must be more independent (autonomous), organized, think for themselves and become young, active researchers. Those characteristics are quite different from the high school goal of passing entrance exams. High school English study was important but as high school students become young adults, there are fresh challenges about what they learn and, naturally, how they learn. Remember that university teachers teach and research about their teaching and how students learn. They are always active in thinking of how to improve the lessons and how to motivate students. Students are an important part of that process and also need to think actively about how they study.

Here are some final questions for you to think about.

1. How are your university English lessons compared to your high school days?

2. How are your English teachers at university compared to your high school teachers?

Good luck with your studies!

References

Adamson, J. L., Brown, H.G., & Fujimoto-Adamson, N. (2012). Revealing Shifts and Diversity in Understandings of Self Access Language Learning, *Journal of University Teaching & Learning Practice,* 9(1), 1-16. http://ro.uow.edu.au/jutlp/vol9/iss1/5

Adamson, J.L., & Coulson, D. (2015). Translanguaging in English academic writing preparation. *International Journal of Pedagogies and Learning* 10(1), 24-37. http://dx.doi.org/10.1080/22040552.2015.1084674

Blackledge, A., & Creese, A. (2010). Translanguaging in the bilingual classroom: A pedagogy for learning and teaching? *The Modern Language Journal,* 94, 103–105. https://doi.org/10.1111/j.1540-4781.2009.00986.x

Coyle, D., Hood, P., & Marsh, D. (2010). *CLIL: Content and language integrated learning.* Cambridge: Cambridge University Press.

Day, R.R., & Bamford, J. (2005). *Extensive Reading in the Second Language Classroom.* New York: Cambridge University Press.

3

From Emergency Remote Teaching to Post-COVID Times: Teachers and Educational Technology

Melodie Cook

Background

It may not be surprising to learn that during the beginning of COVID, many language teachers were in a state of panic, trying to figure out how to use technology to teach their classes from home. After a lifetime of face-to-face teaching, many of them were quite unprepared to tackle new challenges such as "How do I use Zoom?", "How can I manage classes when I can't see my students?", and "How do I do groupwork online?" among others. However, one unofficial organization, called Online Teaching Japan (OTJ) was created in 2020 and in that group, teachers began sharing information and helping each other adjust to the changes they were facing.

According to a paper by Cook and Noxon (2023), such groups are essential for teachers who may be inexperienced in using educational technology. Research has found that teachers tend to need professional learning networks (PLN) and may learn how to use new teaching methods more easily from their peers than from administrative organizations. To find out if this was true, I interviewed Adam Jenkins, a self-taught educational technology specialist and long-time member of OTJ who was instrumental in helping other teachers through the initial emergency remote teaching (ERT) crisis which began when schools started closing their doors and asking teachers and students to work from home in 2020. I asked him to tell me about educational technology use before, during, and after COVID-19. What he had to say was surprising, I felt, and his stories worth telling.

Who is Adam Jenkins?

Adam currently works as a lecturer at the Shizuoka Institute of Science and Technology and at his side-business WiseCat. He holds a graduate diploma in Adult TESOL, a Postgraduate diploma in Applied Linguistics and a Master of Applied Linguistics in TESOL. When it comes to educational technology, Adam is self taught and has no formal qualifications in IT. However, he has been using educational technology for 18 years and training university professors for 13 years in using it. Adam joined OTJ a few weeks after it began in March of 2020. In his own words: "I found the general 'let's help each other' attitude prevalent … and I became a regular attendee." Before the COVID pandemic, Adam says that he had been "a long-term advocate of edtech" however, most people like him tended to belong to small groups interested Computer Assisted Language Learning (CALL). He says that before the pandemic, he was "ridiculed multiple times as being 'more interested in technology than education. After a decade of that prevailing foul wind, the change was most refreshing."

Adam's use of Educational Technology Before and After ERT

In the mid to late 2000s, Adam says he mainly used computer games as a way for children to learn mathematics. He focused particularly on teaching times tables and said that "[t]he kids, interestingly, weren't satisfied stopping at 9x9 and insisted upon continuing to study up to 15x15." Also, in the mid 2000s he began working at part-time at his current employer, where he now holds a tenured position. He realized that students studying English were not engaging with the language enough, so he searched for an online remedy to this problem.

I then found a free PHP[1] Bulletin Board system that I could set up and a few other bits and pieces like flash-based crossword puzzle generators. Using these, I could give students fun activities to study alone as well as have online forums where students would engage with each other multiple times throughout the week.

When he told colleagues about he was doing, someone asked why he wasn't using the Moodle (Moodle, n.d.) (an open-source learning platform) for that? At that time, he didn't know what Moodle was, so he began researching and sharing what he was finding it could do for him as a teacher and for his students as learners. Because of his many contributions to his institution over several years, he was offered a full-time, then later a tenured position:

[A]fter I set up my first Moodle, I soon invited colleagues to use it and they were thrilled at the educational boons provided by the additional platform. After investigating alternatives to Moodle, we later shared it with all faculty as it became apparent that the educational improvements could be enjoyed by all if we shared the system (this is also why we stuck with Moodle and didn't move to more language-focused platforms). Proposing this addition of a university-wide e-learning platform, I was hired full-time in 2011, and transitioned to a tenured position around 2015.

Adam's Thoughts on Language Teachers' Use of Educational Technology

Adam's Language-Teaching Colleagues' Use of Educational Technology Before ERT

Adam estimates that before COVID-19, only about 15% of his colleagues were using educational technology, usually for making small class websites, or making PowerPoint files available to students online. He describes the situation, and his colleagues' reactions to his using it somewhat negatively:

> *It was very patchwork and haphazard. At my university, this slowly changed with (non-language) teachers after I was hired full-time and created a platform that we could all share. Mentioning these successes at the Japan Association of Language Teaching (JALT) meetings etc. (I) was frequently met with derision and my being labelled a "geek." At one stage I was even told that I would not be allowed to present on e-learning for at least 2-years because there had been "enough geeky stuff."*

However, although he says in CALL circles the situation was more welcoming, teachers there were focused solely on language teaching and not the wider benefits of using educational technology. This, he says, is why educational technology tended to have a poor reputation. "Anyway, that was the landscape and probably about 1 in 6-7 people were using edtech back then."

The Most Common Concerns Coming from Teachers at the Beginning of COVID-19

Adam's answer to my question about the most common concerns

of teachers at the beginning of COVID-19 surprised me somewhat. Although learning how to use Zoom was one of the biggest hurdles teachers needed to overcome, what concerned Adam most was that teachers were focussed on technology solely and not on its pedagogical potential. It appeared to him that,

> *Teachers were asking "How can I replicate this activity in Zoom?" rather than thinking of new ways to teach the content. I preferred and encouraged the "Reduced/Altered Toolset Teaching" (RATT) mindset. In RATT, the task of teaching (the goals etc.) remain constant, though the tools available have changed (with some tools like F2F classrooms becoming unavailable). So instead of asking how to replicate prior practice, one should instead ask how the new tool (say Zoom) can be used most effectively to achieve the educational goals. This mindset will surely yield better pedagogical practices in this new educational environment.*

For Adam, it was disappointing that teachers were trying to find ways to force educational technology to reproduce the F2F classroom experience identically without change, rather than exploring new ways to let students interact with the content.

Services Adam Found Himself Providing to Language Teachers at the Beginning of COVID-19

While Adam humbly says he didn't provide teachers with many services, he, in fact did, primarily in three ways. First, he created a platform called Jamoo, gave advice to teachers through OTJ Summer Sessions, and gave presentations to large groups of teachers on how to use educational technology. About the first, he says,

Jamoo was perhaps an interesting one. The name is a portmanteau of "Ja-pan" and "Moodle." The concept was based off the Estonian HITSA Moodle project where they have a national Moodle that anyone in the country is free to use. Jamoo was offered to anyone and everyone in Japan, and there were several teachers who made use of it in the early days of the pandemic. I built Jamoo as a project of the Moodle Association of Japan, and it was sponsored by Digital Ocean and AWS who provided the servers for free. The Jamoo project ran for one year after which all the users were migrated to more sustainable arrangements.

I thought this was an impressive achievement.

Regarding the OTJ Summer Sessions (2020), in which there were an impressive 33 presentations attended by approximately 150 people, he modestly said,

The OTJ Summer Sessions were quite simply a gathering of people in OTJ to share what had been learned and let people compare notes on how they got out of ERT. Jose and David Juteau (the creators of OTJ) asked me for a Wordpress site that could be used to host the schedule and so we hodge-podged a site together. For the sessions themselves, I saw our role (José and mine) as "calendar managers with a dash of publicity" … We guessed that people might want to get together and compare notes, and yeah, they did.

As one of the presenters myself, I enjoyed these sessions and felt them to be extremely helpful. I asked my colleagues for ideas for re-orienting a face-to-face content class into an online format. This resulted in a long list of advice that I immediately began using.

Finally, with regards to the presentations Adam did, he felt they were mainly question-and-answer sessions about Moodle. Again, although Adam wanted to focus more on pedagogical than technical issues, he felt he was less effective in doing so.

Issues During the Pandemic

I asked Adam about, as the pandemic progressed, what kinds of issues were coming up for language teachers. Did the number of issues stay the same or begin declining over time? Finally, why did this happen, in his opinion? He responded that the number of issues "most certainly declined." Once teachers knew how to the use the technology they were required to use, they stopped asking questions about it. However, he still wanted to "advocate shifting the discussion from technical issues to pedagogical issues while remaining focused on the use of edtech." Now, he is focusing on how teachers are negatively reacting to the arrival of ChatGPT and the AI revolution. In contrast to many of his colleagues, he is positive about these and how they can be used and heatedly answered:

> To be brutally honest, I'm sick to death of hearing about AI and especially, being told that it's "scary." Give me a break! I had some hope that people may consider how classroom practice needs to adapt in a world where AI is freely accessible (and to be fair, this is happening to some extent – see work by Louise Ohashi [a colleague who is publishing and presenting about the benefits of AI] for an example), but more so, I see "wow! It can do everything!" or "How can we stop cheating?" or "be scared, AI is coming after your job!" My kingdom for a discussion of how ChatGPT can be used to EMPOWER students, rather than police them.

"Forcing" Teachers to Use Educational Technology

I asked Adam if he thought the COVID-19 pandemic "forced"

language teachers to use educational technology and were most teachers ready to adopt it or worried about it. Again, he responded that yes, he thought it did, but that it didn't "force" them to use it as beneficially as they could have. He feels that many teachers will eventually go back to traditional ways of teaching, which Adam refers to as "chalk and talk":

Unfortunately, it didn't force teachers to use edtech well or effectively. Most teachers weren't ready to adopt edtech and arguably, they didn't "adopt" it at all (use ≠ adopt). Some teachers did adopt edtech use and these teachers will continue to use edtech into the future to augment and enhance their teaching practice. However, others (perhaps even most) are happily dropping the use of edtech, not at all interested in improving their teaching by using edtech tools. They go back to their chalk and talk ways and will probably soon start calling people like me "geek" again… Sigh!

My last question to Adam was if he felt language teachers being "forced" to use educational technology was a good thing and why or why not. While he felt that many teachers became stronger as a result of being forced to teach under "new and challenging circumstances", had benefits with regards to accessibility, and increased all teachers' awareness of learning management systems, he also felt that many teachers were happy to go back to their former ways of teaching.

Teachers who held strong beliefs pre-pandemic that screens are evil and edtech is without purpose… they have just become even more entrenched in their beliefs. For some, the reasons their online lessons were unsuccessful were most likely due to misuse of the tools, but there's no convincing them of that and also, no point. Many are now returning to luddite teaching practices as much as they can. Forget about improving teaching by using tools judiciously and effectively to achieve educational goals, let's just call it geeky and dismiss it. I'm not saying that the whole teaching profession is like this, and my caricature is a little exaggerated, but it does portray a not insignificant portion of the teaching profession.

According to Adam, there has been a "slight increase" in the use of educational technology since the COVID-19 pandemic began. While some teachers who didn't use educational technology pre-pandemic, but who "wanted to improve education for their students, they have become more willing to use edtech and more aware of the potential benefits that can be gained from edtech use." However, he admits there remains a cohort of teachers who have always viewed educational technology in a negative light and will likely continue to do so.

Conclusion

Through this interview with Adam Jenkins, I realized that I was one of those teachers who, while happy to learn about new teaching technologies, was also happy to return to using textbooks and some "traditional" teaching styles. However, thanks to people like Adam and OTJ, I learned how to use many tools and am regularly using software, such as Zoom, for when students are unable to come to class; Flipgrid, to help students have more out-of-class opportunities to practice speaking; and platforms, such as Google Drive, to make course materials easily accessible to students. Thanks to this interview, I also recognized that teachers need to focus less on the practicalities of using educational technology but seek to find technologies that will help them improve their teaching practice, so that they can get further away from "chalk and talk".

Note

[1] https://en.wikipedia.org/wiki/PHP?fbclid=IwAR35My6NGU1cHP3wE8pYz38
NNxGe2AmxKDoIcklmaQcj5NxA75A9ixKbSVQ

References

Cook, M. L. & Noxon, E. (2023). Helping teachers get on board with technology: Training within communities is the key. *JISRD: Journal of International Studies and Regional Development*. 14, 1-10.

Moodle. https://moodle.org/

Online Teaching Japan. https://www.facebook.com/groups/603548090241536/

OTJ Summer Sessions 2020: https://onlineteachingjapan. com/summer-sessions-calendar/?fbclid=IwAR1XVs7P-M_ Wsx1vJHW9jAFck9oWsp0bsKHhzX3mZF_JyxyEn0MSmJ90Le4

4

韓国語の特徴から考えるこれからの言語学習
——外国語学習のすすめ——

金 世朗

1. 異文化理解の必要性とことばを学ぶこと

　最近、お店で買い物や食事をする時、または出張などで飛行機に乗ったりホテルに泊まったりする時に、外国の方が流暢な日本語で対応してくれることが目立って多くなった気がする。法務省によると、2022年度末の在留外国人数は307万5213人で、日本総人口を考慮すると、約50人に1人が外国人ということになる。さらに、その国籍や地域の数は195にのぼるという。[1] つまり、その人たちがもし日本語が話せるとしても195の国や地域それぞれの文化はその人びとの中に内在しているのであり、日本はそれだけ多文化また多言語社会になっているといえる。同じ日本人でも、それぞれが異なる文化を持っている。ましてや国が異なるとその違いはより大きく、そこから誤解や摩擦が生じると予想される。この多文化・多言語社会で誤解や摩擦を最小限にし、共に生きるために、我々はどうすればいいだろうか。まず必要になってくるのは、自分と異なる文化を理解し、違いを認識することだろう。ことばは文化であると言われる。ことばを学ぶということは、異文化理解のための最もよいツールだと言える。

　ここではその第一歩として、日本に最も近く位置し言語的にも類似していると言われる韓国のことばと韓国人の言語行動について紹介し、日本語と異なる言語や文化に接する機会をもうけたい。ここで紹介することはごく一部でしかないが、これを機に自分自身の言語や文化についても深く考えるきっかけになってほしい。

２．日本語と韓国語の共通点

　韓国語は日本人にとって学びやすい言語であるとよく言われる。日本語と韓国語には以下のような共通点があるためである。

　まず、基本語順が両言語ともSOV型（主語＋目的語＋動詞）である。「私は新聞を読みます」を韓国語で言うと、「チョ（저：私）ヌン（는：は）シンムン（신문：新聞）ウル（을：を）イル（읽：読み）ゴヨ（어요：ます）」になる。また、韓国語には「は」や「を」のような助詞が存在するので、たとえば「私<u>は</u>」を「私<u>も</u>」にしたければ、「ヌン（는：は）」の代わりに「ド（도：も）」を入れて「チョド　シンムンウル　イルゴヨ」にすれば「私も新聞を読みます」になる。

　さらに、日本と韓国は同じ漢字文化圏なので、韓国語の語彙には「シンムン（신문：新聞）」、「ムリョ（무료：無料）」、「カス（가수：歌手）」のような漢字語が多数ある。[2] これらの漢字語は、たとえば「会・社」は韓国語で「フェ・サ（회・사）」と言うが、順番を変えて「サ・フェ（사・회）」と言えば「社・会」になる。即ち、その漢字を韓国語で何と発音するかがわかれば、漢字でできている語彙は、その単語を覚えなくても自分で予想して使えるわけである。

　以上のように、日本語と韓国語は文章構造や文法、語彙など、言語の基本的な部分において共通点があり、韓国語は日本人にとって親しみを持って始めることができる言語だと言える。

３．韓国人の敬語使用について

　日本語と韓国語の類似した大きな特徴に、２で紹介した共通点以外に敬語が挙げられる。敬語の分類は研究者によって異なるが、日本語の敬語は尊敬語・謙譲語・丁寧語の三分類が広く知られている。韓国語も同様に尊敬語や謙譲語、丁寧語が発達しており、相手の年齢や立場に応じて敬語を使い分けている。では、敬語はどんな時に使用するだろうか。まず、目上の人や初対面の人、職場や公の場などが考えられよう。この点においても日本と韓国の敬語は類似している。しかし実際のところ、その使い方は複雑で簡単なものではない。日本語と韓国語の敬語において最もよく言わ

れる特徴は、日本語は「相対敬語」で韓国語は「絶対敬語」であるということだ。たとえば、日本語では普段は尊敬語を用いる上司であっても、取引先の社員と話す時はその上司を高める言葉遣いはしない。「相対敬語」では、話題の人物が聞き手または話者の身内か否かによって敬語の使い方を変える。一方で、「絶対敬語」では、話題の人物が話者より上位者であれば、つねに敬語を用いる[3]。たとえば、お客さんから「아버님 계십니까?（お父さん、ご在宅ですか）」と言われたら「네、계십니다. （はい、いらっしゃいます）」のように、自分の身内であっても目上であるために尊敬語を用いるのである。つまり、韓国語では目上を敬い尊重するためにどんな場合でもその目上を高める敬語を用いるということである。しかし、実は韓国の家族間敬語使用において変化が見られる。

任栄哲他（2006：122）では、韓国人の家族間の敬語使用について「韓国の家庭では、子どもは基本的に親に対して敬意体で話すべきとされている。しかし、最近では、家庭内でとくに母親には〈半語（パンマル）〉と呼ばれる敬意度の低いことばで話す子どもが増えている。〈中略〉しかし、これは普通子どもが独立するまでで、成人した子が親に半語で話すようなことは一般的に許されていない。」と述べている[4]。ところが、2020年と2022年の韓国のテレビドラマを用い、家族間敬語使用の特徴を分析した研究[5]では、小さい子ども（5歳）から結婚や就職をして親から独立した40代の子どもに至るまで、実の親に対して敬語を用いない傾向が見られた。無論、家の教育的方針から子どもに小さい時から敬語を使用するようにしつける家もあるが、この結果は私が普段体感する今の韓国の家庭内言語使用の特徴と変わらない。また、この研究でもう一つ興味深いことがわかったが、普段は親に対し半語で話しながらも、いくつか特別な場面において敬語使用が見られた。それは、親に対して①甘えてお願いする場面、②何か勧めたり指示したりする場面、③親と距離をおいて話す必要がある（自分の意見を明確に伝えたい時や親を問い詰める時など）場面であった。

①5歳の息子 → 父（甘えてお願いする時：賢い医師生活）
　아버지、저 샌드위치 한 개만 더 사 주세요.

（お父さん、私にサンドイッチをもう一つ買ってください。）

② 30代の主婦 → 母（親に勧める時：グリーンマザーズクラブ）

이거 이쁜 거 <u>드시라니까</u>.

（これ、かわいいの（果物）、<u>めしあがって</u>。）

③ 20代の娘 → 母 （問い詰める時：シスターズ）

도대체 애한테 무슨 <u>얘기를 한 거예요</u>?

（いったいあの子に何を<u>話したんですか</u>。）

　このように、韓国では今実の親に対して基本的には敬語を用いないが、特別な気持ちを伝える手段として、敬語を用いることがわかる。その反面、改まった場面やソトの者と話す時に、自分の親を高めるような言葉遣いをする場面はよく見られる。『나 혼자 산다（私は一人で暮らす）』（MBC2022年7月8日放送）という番組で30代半ばの息子が父親に向かって普段は「아빠, 이거 어디서 가져왔어?（パパ、これどこから持ってきたの？）」のように半語で話していたが、その後、番組で出演者の仲間と話す際には「저희 아버지가 잘 드세요.（うちのお父さんは好き嫌いすることなくよく召し上がります。）」と父親の行動に対し尊敬語を用いている。普段親と話す時は敬語を用いないにしても、改まった場面やソトの人に向かっては、親の年齢や社会的な地位を尊重し、親を立てて敬語を用いているものと考えられる。

　以上で、日本語と韓国語の敬語使用の特徴について述べた。また、韓国の家庭内における敬語使用に変化があることも紹介した。このような変化は家庭内の人間関係の変化によるものと言えるが、ここで大事なことは、韓国でも敬語を場面や状況によって使い分けているということと、その中でも改まった場面やソトの者に対して身内の上位者を高めるといった従来の言語習慣は維持されているということであろう。

４．ことわざは文化の宝庫：
人間関係と関わりのあることわざを中心に

　韓国に「미운 놈 떡 하나 더 준다（憎い奴に餅をもう一つあげる）」ということわざがある。学生にその意味を聞いたら「嫌な人に餅をたくさん食

べさせて太らせる」という答えが返ってきた。実は、このことわざ、「嫌な人ほど親切を施し良い感情を持つようにする」という意味がある。では、なぜ「餅」だろうか。日本にも「棚から牡丹餅」ということわざがあるが、韓国のことわざには「떡（餅）」がよく登場する。韓国では、伝統的に重要な行事があると「餅」を作って分けて食べる習慣があったし、今でも変わらない。「餅」はめでたい食べ物であり、人間同士の「정（情）」を感じることができる食べ物なのである。このことわざには、そのもらってうれしい「餅」をもう一つあげるくらい相手を配慮することで良好な人間関係が築けるという知恵が込められている。[6]

では、「찬물도 위아래가 있다（つめたい水も上下がある）」はどんな意味だろうか。これは「冷たい水を飲む時も目上の人から順番に飲む」という意味で、年上を敬い優先すべきことを表す。一方で「윗물이 맑아야 아랫물이 맑다（上の水が澄んでこそ下の水が澄む）」というのもある。これは尊敬すべき対象である上の人が模範を示してこそ下の人も見習うという意味で、上下関係を重んじる韓国人の価値観がよく表れている。他に、韓国には'言葉に力がある'と思われ、言葉に関することわざも多い。「가는 말이 고와야 오는 말이 곱다（行く言葉が美しければ来る言葉が美しい：美しい言葉には美しい言葉が返ってくる）」、「말 한마디로 천 냥 빚을 갚는다（言葉一つで千両の借りを返す：言葉一つで困ったことが解決する）」、「발 없는 말이 천리 간다（足のない言葉が千里を行く：人の言う言葉はあっという間に広がってしまう）」などである。人間関係に言葉が及ぼす影響や言葉による失敗に注意を促すものである。[7]

ことわざは、昔から人から人へと伝わってきているもので、文化的要素を強く帯びる言語表現と言える。ことわざを理解することから、その国の人の生活様式や文化、価値観などを理解することができる。日本に「情けは人の為ならず（人に情けを掛けておくと、巡り巡って結局は自分のためになる）」ということわざがある。「憎い奴に餅をもう一つあげる」と相通じるものだと考えられる。国は違えど、円満な人間関係を望む人の気持ちは変わらないと言えるのではなかろうか。

5．日本人と韓国人のあいづち行動について

　日本語の会話では、他の言語に比べて聞き手の働きが大きく、その例として頻繁にあいづちを打つことが挙げられている[8]。このようにあいづちは日本人の言語行動の特徴とされ、韓国人のあいづち行動とよく比較研究されている。

　日本と韓国のテレビ・ラジオ番組を分析した研究では、1分間の談話において、あいづちの回数が日本人は平均17.52回、韓国人は11.37回で、日本人の方が1.6倍多かった。また、日本人は目上の人やフォーマルな場面であるほどあいづちの回数が多い反面、韓国人は少なくなる傾向が見られた。要するに、丁寧な態度を取るべき相手や場面であるほど、日本人は頻繁にあいづちを打ち積極的に会話に参加する一方で、韓国人は会話の中に踏み込まず黙って聞いているということである。また、あいづちを多く打つ人に対して、気性が活発のようだ（韓国12.8％、日本6.3％）、丁寧な人のようだ（韓国2.4％、日本8.5％）、下品な人のようだ（韓国5.6％、日本1.1％）といった結果となり、日本人はプラス評価を、韓国人はマイナス評価をする傾向が見られた[9]。では、自分と意見を異にする会話場面では、どのようなあいづち行動をするだろうか。日本語母語話者と韓国語を母語とする学習者を対象に、ディスカッションにおける「同意を示すあいづち」の使用差について調べた研究がある。結果として、日本語母語話者は、自分の意見に不同意の内容の発話において同意を示すあいづちが多く、韓国人学習者は、自分に同意する内容の発話に対し同意のあいづちが多いことがわかった[10]。日本語母語話者は、自分と異なる発話内容に対し、積極的にあいづちを打つことで協調的な姿勢を見せる一方で、韓国人学習者は自分の主張に有利な発話内容に対し積極的にあいづちを打つことで自分の主張の妥当性を訴えようとする様子がうかがわれる。

　また、最近では、LINEチャットを用いた研究も見られる。その結果、LINEチャットにおいても、日本語母語場面の方（100メッセージ当り8.9回）が韓国語母語場面（100メッセージ当り6.6回）よりあいづちの頻度が高かった。LINEチャットの会話では、非言語情報が伝達されなかったり、入力する時間が必要であったりする特徴がある。相手が連続してメッセージを

送信する場合、日本人はなるべく発話ごとに反応しようとする一方で、韓国人は複数のメッセージに対してまとめてあいづちを送信すると言った特徴が見られた。[11]また、あいづちの表現形式も、韓国人は感性的表現「아아아아、응응、오오오（あああ、うんうん、おおお）」などの簡潔なあいづちを主に送信する反面、日本人は「そう、なるほど、本当、うそ」などの概念的表現と相手のことばを繰り返すなど具体的なコメントを送信する傾向が見られた。韓国人は相手の話の内容に踏み込んだり、遮ったりしない反応を示す一方で、日本人は相手への強い共感や高い関心を示す傾向が見られたと言う。[12]

　これらの研究から音声会話や文字会話とも日本人の方が韓国人よりあいづちを頻繁に打つことと、相手や場面、発話内容によって違う特徴を見せていることがわかる。また、その違いによって、相互に誤解や摩擦が起こることが予想される。たとえば、韓国人にとってあいづちは同意を示す合図になるため、日本語母語話者が打つあいづちに対し相手が同意するものとして認識する可能性がある。一方で、日本語母語話者は、自分の意見に対し反応をしない韓国人の態度には大きな不安を感じるかもしれない。

　水谷（1993）は、日本人の話し方は、話の途中にあいづちを効果的に入れながら、話し手と聞き手が共同で会話を完結させる「共話」タイプだと指摘している。[13]会話を共に作っていこうとする日本人と、相手の言葉を尊重し、注意深く聞いてから反応しようとする韓国人の言語行動の違いは興味深い。

6. 外国語学習のすすめ

　韓国人が家族や知り合い、友達に会った時によく使うことばに、「밥 먹었어?（ご飯、食べた？）」がある。韓国に住む外国の人から、「ご飯、食べた？」と聞かれ、「아직 안 먹었어.（まだ食べていないよ）」と答えたら、「왜 안 먹었어?（なんで食べなかったの？）」「같이 먹으러 가자!（一緒に食べに行こうか）」などうるさく言われて大変だったというエピソードをよく耳にする。[14]韓国人にとって「ご飯、食べた？」は、挨拶でもある。相手が食事をしっかりしているかを確認し、何事もなく元気であることを確認

する。「ご飯、食べた？」は、「밥（ご飯）」という名詞と、「먹다（食べる）」という動詞とその過去形を学べば作れる簡単な文であるが、相手を思いやる話し手の温かい気持ちが込められていることばでもある。言語を学ぶことで大事なことは、そのことばに含まれている人の気持ちや考え、文化に気づくことではなかろうか。外国語を学んで、語彙や文法を身につけ、その言語を使う人とコミュニケーションをとることはとても楽しいことだし、重要なことである。しかし、それよりも大事なことは、そのことばを学ぶ過程で気づくものやことだと考える。また、その気づきは他文化を理解するだけでなく、自文化を客観的に見つめなおす力にもなると思う。その力こそが、多文化・多言語化している日本で異なるものと共に生きる力に結びつくものと考えられる。

【課題】

1. 今まで外国語学習をしながら、語彙や文法、ことわざ、慣用表現、言語行動などにおいて日本語、または日本人の言語習慣との相違を感じたことを挙げてみよう。
2. 外国のことばを学ぶことで、どのようなメリットがあるか考えてみよう。

註

[1] 「令和4年度末現在における在留外国人数について」（出入国在留管理庁ホームページ）https://www.moj.go.jp/isa/publications/press/13_00033.html
[2] 韓国の国立国語院で発行した『標準国語大辞典』における語彙は、漢字語53％、固有語20.8％、混種語20.4％、外来語5.6％で構成されている。https://stdict.korean.go.kr/statistic/dicStat.do
[3] 姜英淑（2014）「敬語」沖森卓也・曺喜澈編『韓国語と日本語』朝倉書店、83-90頁。
[4] 任栄哲・井出里咲子（2006）『箸とチョッカラク──ことばと文化の日韓比較』大修館書店.
[5] 関麻悠子（2022）「韓国家族の敬語使用について−テレビドラマから見る現

代韓国家族の敬語使用状況について－」新潟県立大学国際地域学部国際地域学科卒業論文.

[6] 윤서식 (2008)「한국의 떡문화」『동아시아식생활학회 학술발표대회논문집 학술대회자료』pp.1-7.

[7] 김현숙 (2016)「문화교육을 위한 속담의 특징 고찰」『語文研究』87, pp.252-276.

[8] 宇佐美まゆみ (2001)「対人コミュニケーションの社会心理学－ディスコース・ポライトネスという観点から」『言語』30 (7)、78-85頁。

[9] 任栄哲・李先敏 (1995)「あいづち行動における価値観の韓日比較」『世界の日本語教育』5、239-251頁。

[10] 松崎千香子 (2005)「日本語母語話者と韓国語を母語とする学習者の日本語の同意を示すあいづち：ディスカッションにおけるあいづち使用の比較」『甲南女子大学研究紀要』41号、9-15頁。

[11] 日本語母語場面では、「直後のあいづち」と「非直後のあいづち」とも約5割であった反面、韓国人場面では「直後のあいづち」が約8割で、「非直後のあいづち」が2割という結果となった。

[12] 倉田芳弥 (2022)「日韓母語場面のLINEチャットの会話における相づちの特徴－共話と対話の観点から」『語学研究』第147号、25-53頁。

[13] 水谷信子 (1993)「「共話」から「対話」へ」『日本語学』12 (4)、4-10頁。

[14]「밥 먹었어？（ご飯、食べた？）」は、食事時間の前後にたずねることが多い。韓国の人は、食事をすることが当たり前なのに食事をしていないと言われると、「何かあったのかな」、「体調でも悪いのかな」など心配になり、その理由を聞いたり、一緒に食事することを誘ったりする。

5

多文化共生時代における日本語教育

宮﨑 七湖

　2019年6月28日に、「日本語教育の推進に関する法律」が施行された。この法律は、日本ではじめて施行された日本語教育に関する法律で、日本語を母語としない人びとに対する日本語教育が、国、地方自治体、外国人を雇用する企業の責務であるとしている。筆者が日本語教育に携わるようになった30年程前と、日本社会は大きく変化し、その変化にともなって日本語教育も変化を続け、このような法律が施行されるに至った。本稿では、日本国内の学習者を中心に、日本語教育の対象である「日本語学習者」とはどのような人びとであるか、そして、どのようなところでどのような日本語教育を受けているのかをみていく。

1．日本語学習者とは

　まず、「日本語学習者」というのはどのような人びとであるのか。日本語学習者とは、日本語を母語ではなく、「外国語」や「第二言語」として学習する人びとを指す。日本語学習者は、日本以外の国や地域で学習している人びとと日本国内で学習している人びとの二つに分けることができる。次節では、日本国内でどのような人びとが日本語を学習しているのかをみていく。

2．日本国内の日本語学習者数

　まず、日本語学習者について説明する前に在留外国人数について触れておきたい。出入国在留管理庁（2023a）によると、2022年末の在留外国人は、307万5213人と過去最高を記録した。この数字は10年前の2012年から104万1577名増で、増加率は51.2％である。いかにこの10年間で日本に

在留する外国人が増加したかがわかるだろう。このような在留外国人の増加は、日本語学習者の増加と多様化をもたらしている。

　では、日本国内の日本語教育機関・施設で日本語を学ぶ人の数はどうであろうか。2022年11月現在の日本国内の日本語教育機関・施設で日本語を学ぶ学習者の数は、21万9808人で、入国制限が続いていた2020年度、2021年と比べると大幅に増加している。しかし、新型コロナ感染症拡大の影響を受ける前の2019年の27万7857人には、まだ届いていない（文化庁国語課 2023）。すべての在留外国人が日本語教育を必要としているわけではないが、単純に日本語教育を受けている外国人数を在日外国人数と比べると、非常に少ないことがわかる。

3．日本国内の日本語教育機関・施設

　では、日本国内の日本語教育機関で日本語を学ぶ学習者は、どのようなところで日本語を学んでいるのだろうか。文化庁国語課（2023）の調査によると、2022年11月の日本語教育が実施されている日本国内の機関・施設は、2764である。もっとも数が多い日本語教育機関・施設は、法務省告示機関で全体の25.5％を占める。法務省告示機関というのは、留学の在留資格を付与し、受け入れることができる日本語学校を指す。次に、多いのが大学などの機関で、19.8％を占める。次いで、任意団体（18.5％）、国際交流協会（12.7％）、地方公共団体（11.0％）、教育委員会（7.9％）と続く。

　次に、このような日本語教育機関において日本語を学ぶ、日本語学習者とその教育を、留学生、外国人労働者、児童生徒の三つのカテゴリーに分けて説明していく。

4．留学生とその日本語教育

　おそらく、読者にとって最も身近な日本語学習者は、留学生ではないだろうか。日本学生支援機構の調査によると、2019年5月1日の留学生数は、31万2214人であったが、新型コロナ感染症の流行により、この年をピークに2020年、2021年、2022年と減少を続け、2022年度5月1日現在の留学生数は、23万1146人となっている（日本学生支援機構 2023）。しかし、入

国制限がなくなった2023年度の留学生数は、増加に転じることが予想される。

では、留学生はどのような機関で何を学んでいるのだろうか。2022年12月の留学生数を受け入れ機関種別ごとにみると、もっとも留学生数が多いのは、大学（学部）で留学生全体の31.2％を占める。次いで多いのが大学院（23％）で、専修学校（22.5％）、日本語学校（21.4％）と続く。

新型コロナウィルス感染症拡大の影響による留学生の減少以前にも、2011年の東日本大震災による一時的な減少はあったものの、日本の留学生数は増加を続けてきた。この背景には、二つの政策がある。1983年に発表された留学生10万人計画（2003年に達成）、2008年に発表された留学生30万人計画（2018年に達成）である。留学生30万人計画は、日本のグローバル戦略の一環として、日本人学生の国際理解増進や異文化体験、語学力向上、大学などの国際競争力の強化を目的に掲げている。

留学生政策には、留学生の卒業後の日本企業への就職を促進し、少子化により年々深刻化する労働力不足に対応しようという狙いもある。経済産業省と文部科学省は、2007年から2013年まで「アジア人財資金構想」を実施した。これは産業界と大学が一体となり、留学生の募集・選抜から専門教育・日本語教育、就職活動支援までの人材育成プログラムを一貫しておこなう事業である。その後も、「日本再興戦略改訂2016」において、外国人留学生の日本国内での就職率を3割から5割へ向上させることが閣議決定された。外国人材の日本企業への就職を拡大させるために、大学が地域の自治体や産業界と連携し、就職に必要なスキルを学ぶ環境を整備するための支援がおこなわれている。このような政策によって、増加を続けてきた留学生であるが、次に、留学生が所属している機関ごとにどのような日本語教育がおこなわれているのか簡単に紹介しよう。

留学生の中には日本語の習得を主な目的としている留学生と、大学や専修学校などの高等教育機関の専門課程で日本語以外の知識や技能を学ぶことを目的としている留学生とがいる。

まず、留学生が日本語を集中的に学ぶことができる機関が、日本語学校である。2023年9月現在、法務省告示校、すなわち、留学の在留資格を

付与し、受け入れられる日本語学校は、839校である。法務省告示校で日本語を学ぶ留学生の多くは、1年半から2年間、日本語学校で日本語を学んだ後、専修学校、大学・大学院への進学を目指す。そのため、入学者の選抜に用いられる「日本留学試験」や「日本語能力試験」といった試験や大学・大学院への入学試験に合格するために必要な日本語、その他の科目、小論文や面接試験対策など、進学のための日本語教育がおこなわれている。

　次に、大学などの高等教育機関である。大学に所属する留学生の中には、日本人学生と同じ正規課程で学位取得を目指す留学生のほか、協定締結校から交換留学制度を利用して半年から1年間の短期留学をする学生がいる。また、留学生別科を設置している大学もある。留学生別科では、主に学士課程への進学のための日本語や日本事情、日本文化などの教育がおこなわれている。

　交換留学生は、日本での生活を体験しながら、日本語や専門科目の講義を受講し、日本語能力の向上を目指す。一方、日本語でおこなわれる正規課程を修了し、学位の取得を目指す留学生は、専門分野の講義を聞き、課題を遂行し、試験を受けるといった、専門課程の学修のための技能が必要となる。このような留学生に対しては、講義を聴く、専門書を読む、要約する、レポート・論文を書く、発表をするといった、学術的な場面で必要となる日本語の技能を習得するための日本語教育がおこなわれている。

　なお、大学や大学院などに所属する留学生の中には、英語による学位取得課程に在籍している、あるいは、研究指導や論文執筆において英語が用いられているため、日本語学習を必要としない留学生も少なくない。このような場合には、学術的な場面で用いる日本語技能を習得する必要はないため、日常生活のための日本語の習得を目指すことが多い。

5．外国人労働者とその日本語教育
5-1　外国人労働者の増加

　これからの日本語教育を考える上で、非常に重要なのが日本で働く外国人の存在である。厚生労働省（2023）によると、2022年10月現在、外国人労働者数は182万2725人である。この数字は、届出が義務化された2007

年以降、過去最高となっている。本節では、外国人労働者がどのような経緯で増加し、現在に至ったのかを概観する。

　外国人労働者が増加するきっかけとなったのは、1990年の入管法の改正である。1980年代後半の労働力不足は非常に深刻で、経済界からの圧力を受け、「定住」という日本での滞在や活動に制限のない在留資格が中南米の日系人や中国帰国者2世・3世に与えられることになった。この法改正によって日本に就労の場を求めるブラジルやペルーからの日系人、中国帰国者2世・3世が日本に来ることとなった。

　さらに、1993年には外国人技能実習制度が創設される。この制度の目的は、技能、技術、知識の開発途上国への移転を図り、開発途上国の経済発展を担う「人づくり」に協力することと説明されている。つまり、発展途上国からの実習生を受け入れ、日本の先進的な技術や技能、知識を学んでもらうことを目的として謳っている。この制度によって建設業や食品製造業など86職種で、ベトナム、インドネシア、中国、フィリピンなどから実習生が来日し、「実習生」として就労するようになった。

　このように、日本の技術・技能の転移を謳っている技能実習制度であるが、実習生に技術、技能、知識の習得が望めない単純作業ばかりをさせるといった業務内容の問題のほか、低賃金、長時間労働、残業代の不払い、実習生への暴言・暴力、安全な労働環境の不整備による事故の多発といった人権上の問題が発生している。そして、これらの問題により実習生が失踪するケースが後を絶たない。また、本制度の根源的な問題として、制度が発展途上国への技術移転のためではなく、労働力を確保する手段になっていることがある。これらの問題を解決するために、2023年4月、政府の有識者会議は、現行の技能実習制度を廃止し、新たな制度への移行を求める、中間報告のたたき台を示した。このたたき台で示された制度は、働く人材の確保を主な目的に掲げ、これまで原則できなかった働く企業の変更（転籍）がある程度認められるものである。30年間続けられてきた外国人技能実習制度は転換期にさしかかっている。

　次に、経済連携協定（EPA）による外国人介護福祉士と看護師の受け入れについて説明する。経済連携協定によって、2008年からインドネシア、

2009年からフィリピン、2014年からベトナムより介護福祉士・看護師候補者が来日し、全国の介護施設・病院で働いている。彼らは来日前研修を受講後に来日する。来日後、日本語、介護・看護の導入研修を受講した後で、介護施設・病院で働きながら研修を受け、介護福祉士・看護師の国家資格の取得を目指す。介護福祉士候補者の在留期限は4年、看護師候補者の在留期限は3年である。介護福祉士候補者は4年目に介護福祉士の国家試験を受け、合格した場合は介護福祉士として日本の介護施設で働き続けることができ、看護師候補者は3年目までに看護師国家試験を受け、合格した場合は日本の病院で看護師として働き続けることができる。一方、国家試験に合格しなかった場合には、帰国することになる。

　この制度による介護福祉士・看護師候補者の受け入れが始まった当初、2010年度の看護師試験の合格率がわずか4％にとどまるなど、候補者の国家試験合格率の低さが問題となった。そこで、厚生労働省は2012年度の試験より、経済連携協定（EPA）で来日した外国人介護福祉士・看護師候補者が受ける国家試験の試験時間を特例で延長すること、希望する受験者には、すべての漢字にふりがなをつけた問題用紙が配られることになった。また、介護・看護のための日本語教材や国家試験に合格するための参考書なども開発され、利用されている。その結果、2023年3月に発表された介護福祉士・看護師候補者の合格率は、介護福祉士が65.4％、看護師が22.4％とともに過去最高を記録している。

　また、介護福祉士・看護師として就労するための日本語は、国家資格取得のための日本語と異なるものであるにもかかわらず、一括りに語られていることが問題として指摘されている（大関他 2014）。たとえば、介護現場で日常的に使用されている「飲み込む」という語彙は、国家試験においては「嚥下（えんげ）」、利用者との会話においては「ゴックン（する）」というように、異なる語彙が使用される（神村・三橋 2016）。介護現場で働く候補者は、同僚や利用者である高齢者、その家族との高度なコミュニケーションが必要になるにもかかわらず、「国家資格取得のための日本語」が重視され、就労のための日本語の教育が軽視されているという問題が指摘されている（大関他 2014）。

最後に、2019年に入管法の改正によって創設された「特定技能1号」と「特定技能2号」という新たな在留資格について述べる。特定技能1号は介護、ビルクリーニング、素形材・産業機械・電気電子情報関連製造業、建設、造船・舶用工業、自動車整備、航空、宿泊、農業、漁業、飲食料品製造業、外食業の12分野で就労するための在留資格である。特定技能2号は、1号より熟練した技能が求められ、創設当初は建設、造船・舶用工業の2分野が対象であったが、2023年8月より特定技能1号の「介護」を除く11分野が対象となっている。特定技能1号の在留期限は5年間で、家族の帯同が認められていないが、2号は期間の制限なく、何回でも更新をすることができ、配偶者や子どもを帯同することができる。特定技能の在留資格を取得するためには、18歳以上であることのほか、各分野の技能試験、および日本語試験に合格していることが要件となっている。

　この新たな在留資格によって、日本政府がこれまで頑なに認めてこなかった、あまり専門性の高くない労働者が「表玄関から」来日することになったのである。2022年末現在、特定技能1号によって日本で就労する外国人は13万915人であるが、特定技能2号によって就労する外国人はまだ8人にとどまっている。1号の就労者を産業別に見ると、飲食料品製造業がもっとも多く、全体の32.5％を占め、次いで、素形材・産業機械・電気電子情報関連製造業が21.2％、農業が12.6％、介護が12.3％と続く。国籍別にみると、ベトナムが58.9％ともっとも多く、インドネシア（12.5％）、フィリピン（10.1％）、中国（6.8％）と続く（出入国在留管理庁 2023b）。

5-2　生活者のための日本語教育

　日本で働く外国人は、日本語学習を主な目的として来日しているわけではないため、長い時間を日本語学習に割くことができない。このような学習者は、週に1、2回、日本語教育機関に通う、あるいは、日本語教育機関から日本語教員が職場に派遣され、グループや個人で日本語の授業を受けることが多い。前述の介護福祉士・看護師候補者の着任後の日本語教育についても、介護施設や病院の職員が日本語教育の知識がないままに担当したり、外部から日本語教師やボランティアが施設や病院に赴き、週に数

時間の授業をおこなったりする形態がとられている場合が多い。さらに、近年では、グループや個人向けのオンライン授業を提供する機関や教師も多くなっている。

　地方公共団体や国際交流協会、NGOなどが主催する日本語教室で学ぶ日本語学習者も少なくない。このような日本語教室では、労働者のみならず、結婚によって来日した外国人から子どもに至るまでさまざまな日本語学習者が日本語を学習している。このような場所における日本語教育は「地域日本語教育」や「生活者のために日本語教育」と呼ばれている。地域日本語教育の特徴は、まず、その担い手の多くが地域のボランティアであること、週に数時間と、学習者が教室に来られる時間が短いことである。このような日本語教室では、留学生に対する日本語教育のような、文法や語彙を体系的に教えるのではなく、学習者一人ひとりの生活に根差し、その学習者が経験する生活を主軸においた日本語教育が求められる。

　1990年の入管法改正以降、多様な在留外国人が来日するようになったが、この変化は日本語の指導が必要な子どもたちの増加へとつながっていく。

6．日本語の指導が必要な子どもたちの日本語教育

　文部科学省は、1991年度以降、公立の小・中・高等学校などにおける日本語指導が必要な児童生徒の受け入れ状況についての調査をおこなっている。2020年度の日本語指導が必要な児童生徒数は、5万8307人で前回調査より7181人（14.0%）増加した（文部科学省 2022）。この数は、10年前の2010年の1.7倍で、日本語指導の必要な子どもたちが急激に増加していることがわかるだろう。このような子どもたちすべてが、適切な日本語教育を受けられる環境を整えることは非常に重要である。

　成人に対する日本語教育と年少者に対する日本語教育は、その内容も方法も異なる。年少者に対する日本語教育の留意点をいくつか挙げる。まず、このような子どもたちは、保護者の都合で日本に連れて来られ、留学生や外国人労働者のように自らの選択で日本に来ているわけではないことだ。次に、子どもの来日時の年齢にもよるが、母語自体がまだ発達途上で

あることである。来日の年齢や家庭環境によっては、母語も日本語も年齢相応に運用できなくなってしまう、あるいは、母語が話せなくなることで親とコミュニケーション手段が失われてしまうこともある。最後に、子どもたちは発達途上にあるため、日本語だけではなく、数学や理科、社会といった教科内容の学習を通して、知識や概念を学んでいけなければならないことだ。そのため、日本語教育は、教科理解のための教育である必要がある。

　日本語の指導が必要な子どもたちの不就学や進学の問題も喫緊に解決しなければならない問題である。文部科学省総合教育政策局国際教育課（2023）によると、2022年5月現在の小・中学校に通っていない外国籍の子どもや就学状況がわからない子どもは、8183人である。この数字は、はじめて調査がおこなわれた2019年と比べると、半減しており、大幅に改善されたのがわかる。しかし、このような不就学の子どもの数をゼロにするためのさらなる努力が求められる。加えて、日本語指導が必要な中学生の高等学校などへの進学率の低さや高校中退率の高さ、さらに、日本語指導の必要な高校生の大学などへの進学率への低さ、および、就職者における非正規就職率の高さも早急に解決すべき問題である。

おわりに

　以上、日本国内で日本語を学ぶ外国人について概観した。1980年代までの日本国内の日本語教育の主な対象者は留学生であったが、1990年の入管法の改正によって、中南米の日系人などが来日するようになった。その後、さらに外国人技能実習生、介護福祉士・看護師候補者や、特定技能1号の在留資格による外国人労働者が来日、就労している。このように多様な外国人が日本に滞在するようになり、それにともない、日本語の指導が必要な子どもたちも増加している。

　今後、多様な在留外国人に対する適切な日本語教育がますます必要になっていくだろう。本稿の冒頭で述べた「日本語教育の推進に関する法律」が施行されたことによって、日本語教育が必要な外国人が適切な日本語教育を受けられる環境が整備されていくことが期待される。さらに、こ

れからの社会を作っていく読者に、文化・言語が異なる人びとが共に生きることがどのようなことで、社会を構成する一人ひとりがどのような態度や能力を身につけていくべきかを考えていってほしい。

参考文献

大関由貴・奥村匡子・神吉宇一（2014）「外国人介護人材に関する日本語教育研究の現状と課題——経済連携協定による来日者を対象とした研究を中心に」『国際経営フォーラム』25、239-280頁。

神村初美・三橋麻子（2016）「外国人介護人材のためのシラバスモデルの構築——EPA候補者を対象とした集合研修での成果と課題を通して」『日本語研究』36、73-8頁。

厚生労働省（2023）「『外国人雇用状況』の届出状況まとめ　本文（令和4年10月末現在）」https://www.mhlw.go.jp/content/11655000/001044543.pdf（2023年11月12日閲覧）

出入国在留管理庁（2023a）「令和4年末現在における在留外国人数について」https://www.moj.go.jp/isa/publications/press/13_00033.html（2023年10月12日閲覧）

出入国在留管理庁（2023b）「特定技能在留外国人数（令和5年6月末現在）概要版」https://www.moj.go.jp/isa/content/001402075.pdf（2023年10月13日閲覧）

日本学生支援機構（2023）「2022（令和4）年度外国人留学生在籍状況調査結果」https://www.studyinjapan.go.jp/ja/_mt/2023/03/date2022z.pdf（2023年10月12日閲覧）

文化庁国語課（2023）「令和4年度日本語教育実態調査国内の日本語教育の概要」https://www.bunka.go.jp/tokei_hakusho_shuppan/tokeichosa/nihongokyoiku_jittai/r04/（2023年10月12日閲覧）

文部科学省（2022）「日本語指導が必要な児童生徒の受入状況等に関する調査結果について」https://www.mext.go.jp/content/20221017-mxt_kyokoku-000025305_02.pdf（2023年10月12日閲覧）

文部科学省総合教育政策局国際教育課（2023）「令和4年度外国人の子供の就学状況等調査結果について」https://www.mext.go.jp/content/20230421-mxt_kyokoku-000007294_04.pdf（2023年10月12日閲覧）

6

学校文化と言語教育
——私たちはなぜ学校に通うのか？——

茅野 潤一郎

はじめに

これを読んでいる人の多くがおそらく小学校から高等学校までの12年間を日本で過ごしたことだろう。年間授業日数を単純に200日と見積もると[1]、あなたは高校を卒業するまでに自宅と学校間を2400回往復したことになる。何のために2400回も学校に通ったのだろう。「勉強するため」と答えるだろうか。しかしながら、新型感染症の拡大により全国で休校措置が取られた際、私たちはオンライン授業を通して、単に知識を得るだけであればわざわざ通学しなくても勉強できることを知ってしまった。再び学校は対面での授業に戻り、子どもたちは猛暑の日も吹雪の日も学校に通う。私たちはなぜ学校に通うのだろうか。

1．文化とは

学校というテーマをいったん脇に置き、文化について考えてみよう。文化は一つの知識体系として捉えることなど出来ず（鍋倉 1997）、その定義は研究者によって多様であるが、ここでは原沢（2013）を紹介する。原沢によれば文化には以下の六つの特徴がある（45-49頁）。

①文化は学習される：両親、学校、社会から文化を意識的に、または無意識的に教わる。育った場所や環境によって学ぶ文化は異なる。
②文化は伝達・伝承される：親から子へ、人から人へ、集団から集団へ伝えられる。
③文化はつねに変化する：文化は環境の移り変わりとともに変化する。

④文化は規範である：文化は行動や価値観を決定する規範となる。

⑤すべての文化要素は相互関係にある：文化は単独で存在するのではなく、相互関係の中で存在している。

⑥文化は自文化中心主義である[2]：自文化と異なる文化や価値観を、自文化の価値基準で判断する。

　文化といっても、日本の文化や欧米の文化のような、国や民族レベルのものだけではない。集落や会社、家庭のような小集団の文化もある。日本人同士であっても、文化が異なることは何ら珍しくはない。

　伝統芸能の落語を例に取ってみよう。落語は江戸時代から師匠から弟子へと学ばれ、伝達・伝承されてきた。落語は古典落語と新作落語の二つに分類されることもある。江戸を舞台にしたものこそが落語だと考える人は、現代の出来事を主に扱う新作落語は邪道だと思い、古典落語よりも低く評価してしまうことがある[3]。このような反応は自文化中心的な価値判断に基づくとも言えよう。一方、新作落語派は文化はつねに変化するものであり、落語は本来自由な芸能であると考え、古典落語の改作を試みたり、三題噺（観客から提出してもらった三つのキーワードを織り込んでその場で即興で話を作ること）に挑んだりすることもある。

　近年では新作落語も高く評価されるようになった。新作落語を得意とし、テレビ番組の司会でおなじみの春風亭昇太師匠は、インタビューで以下のように答えている。

> 落語家には御法度と言われていたメガネもかけ続けましたし、着ぐるみを着て高座に上がったこともあります。ずいぶん叩かれたものですが、今は、自由で伸び伸びした芸風がむしろ落語会のスタンダードになっていますよね。（Adecco Group, n.d.）

このように、落語という伝統文化は「着物を着て座布団の上っていう『縛り』」（広瀬 2015）の中で一人で演じることを共通の（ひょっとしたらそれが唯一の）規範とし、それ以外の部分については落語家の自由な発想を認

め合いながら現代に受け継がれている。ある文化が長続きする秘訣はここにあるのかもしれない。

2．異文化を理解するには

　前節で紹介した古典落語文化から見た新作落語文化、あるいはその逆のように、自分の文化とは異なる文化を理解するには何が必要だろうか。

　佐野・水落・鈴木（1995）は、異文化理解に必要な要素として、①必要な文化的情報の知識、②異なる価値観を理解する柔軟な態度、③実際的な体験を通したコミュニケーション技能という三点を挙げた。ある文化を理解するには一定の知識が必要だ。たとえば、地理的知識や生活様式を知っていれば余計な誤解を生まずに済むだろう。しかし、「知識」だけでは単に雑学の寄せ集めになりかねず、二点目の「態度」が必要となる。相手の価値観や考え方は自分と同じとは限らないことに気づくことが必要だ。しかし、それだけでは済まないことがある。たとえば、ある国では誕生日のような特別な日には路上で夜遅くまでパーティーをして騒いでいてもあまり問題視されないことがある。その国の出身者が日本にやって来て間もなく、近所の路上で夜間騒いでいたらあなたはどうするだろうか。自分と相手が「違う」ことを理解するだけではこの問題は解決しない。自分と相手との違いを理解しつつ、時には問題解決のために話し合うことも必要だ。それが三点目のコミュニケーション技能である。

3．学校という文化

　『教育社会学事典』によれば、学校文化とは「学校集団を構成する人びとに共通する行動・認識・思考・価値づけ・感覚のパターンとそれを体現する事物や事象、象徴のこと」（日本教育社会学会編 2018）である。日本の教育は集団主義的であると言われ、全ての子どもに一定水準の教育を平等に提供することに主眼が置かれ、量的に著しく普及・発展を遂げるとともに、高い教育水準を達成するなど質の面でも大きな成果を挙げてきたものの、「教育システムを画一的なものとして構築したり、これを硬直的に運用するという傾向」（中央教育審議会 1997）を生んでしまった。その結

果、(学校だけに限らず、日本の社会全体にも当てはまることであるが) 個人の自由な考え方や行動よりも、集団として一致した行動が好まれるようになり、教師は生徒の個性を尊重すると謳いながらも、クラス単位や学年単位で一斉に、かつ画一的に指導しがちである (これは、昨今の学校教員は多忙を極めているため、時間的効率化を図ろうとすることも一因かもしれない)。全校集会では体育館でまっすぐに列を作り、清掃時には教室の机を[4]きちんと並べることが求められる。子どもたちは無意識のうちに集団としての統一性を乱すような行動を慎むようになり、私がそうしているのだから誰もがつねに同じ行動をするべきだと思うようになる。「みんながそうしているのだから私もそうしなければならないし、私がそうしているのだから誰もがそうしなければならない」という考え、つまり、いわゆる同調圧力がここに誕生する。学校の同調圧力が強くなりやすい原因として、太田 (2023) は、学校は外部の人の出入りが少なく、学校独自の論理で動きがちであること (閉鎖性) や、同じ地域の同じ年齢の子どもたちが学校内で長時間一緒に過ごすため、考え方や行動が似てしまうこと (同質性) を挙げる。このように、集団行動が絶えず求められ、閉鎖性と同質性により同調圧力が強いのが日本の学校文化の特徴であると言えよう。

　同調圧力は学校のさまざまなところに現れる。わかりやすい例は学級目標である。教室の壁の学級目標には何が書かれていただろうか。「みんな仲良く」や「心をひとつに」、「一致団結」といった標語を思い出した人はいないだろうか。これらのスローガンこそが同調圧力や集団主義の典型であると言ってもよい。[5]

4．他者はみな異質

　人のある行動がその人が所属する文化の影響を受けているのか、それとも個人的なものであるのか、判別しづらいことがある。原沢 (2013) は私たちの行動や価値判断に影響を及ぼすものを、普遍的側面、文化的側面、個人的側面の三点に分類し、次のように説明する。普遍的側面はすべての人に共通する側面である。たとえば、喉が渇いたら水分を取るという行動がこれに該当する。文化的側面は同じ文化背景をもつ人びとに共通する側

面であり、さらに見える文化と見えない文化に区分される。食べ物や服装は見える文化であるが、信条や考え方、道徳観念は見えない文化である。個人的側面は個人の好き嫌いや志向などにより決まる事柄であり、得意・不得意、好き嫌いなどが含まれる。

　そのうち、文化的側面（とくに見えない文化）と個人的側面の線引きは難しいことがある。たとえば、初対面の相手が豚肉を食べないことがわかったとしよう。この場合、その人は豚肉を食べない文化を持っているのかもしれないし、単に個人的な好き嫌いによるものかもしれない。また、ある日本人が海外で相手の英語が理解できなくてもただ黙ってニコニコしてその場を乗り切ろうとしているとしよう。この場合、その行動は日本人の文化の影響を受けている可能性もあれば、その人の性格によるものなのかもしれない。

　日本の学校文化では、子どもたちは誰もが同じ文化に属していると思い込みがちである。その文化は日本文化でもあり、日本の若者文化でもあり、その学校やクラスの文化でもあるかもしれない。しかし、自分と同じ文化に属する（ように見える）者であっても、考え方や行動が同じとは限らない。むしろ、違うことが当たり前であるのだが、同じ年齢層の仲間同士で毎日朝から夕方までつねに同じ環境で過ごしていると、そのことを忘れてしまう。少し変わった行動を取ったり、多数の意見と異なることを言ったりするクラスメートがいると、その子に対して怪訝な顔をする。それがエスカレートすると仲間はずれや、いじめに至る。

　菅野（2008）は「他者」を「見知らぬ他者」と「身近な他者」の二つに大別する。自分以外のすべての人間は「他者」である。「見知らぬ他者」は、いわゆる他人のことである。「身近な他者」には親子や、ふだん気軽に話し合える友人などが含まれる。あなたは今までに「親友だからきっと私の気持ちを分かってくれる」、「仲間だから考えていることも同じはずだ」と思ったことはないだろうか。これに関して、菅野は次のように述べる。

　　どんなに気の合う、信頼できる、心を許せる人間でも、やはり自分
　　とは違う価値観や感じ方を持っている「異質性を持った他者なので

ある」ということは、すべての人間関係を考えるときに、基本的な大前提となる。(菅野 2008, 39-40 頁)

　このように、自分も相手も同一の文化に属する（ように見える）からと言って、思考や行動パターンも同じであるとは限らない。「いつも一緒だから」、「同じクラスにいるから」、「日本人同士だから」他者が自分と価値観を共有していると思い込んではならない[6]。そのように思い込むからこそ、Ａさんの価値観が自分とほんの少し違うだけで翌日から無視したり、一人だけ別の行動を取ろうとするＢさんに陰口を叩いたりするのである。

　前節で学級目標の例として「心をひとつに」を挙げたが、そもそも一人一人の価値観は異なるため、心はひとつにならない[7]。もしあるクラスが「みんな仲良く」という学級目標を立てたとして、そのクラスにどうしても仲良くなれない人がいる場合はどうだろう。「みんな仲良く」と大人に言われれば言われるほど、子どもたちはみんなと仲良くできずに苦しむ。子どもたちは心をひとつにできないのにクラスとして一致団結しているようにふるまい、仲良くできないクラスメートとも仲が良いと先生に思ってもらえるように見せかける。それが出来ない子は学校に来なくなり、それが出来る子も大人に見えないところで別の姿を現すようになるだろう。

　同じ制服を着ていようと、年齢が同じであろうと、登下校が一緒であろうと、自分と自分以外の人はみな異質である。それを前提に私たちは考え、行動する必要がある。

5．学校に行く価値

　本稿の冒頭で挙げた問題に戻ろう。冒頭で述べたように、知識を増やすための学習であれば、学校に通わなくとも好きな時間に自分の理解度に合う内容を学習できる時代が到来しようとしている。すると、わざわざ学校に行く目的は他にあるはずだ。

　第一の目的は、学校には自分とは価値観の異なる人が集まる場であるということから、「自分以外の人はすべて異文化」（原沢 2013）であり、「考え方の違う人間がそこらじゅうにいるのが普通だということ」（工藤・鴻

上 2021）を体験することである。インターネット上では異質な他者を拒絶することは難しくない。たとえばソーシャルネットワークサービスでは自分の興味・関心に合う人だけをフォローし、自分とは価値観が異なる人を簡単にブロックすることできる。しかし、現実生活ではそれは不可能だ。いずれ社会に飛び立てば多様な人と関わることは避けられず、時には気の合わない同僚や難癖をつける顧客がいるかもしれない。そのときに備えて、子どものうちから多様な人との付き合い方を身に付け、価値観の違いを乗り越え多様性を受け入れる必要がある。そのためには、学校という物理的空間で過ごすことこそが異文化コミュニケーションの第一歩である。もし同じクラスのCさんの価値観があなたの価値観とまったく異なるのであれば、近づきすぎれば互いに居心地が悪くなるかもしれない。その場合はCさんとの適切な距離の取り方を身につけなければならない。

　一方、互いに離れて無視し続けるわけにはいかないこともある。同じ集団に属するのであれば、時に集団としての方向性を決定しなければならない時がある。そのためには価値観の異なる人との話し合いのスキルが必要だ。これが学校に通う第二の目的である。感情的な言い合いを避け、互いの立場を尊重しつつ、自分の主張も理解してもらい、合意形成を図る手法を子どもたちが学ぶ場こそが学校の役割であろう。[8] 教師は「みんなで話し合ってください」と指示するだけでは不十分であり、少数派を置き去りにせずに合意形成に至るための話し合いができる子どもを育てなければならない。学級会で声の大きい人の意見が採用されたり、安易に多数決に頼ったりするようでは、それは見せかけの合意にすぎない。たとえば、教師はCircle of WritersやTalking Chips, Think-Pair-Shareなどの具体的な話し合いの手法を学ばせる必要があるだろう。[9]

　過去に文部科学省が設置したコミュニケーション教育推進会議は、コミュニケーション能力を「いろいろな価値観や背景をもつ人びとによる集団において…正解のない課題や経験したことのない問題について、対話を通して…合意形成・課題解決する能力」（コミュニケーション教育推進会議2011、中略は筆者）と定義した。これこそが学校で子どもが身につけるべきものである。つまり、本稿を一言でまとめるとすれば、学校に通う目的

はコミュニケーション能力を磨くことである。学校は単に知識を増やすだけでなく、合意形成する力を養う場である。特別活動や学級活動はもちろんのこと、教科でも話し合いや合意形成を伴う活動が必要だ。外国語科・英語科では30年ほど前からコミュニケーション能力の育成が強調され、その方針のもと、考えや意見を伝え合う言語活動が頻繁におこなわれている。日本語で通じる者同士がわざわざ英語でやり取りすることは煩わしいと感じることがあるかもしれない。しかし、母語であればあまり伝えたくない内容やわざわざ話すほどでもないことでも、英語であれば気楽に話したり書いたりできることもある。

　グローバル化に伴い、国外の人びとと合意形成を図り対等な関係を築く場が増える。その予行練習とも言える場が学校であり、生徒同士・日本人同士であっても、価値観の異なる人との話し合いの技術や合意形成の方法を身につけることがこれからの学校教育に不可欠である。国語や英語などの言語教育においても、合意形成に向けたコミュニケーション能力を育成することが最上位の目標であり、漢字や英単語、文法を覚えることはそのための手段にすぎないことを忘れてはならない。

註

[1] 文部科学省（2023）の調査によれば、小学5年生に関して「196-200日」と回答した学校が32.9%、「201-205日」と回答した学校が53.9%、中学2年生に関してそれぞれ28.1%、53.4%であった。

[2] 原沢（2013）はethnocentrismの訳語として自文化中心主義の他に自民族中心主義も用いている。

[3]「古典落語＝江戸」・「新作落語＝現代」という図式は正確ではないのだが、ここでは単純化して述べた。

[4] たとえば、西日本のある中学校のブログでは、縦も横もきれいに整列ができた状態で全校集会をおこなったことが誇らしげに紹介されている。別の中学校のブログでは、予鈴で集会の整列が完了したことを褒めつつも、「みんなならもっときれいに整列できるはず」だと評されている。

[5] 本題から逸れるが、学校では学級「目標」と謳いながら、その目標を達成したかどうかを検証せず、目標を決めたところで終了することが多い。言い

換えれば、目標を決めることが目標になっているケースが散見される。また、「ベストを尽くそう」という目標のように、達成できたかどうかを検証できない抽象的な言葉を好む傾向がある。このような精神論的な目標を掲げがちなのも日本の学校教育文化の特徴なのかもしれない。

［6］菅野（2008）は「価値観が百パーセント共有できるのだとしたら、それはもはや他者ではありません。自分そのものか、自分の＜分身＞か何かです」（p. 128）と述べている。なお、友人関係で苦労した経験がある人や、今、悩んでいる人がいれば、菅野（2008）をぜひ一読されたい。

［7］「心はひとつにならない」ことや、後述の合意形成などのトピックについては、公立中学校の校長等を歴任してきた工藤勇一氏の著書が詳しく、本稿で引用した文献以外の著書も一読の価値がある。とくに、工藤・苫野（2022）は合意形成のための対話について民主主義の観点から詳しく論じており、教職課程の学生には必読の書である。たとえば、第5節で多数決について触れたが、なぜ安易な多数決は好ましくないのだろうか？　その答えを同書から読み取ってほしい。

［8］オンラインで遠隔で話し合うことも可能であるが、オンライン上では話し合いが円滑に進まないことや相手の感情を読み取りにくいこともあるため、対面でおこなうのが理想的であろう。

［9］協同学習の一例を紹介した。具体的な方法についてはJacobs, Power, and Inn（2002）を参照されたい。なお、ディベートも話し合いの一手法であるが、単に勝敗を決めるだけでなく、さらに一歩先に進み、どうすれば両者が合意に至るかを考えることが必要だろう。

参考文献

Adecco group (n.d.)「インタビュー：落語家　春風亭昇太さん」https://www.adeccogroup.jp/power-of-work/vistas/interview/37

中央教育審議会（1997）『21世紀を展望した我が国の教育の在り方について（中央教育審議会第二次答申全文）』https://www.mext.go.jp/b_menu/shingi/chuuou/toushin/970606.htm

コミュニケーション教育推進会議（2011）「教育ワーキンググループこれまでの議論の整理」
https://www.mext.go.jp/b_menu/shingi/chousa/shotou/075/shiryo/__icsFiles/

afieldfile/2012/02/08/1309091_3.pdf

原沢伊都夫（2013）『異文化理解入門』研究社.

広瀬和生（2015）『「落語家」という生き方』講談社.

Jacobs, G, M., Power, M, A., & Inn, L, W. (2002). *The teacher's sourcebook for cooperative learning: practical techniques, basic principles, and frequently asked questions*. Corwin Press.［関田一彦監訳（2005）『先生のためのアイデアブック――協同学習の基本原則とテクニック』ナカニシヤ出版］

菅野仁（2008）『友だち幻想　人と人との〈つながり〉を考える』筑摩書房.

工藤勇一・鴻上尚史（2021）『学校ってなんだ！ 日本の教育はなぜ息苦しいのか』講談社。

工藤勇一・苫野一徳（2022）『子どもたちに民主主義を教えよう――対立から合意を導く力を育む』あさま社.

文部科学省（2023）「令和4年度公立小・中学校等における教育課程の編成・実施状況調査の結果について」https://www.mext.go.jp/a_menu/shotou/new-cs/1415063_00001.htm

鍋倉健悦（1997）『異文化間コミュニケーション入門』丸善出版.

日本教育社会学会編（2018）『教育社会学事典』丸善出版.

太田肇（2023）「教員のなり手不足問題、私はこう考える！」『みんなの教育技術』https://kyoiku.sho.jp/257556/

佐野正之・水落一朗・鈴木龍一（1995）『異文化理解のストラテジー――50の文化的トピックを視点にして』大修館書店.

7

英和辞典の今後の展望と
英和・英英辞典の活用法について

田畑 圭介

1. 辞典の存在と役割

　現代社会で外国語を学ぶ意味はどのように設定できるだろうか。国際社会への参画や自己啓発のツールとして捉えることもできるだろうし、就職を控える人たちは、キャリア形成の構成要素として考えることもできる。AI翻訳の登場で、外国語習得に対する意識にも変化が芽生えつつある中、ビジネスシーン、あるいは日常生活で求められる言葉のニュアンスや感情への配慮を考えると、外国語運用能力の習得は今後も重要な学習活動の一つになりえる。

　AI翻訳の利便性が高まる中でも、高度で実践的な英語学習に取り組む大学生にとって、英和・英英辞典の記述内容、構成およびその活用法について、あらためて理解しておくことは至極有用である。AI翻訳を使って求める対訳を得て、それが本当に正しいものなのか疑問に思ったとき、辞典は英語学習者にとって頼れる存在となる。また、映画やテレビドラマを見て、そこで使用されている表現の意味・用法を知りたいと思ったとき、Web検索を使って得た情報が本当に正しい情報なのか確信が持てないまま引用する可能性もある。該当の英語表現を辞典を使って調べれば、関連情報とともに確証も得られることになる。

　本稿では、AI時代における英和辞典の今後の展望と英和辞典および英英辞典の活用法について論じる。各節で英語の語法を調査する課題を付すので、本稿の作業を通じて正しい英語を調べる手法を身につけてもらいたい。

２．今後求められる英和辞典の在り方：
非標準表現とその採用基準

　大学生が学ぶ英語は、大学受験の英語に比べると使用域がより広いものとなり、専門に特化した英語から日常の口語表現、俗語まで学習範囲が広がることになる。専門的な英語表現については、リーダーズ英和辞典（研究社）といった大型辞典やオンライン辞書の英辞郎（https://eow.alc.co.jp/）を利用することで、専門領域の対訳を得ることができる。口語・俗語表現についても、前述の辞典には多くの情報が内包されている。ただ、言葉は時間とともに変化する性質を持っており、年を追うごとに新たな言葉、表現形式が生まれている。その変化に対応するため、英和辞典は定期的に改訂をおこない、時代の流れを的確に捉えた情報提供を実践している。今後は時代の変化に対応し、専門的表現から非標準の表現までを収録した、幅広い射程の英和辞典が辞書出版社のフラッグシップになると予想される。紙ベースの学習中辞典の役割とデジタルベースの大型辞典の役割を兼ね備えたハイブリッド型英和辞典の登場が現代の辞書ユーザーから期待されている。デジタルデータの検索には、生成AIが機能的に働くことになるだろう。

　視点を変え、現在の紙ベースの学習英和辞典の改善点について考えてみたい。現在、書店に並ぶ英和辞典は、専門用語や口語・俗語について柔軟に収録している印象があるが、非標準の用法については対照的に記述が進まない実状がある。その理由としては、正用法ではない表現を掲載しても受験英語に登場することはなく、学習上の効果がむしろマイナスになることが懸念されるためである。大学受験の視点では、正誤情報を併記するのが適切であり、その中間に位置する非標準表現については学習者の興味の範囲外となる。しかしながら、大学生が学ぶ英語の中には、こうした非標準用法が時折散見される。たとえば映画やテレビドラマを見ていると次のような表現が出てくる。

① a. Jane: <u>What do you got?</u>

　　Ethan: We're going into the Kremlin.

b. Joey: Whoa—hey—wh-wh-<u>what do you got there?</u> What is that? Pie?

Monica: Yeah. You want some?　　*Friends* (Season 9, Episode 20, 2003)

　①では本来、助動詞はhaveが用いられるべきであるが、助動詞はdoとなっている。COCA(Corpus of Contemporary American English: https://www.english-corpora.org/coca/)で what do you gotを検索してみると、1922例が検出され、そのほとんどがTV/MOVIESのジャンルでの使用となっている。Fiction、Magazine、Newspapersのジャンルでもわずかながらその使用が見られるが、映像メディアを中心に①の使用が広がっていることが推察できる。正用法でないにもかかわらず、1922例という予想以上に高い数値を無視することはできず、大学生が使用する英和辞典に何かしらの記述を掲載すべきである。実際、正用法となるwhat have you gotはCOCAでは1509例で、What do you got?は正用法を上回る頻度で用いられている。こうした事例を取り込むために、本稿ではデータ収録に関するいくつかの基準を提示する。①のタイプの表現群については、次の基準を提案することにしたい。基準1：COCAにおいて正用法を上回る頻度でその使用が確認できる誤用法は、非標準の用法としてその存在を認定できる。

　課題1：①の下線部はそれぞれどのような意味になりますか？　裏づけとなる情報を引用しながら解答しなさい。

2-1　現代英語の非標準表現

　前節で論じたもの以外にも、現代英語で正用法とは認められていないが、予想を超える頻度で用いられている非標準の英語表現が存在している。英語圏の映画・テレビドラマを見ていると、次のような表現を耳にする。

② I guess that <u>got me to thinking</u> about the widow Audel.　　*Chocolat* (2000)

この構文ではget A doingが正しく、get A to doingは本来認められない。しかしながら、COCAで[get] me to *ingを検索するとgot me to thinkingが150例、got me to wonderingが16例、get me to peelingが5例検出される。got me to thinkingを正用法のgot me thinkingと比較してみると、次のような結果が得られる。

③	to do / to doing	got me thinking	got me to thinking
	頻度	800 (84.21%)	150 (15.79%)

　got me to thinkingは英和辞典や語法書において関連の記述は確認できない。それでもCOCAで150例が検出され、正用法に対して15%という比率で使用例が見つかり、またCOCA内のTV/Movieのジャンルで20例の使用が確認できることから、非標準の表現として認定することは妥当だと考えらえる。正用法との比率を加味しつつ、次の基準を新たに提案する。基準2：正用法との比率が15%を超え、TV/Movieで一定の使用が確認できる用法は、非標準用法としてその存在を認定できる。

　テレビ番組や映画で用いられる英語表現は日常英語を映し出す鏡と認識することができ、TV/Movieのジャンルでの使用は非標準用法の認定において重要な役割を果たすことになる。

2-2　構文表示と註記

　現在書店に並ぶ学習英和辞典には、学習効果を高める各種工夫が織り込まれている。たとえば動詞getでは[SVO to do] 、[SVO doing]、[SVO done]の形をとることを示す文型情報が視覚的に明記され、辞書の中で該当の箇所にたどり着く道しるべの役割を果たしている。

④ a. [SVO to do] Try to get her to sleep. なんとかして彼女を寝かしつけなさい。

　b. [SVO doing] I got the old car running. 私はその古い車を始動させた。

　c. [SVO done]（使役）I'm going to get the car fixed. 車を修理してもらうつもりです。

d. [SVO done]（被害）I got my heart broken.（失恋をして）心が折れた。

e. [SVO done]（完了）I got my hair done.（美容師に）髪を整えてもらった。

上記の用例は映画・テレビドラマのセリフをもとに作成したものだが、構文ごとにまとめることで、文型と意味の対応関係が明確になることがわかる。

　ただし前節で論じたように、映画やテレビドラマのセリフの中には、これまで記述されてきた正用法から逸脱する⑤のような構文が存在する。

　⑤ He's <u>got me confused with someone else</u>.

The Adventures of Tintin: The Secret of the Unicorn (2011)

この例は、[SVO done]の文型例だが、"He's mistaken me as someone else."と同意となり「使役」「被害」「完了」のいずれの文意にも厳密には該当しない。⑤は「別の人と勘違いされるようにさせる」という表現形式だが、実際に勘違いしているのは主語のheなので、⑤を④cの「使役」とまったくの同質とみなすことはできない。⑤は下線部を一つのまとまりとして捉えて、正確な理解と共に使えるようにもしておきたい表現の一例である。COCAではその他、got me killed (71例) [kicked (22例), elected (19例), mixed (18例), pegged (15例), laid (14例)]が確認でき、本用法は次の基準で英和辞典に記述すべきと結論づけたい。基準3：COCAにおいて正用法と同程度の頻度と生産性が確認できる用法は、正用法としてその存在を認定できる。

　課題2：⑤の日本語訳を答えなさい。

　英和辞典は④のような文型情報に加え、各語彙を使い分けるための註記も豊富に掲載している。たとえば「中古の<車>」はused、second-handの形容詞が一般的だが、pre-ownedという表現もある。

　⑥ Out there, there are 387 more new and pre-owned cars, ...

（向こうには、387 台以上の新車と中古車がある）

Fresh Off the Boat (Season 2, Episode 3, 2016)

COCAではused car(s)の使用が圧倒的に多く、次いでsecond-hand car(s)、pre-owned car(s)の順となる。pre-ownedをウィズダム英和辞典（三省堂）で調べてみると「主に広告」という使用上の補足情報が見つかる。これは、「以前所有されていた」という表現方法から、古さのイメージが緩和されたと考えると、納得がいく。各語彙には、訳語に加えて文型情報や語の背景を知らせる註記が数多く掲載されているので、英和辞典を参照した際には、一連の情報を包括的に採取するようにしてほしい。

　　課題 3：次のテレビドラマの対話でも、4 節で論じた構文が用いられている。⑦の用法について、自身の分析結果をまとめながら、日本語訳を答えなさい。

⑦ "You got that man killed." "I got him killed?"

X-file (Season 8, Episode 16, 2001)

　　課題 4：英和辞典を参考にして、job、work、task の違いをまとめなさい。
　　課題 5：have a hard time doing と have a hard time to do はどちらが正用法か？該当の用例を辞典から書き出しながら答えなさい。

3．選択制限

　英語学習の際に、母語の影響で当該表現の意味を誤解してしまうことがある。その一例が動詞challengeである。次の英文では、challengeはどのような意味になるだろうか？

⑧ His research challenged traditional beliefs.

「彼の調査は伝統的に信じられてきたことに対して挑戦した」と訳すと、

どことなく違和感を感じる。「challenge ＝ 挑戦する」の対応関係が頭にある英語学習者は辞典を参照することで思わぬ誤解が解消できることになる。現在の多くの英和辞典では、語彙の意味記述は頻度順に並んでいるので、まず最初に一番目の意味に注目してほしい。ウィズダム英和辞典はchallenge 動 を次のように定義している。

動 (~s /-ɪz/ ; ~d /-d/ ; -lenging)
他

1 〈人が〉〈意見・考え方など〉について異議を唱える, …を疑問視する; ≪…について≫〈人〉に異議を唱える ≪ on ≫;〖～ A to do〗A〈人〉が…することに異議を唱える
  ➡ His research *challenged* traditional beliefs. 論説 彼の研究は伝統的に正しいと信じられていたことに疑問を投げかけた
  ▶ We *challenged* the police ∟ *to* arrest him [*on* his arrest]. 我々は警察が彼を逮捕することに[彼の逮捕について警察に]異議を申し立てた.

2 〈人が〉〈人〉に挑戦する,〈人〉と競う;〖～ A to do〗A〈人〉に…するよう挑む[言う];〖～A to B〗A〈人〉にB〈勝負など〉を挑む（ ⚠ 日本語の「難問にチャレンジする」のように物・事を目的語としない）
  ➡ Ken had to *challenge* a stronger opponent. 健はより手ごわい相手に挑戦しなければならなかった
  ▶ Billy *challenged* Ed *to* a game of chess. ビリーはエドにチェスの勝負を挑んだ（ ⚠ 「難問にチャレンジする」はface [tackle] a difficult problemなど(↑ 図 1 第2例); 「スノーボードにチャレンジする」はtry [have a go at] snowboardingなど; 「限界に挑戦する」については→limit 図 2 , 「記録への挑戦」については→attempt 図 2 ）.

1では「異議を唱える」とあり、1の最初の用例にあるように、challenge 動 の解釈は「疑問を投げかける」あるいは「異議を唱える」が⑧では適切となる。2では「挑戦する」とあるが、選択制限と呼ばれる< >に着目してほしい。<人>にとあるので、動詞直後の目的語が<人>の場合に、「挑戦する」の意味になる。動詞の訳語を探す際、何の名詞と組み合わさっているのかを意識し、選択制限の内容に注意を払う必要がある。challenge 動 は、<人>に挑戦する以外は「挑戦する」の意味にならない。したがって「<難問>にチャレンジする」はface [tackle] a difficult problem、「<スノーボード>にチャレンジする」はtry [have a go at] snowboarding、「<限界>にチャレンジする」はpush oneself to the limitと表現される。こうした選択制限にも意識を向けることで、英和辞典が示している意味情報を正確に参照できるようになる。

映画のセリフの解釈にも英和辞典の選択制限情報は有用である。次の例は2016年の映画*Incarnate*『ドクター・エクソシスト』のワンシーンである。

⑨　Ilsa: She's feeding!
　　Lindsey: What's happening?
　　Camilla: <u>Maggie is feeding</u>.

⑨のShe = Maggieは悪霊で、主人公たちがその悪霊と対峙している場面である。イルサが「彼女、力を吸収してるわ！」と発し、リンジーが「何が起きてるの？」と続けている。カミラが「マギーが力を吸収している」と述べ、不穏な状況がfeedの自動詞によって視聴者に伝えられている。

圓
1 〈動物が〉餌を食べる; 〈赤ん坊が〉乳を飲む, 食べる
　➨ see how the elephant *feeds*　象が餌を食べるところを見る.

1は<動物が>餌を食べる、<赤ん坊が>乳を飲む、食べる、とある。⑨のシーンでは悪霊のマギーは母体の中にいる赤ん坊の状態なので、<赤ん坊が>の選択制限に沿った表現となっている。ただ、マギーは通常の人間ではないので、<動物が>にも当てはまることになる。Maggie is feeding.は選択制限を二重に満たしているようにも解釈でき、スクリプトライターの創意工夫が感じられる発話である。

　　課題6：英和辞典を開き、provide動の選択制限とchallenge名の語義に記されている（ ）で表示された内包的意味を書き出しなさい。結果としてprovide a challengeという表現は自然かどうか理由とともに答えなさい。

　　課題7：absolutelyはある特徴を持つ形容詞を修飾するが、その特徴について答えなさい。（その特徴がabsolutelyの選択制限ということになる。）

4．McDonald's の Mc の意味は？

英和辞典にはさまざまな情報が編み込まれているが、その一つに語源情報がある。通常は見出し語の直後に記されるが、語によっては広いスペースを使って記述されている。ウィズダム英和辞典のMcDonald'sの項目では、次の語源情報が見つかる。Mcの接頭辞がどのような意味を持つか確認してほしい。

「Mc、Mac-の接頭辞は古ケルト語由来で「息子」「子孫」を表す。McDonaldはスコットランド系・アイルランド系の名前で、McDonald は語源的に「Donaldさんの息子」を意味している。これは、MacArthurについても同様である。-ingや-sの接尾辞も「…の息子」を表し、アングロ・サクソン系の名前に用いる（Browning, Pershing, Jones, Williamsなど）。O'-と-sonも「息子」を意味し、それぞれアイルランド系（O'Brien, O'Neilなど）、スカンジナビア系（Johnson, Andersonなど）の名前で用いる。」

課題8：外食チェーン店の英語名称として McDonald's、Denny's、Wendy's があるが、Kentucky Fried Chicken を Kentucky's といわないのはなぜか？

5．英英辞典の活用法

受験勉強の際に英英辞典を用いる機会はどの程度あっただろうか。英語の意味を英語で理解することで、英語の感覚が身につくと聞いたことがある人もいるだろう。英語が得意科目となっている人は、英英辞典を活用し、英語で理解しようとする機会を増やしてほしい。

本節では代表的な英英辞典をWebアドレスと共に紹介する。現在の英英辞典出版社はWeb上で学習英英辞典を無料で提供しているので、授業の準備学習と復習に英英辞典を適宜活用してほしい。

・オックスフォード英英辞典（イギリス英語とアメリカ英語が検索可能）

https://www.oxfordlearnersdictionaries.com/
・ロングマン英英辞典（英英・英和・和英辞典が検索可能）
https://www.ldoceonline.com/jp/
・ケンブリッジ英英辞典（英英と英和が同時に表示される）
https://dictionary.cambridge.org/
・メリアムウェブスター英英辞典（類義語、語源情報が詳しい）
https://www.merriam-webster.com/

ある程度の英語力が備わっている人は、たとえばchallenge 動を調べてみて、英語による定義からその意味を把握してみるのも有益である。英文読解力を向上させるのに英英辞典はとくに威力を発揮する。

　オックスフォード英英辞典でautumnとfallを検索してみてほしい。どちらも「秋」を意味する語であるが、autumnの最初のところに、*especially British English*、*North American English usually* **fall**、と記されている。これらの情報から、autumnの使用には地域差があり、autumnは主にイギリス英語で用いられ、北米では通例fallが用いられることがわかる。定義をみると、autumnは夏と冬の間の季節を指し、葉の色が変わり、より寒い天候になる時期だと説明がある。また用例の情報から、in the autumn of ...の形が多いことや、「円熟」を意味する使い方があることが読み取れる。

　課題9：メリアムウェブスター英英辞典で、autumn を検索し、Related Articles にある、Is It 'Autumn' or 'Fall'? を読んで、autumn と fall の違いについて英語でまとめなさい。

　課題10：英英辞典を用いて、understand、comprehend、figure out を調べ、この中でくだけたインフォーマルな表現はどれか、理由とともに答えなさい。

8

ChatGPTの時代における英語学習を考える

峯島 道夫

　筆者は日本語と英語間の翻訳や英文作成に関わる授業をいくつか担当しており、以前はエキサイト翻訳、グーグル翻訳、DeepLといった機械翻訳エンジンを使うことが多かった。初めてDeepLを使った時の驚きは今でも忘れられないが、2022年末に登場したChatGPT-3.5の衝撃はそれ以上であった。本稿では、一編の英文テキストを例に、まず日本人英語教師（筆者）はこれをどう読み、次にChatGPTはどう読んだのかを対比して示すことによって、この対話型AIの特徴を探るとともに、今後の英語学習の在り方について考えたい。

　ある英語の教科書に次のような文章があった。

　This is a true story of what happened to me one morning. I started the day with a new morning routine. I was coming into the living room when I noticed the sun outside. Something truly wonderful happened.

　I got up very early that morning because I decided to take a morning walk to get some exercise. I have been in the living room many times at that time of the day when the sun was coming up, but I never noticed it before. The morning glow lit up the mountain, and the sky was pretty with the orange glow of the sun. It was a really magnificent scene.

　As I stood there watching it for a while, I was hoping the sun would cast a glow over a peaceful world. It wouldn't matter if my life were not perfect. I think I would enjoy the peaceful morning all the same.

　内容的には何も難しいことは言っていない。一言で言えば、早起きし

て見た朝日に美しく照らし出された景色に感動する話である。しかし、読解の途中、あちこちで躓いて転びそうになった。

　第一段落。これは実話なのだなと了解する。次にa new morning routineを読んでこれは何だろうと思いながらも、「私」がリビングに入って来る、外の朝日に気付く、すると何か素晴らしいことが起きたのだな、と了解する。筆者の心象は、「私」がリビングで外を見ている場面で静止している。

　第二段落。最初のI got up very early that morning...までを読み、第一段落の「本当に素晴らしいこと」が何かはわからないが、これは読み手に期待を持たせるためだろうと推測し読み進める。しかし、続く従属節のbecause I decided to...を読んで、頭が混乱した。この決心は、当然、早起きをした日よりも前にしていたはずである。だとすれば、because I had decided to...と過去完了でなければ辻褄が合わない。この時点で、筆者の心の声は、第一段落の静止画像をいつまで保留しておけばいいんだ、と抗議し始める。

　次のI have been in the living room many times...（今までに何度もリビングにいたことがある）の文で、ますます混乱し、めまいがしてきた。前文で、朝散歩をしようと決めていた（大過去）ので早起きした（過去）場面にいたのに、一瞬で現在に連れ戻されたからである。この文は、話の当日に至るまでに何度も朝日の昇る時間にリビングにいたことがあった、と言いたいのではないのか。であれば過去完了の I had been...であろう。と思っていたら、その次の文（but I never noticed it before）で、また一瞬で過去に逆戻りである。「以前はそれにまったく気づかなかった。」とあるが、beforeはこの日の朝よりも前のことなのだから、これもbut I had never noticed...と過去完了形になるはずである。

　最後の第三段落。著者が哲学的な内省をする場面である。As I stood there...とは、第一段落の最後に保留状態だったリビングの場面に戻ったのだなと了解する。しかし、I was hoping...と、わざわざ進行形にする必要があるのだろうか。その時の気持ちがもっと穏やかなものであれば、単純過去で I hoped でも良いのではないか。次のIt wouldn't matter...の文は作者の思いであろうから、文頭か文末に、きちんとI thoughtと書いてほしい。

まあいろいろあったが、最後は平和な気持ちで終われそうだなと期待したら、そうは問屋が卸さなかった。

　最後の文のI think...とはなんだ？もちろん、過去の出来事を今振り返ってそう思っているのならこれでもいいが、the peaceful morningとは総称用法ではなく、その日に見た朝日のことであろうし、all the same（それでも）とは、直前のif my life were not perfect（たとえ私の人生が完璧でなくても）を受けているのだろうから、この時の思考内容は、この話と同じ過去のはずではないのか？一体どうなっているんだ？

　以上が、筆者がこの文章を読みながら考えたことである。一種の職業病だと思うが、普通の人ならおそらく気にならないところが気になる。正直、著者にあちこちに連れまわされて目が回ったというのが読後の感想である。

　さて、この同じ文章をChatGPTはどう読むのだろうか。訊いてみることにした。プロンプトは、「あなたは日本の大学の英語教師です。学生が書いた次の文章を添削してください。表形式にしてください。第一列目は元の文章、第二列目は正しい文章、第三列目は日本語による解説、第四列目には点数（100点満点）、第五列目は注意すべき文法項目について書いてください。」とした。以下がその回答である（表1）。修正された箇所は太字で示し、最左列の文番号は説明のために付け足した。

表1　ChatGPTによる英文添削例

文No	元の文章	正しい文章	日本語による解説	点数	注意すべき文法項目
1	This is a true story...	This is a true story...	この文章は正しいです。	100	
2	I **started** the day with a new morning routine.	I **began** the day with a new morning routine.	「started」を「began」に修正しました。	95	単語の選択
3	Something truly...	Something truly...	この文章は正しいです。	100	

4	I **got up** very early that morning because I **decided** to take a morning walk **to get** some exercise.	I **woke up** very early that morning because I **had decided** to take a morning walk **for** some exercise.	「got up」を「woke up」に修正し、「to get」を「for」に修正し、「exercise」の前に「for」を追加しました。	85	単語の選択、時制、前置詞
5	I **have been** in the living room many times at that time of the day when the sun was coming up, but I never **noticed** it before.	I **had been** in the living room many times at that time of day when the sun was coming up, but I **had** never **noticed** it before.	二つの文で過去完了形を使用し、文の時制を一貫させました。	90	時制
6	The morning **glow lit up** the mountain, and the sky **was pretty** with the orange **glow** of the sun.	The morning **light illuminated** the mountain, and the sky **looked beautiful** with the orange **hue** of the sun.	「glow」を「light」に修正し、「was pretty」を「looked beautiful」に修正しました。	90	単語の選択、語彙
7	It was a **really** magnificent scene.	It was **truly** a magnificent scene.	「really」を「truly」に修正しました。	90	語彙
8	As I stood there watching it for a while, I **was hoping** the sun would cast a glow over a peaceful world.	As I stood there watching it for a while, I **hoped** the sun would cast a glow over a peaceful world.	「was hoping」を「hoped」に修正しました。	95	時制
9	It wouldn't matter if my life **were not** perfect.	It wouldn't matter if my life **wasn't** perfect.	「were not」を「wasn't」に修正しました。	95	時制
10	I think I would enjoy the peaceful morning **all the same**.	I think I would enjoy the peaceful morning **nonetheless**.	「all the same」を「nonetheless」に修正しました。	90	語彙

以下、気がついた数点についてコメントする。

文番号4で、従属節の過去形 because I decided to...が because I had decided to...と正しく過去完了形に修正されている。さらに、主節の I got up が I woke up に変わっている。なぜ変えたのかについてではなく、時間の前後関係について ChatGPT に質問した。次がその回答である。

ご指摘いただいたとおり、文脈において "I got up very early that morning" は、リビングに入る出来事よりも前の出来事を示しています。そのため、文の一貫性を保つために、"I had gotten up very early that morning" とするのが適切です。これにより、過去の出来事の順序が明確になります。

　修正文: "I had gotten up very early that morning because I had decided to take a morning walk to get some exercise."

　この修正により、文脈がより正確に表現され、過去の出来事の一貫性が保たれます。おっしゃるとおり、"I had gotten up" という表現が文脈に合致しています。

この修正文は文法的には正しいが、過去完了が二つ連続するのが気になる。そこで「過去完了形の連続が少し気になります。ですので、たとえば、That morning, I got up very early because I had decided...としてはどうでしょうか。」と提案した。次がChatGPTの回答である。

　ご提案いただいた修正も非常に適切です。主節を過去形にし、従属節を過去完了形にすることで、過去の出来事とその前の出来事の関係を明確に示すことができます。以下が修正された文です：

　"That morning, I got up very early because I had decided to take a morning walk to get some exercise."

　この修正により、主節と従属節の時制が違い、時間の前後関係が明確に表現されています。過去形と過去完了形の組み合わせは、文脈を理解しやすくし、時制の一貫性も保たれています。この修正は、文の流れをスムーズに保ちつつ、読者に時間の経過を伝えるのに役立ちます。

同じ文で、to get some exercise が for some exercise に修正されているが、「○○するために」を条件反射的に不定詞の目的で表現しがちな日本人にとっては勉強になる。

めまいを覚えた文番号5（I have been...）の現在完了形がI had been... と正しく過去完了形に修正されている。また、同じくbut I never noticedの過去形も、過去完了形に修正されている。

さて、ここまではChatGPTの優秀さに感心しきりであったが、ひょんなことからChatGPTが馬脚を露わす。筆者が文番号5のI have been...の現在完了形について尋ねていたときである。どうも話が噛み合わないと感じ、現在完了形の意味について尋ねてみた。すると、ChatGPTの答えは驚くべきものだった。

現在完了形は以下のような意味を持つことがあります：

1.　過去から現在への連続性: 過去の出来事が現在の状態や結果に続いて影響を与えていることを示します。たとえば、「I have just finished my work.」（私はちょうど仕事を終えました。）では、過去の仕事が現在の状態（終了した状態）につながっています。

2.　過去から現在への経験の伝達: 過去の経験が現在の会話や状況で重要な役割を果たすことを示します。たとえば、「She has visited that museum before.」（彼女はその博物館を以前に訪れたことがあります。）では、過去の訪問が現在の会話で言及されています。

3.　結果や影響の強調: 過去の出来事が現在の状態や結果に与えた影響を強調することがあります。たとえば、「They have never been to Paris.」（彼らはパリに行ったことがありません。）では、過去の経験が現在の状態（行ったことがない状態）を強調しています。

要するに、現在完了形は過去から現在に至るまでの連続性や影響を表現するために使用され、その「完了」が文脈に応じて異なる意味を持つことがあります。

完了相には、大きく、①完了・結果、②経験、③継続の三つの意味があるということは、普通の高校生であれば誰でも知っている。しかし、上の回答から、ChatGPTの文法知識はかなり怪しいということが明らかとなった。1.の「過去から現在への連続性」とは、最初「継続」のことか？と思ったが、

例文を読むとhave just finishedと「完了」である。「過去の仕事が現在の状態につながっています」との説明も意味をなさない。2.の「過去から現在への経験の伝達」とは何か？誰に伝達するのか？いきなり「会話」が出てきたが、何だこれは？ 3.の「結果や影響の強調」の説明も意味不明である。しかも、例文はhave been to..で、2.と同じ「経験」の用法である。

　あまりに驚いたので、まさかとは思いながらも、念のために「最初の英語の文章のどの文が現在完了形の文ですか？」と質問をした。すると、驚愕の答えが返ってきた。「最初の英語の文章には現在完了形の文は含まれておりません。」...　えっ？　もちろん現在完了形は文番号5にあるし、ChatGPT自身もそれを過去完了形に正しく修正している。もう一度確認のために問いなおすと、「過去形や他の時制の文が含まれていますが、現在完了形は含まれていません。」と確信に満ちた回答が来た。開いた口が塞がらない、とはこのことである。ChatGPTの優秀さに感心していたので、今回の驚きは半端ではなかった。

　いろいろあったが、最後に、元の文章を適切に書き換えてほしいと依頼すると、次の文章が返ってきた。

　This is a true story of a memorable morning. I began the day with a new routine, stepping into the living room where I first noticed the sun outside. It was a truly magnificent sight.

　I had risen early that morning with the intention of taking a refreshing morning walk. Although I had been in the living room at that time of day many times before, I had never truly appreciated the sunrise. The morning glow painted the mountains, and the sky was adorned with the warm, orange hues of the sun. It was an awe-inspiring scene.

　As I stood there, gazing at it for a while, I couldn't help but wish that the sun's glow could cast a sense of peace over the world. Imperfections in my own life seemed insignificant at that moment. I believed I could cherish the tranquil morning all the same.

現在完了形の文法説明のお粗末さから一転、この文章はawe-inspiringとまでは言わないが、excellentと評価していいだろう。I couldn't help but wish that the sun's glow could cast a sense of peace over the world.はとても良い。

　以上見てきたように、ChatGPTには、言語の翻訳、添削、書き換えなどに優秀さを発揮する一方で、現在完了形の例で見たように、偽情報をまことしやかに主張するような一面もある（数ヵ月後には改善されているかもしれないが...）。ChatGPTを使う際には、つねにその真偽を疑う必要があるのは明らかである。

　英語学習にChatGPTを使う場合、たとえばライティングの力を伸ばしたいのであれば、①まず自力で英文を書く→②それをChatGPTに添削・評価してもらう→③修正の理由を納得できるまで何度でも尋ねる（直感ではわからないので理屈で説明してもらう）→④完成訳をそらで言えるくらいに自分のものにする、といった方法が考えられる。この際、ChatGPTとのやり取りを、文書でも口頭でも英語でおこなえば、それだけで英語の大量のインプットとアウトプットが生じ、英語力の伸長に繋がる。さらに、ChatGPTの良い所は、こちらがどれだけしつこく訊いても、嫌がらずにきちんと相手をしてくれるところである。このように便利なChatGPTを有効活用して英語力を伸ばさない手はない。ただしその際に、全面的に頼り、結果だけをコピーするような真似だけはしないようにしよう。

外国語を学ぶ意義
── 生成文法理論の視点から ──

佐藤 英志

はじめに

　この章では「生成文法理論」という言語理論を紹介します。またその視点から外国語を学ぶ意義を考察します。生成文法理論と聞いて、「なんだか難しそうな分野だな」と思った人もいることでしょう。しかしこの理論を理解するヒントは身近なところに転がっています。できるだけわかりやすく話しを進めていくので、最後まで根気強く読んでみましょう。皆さんが外国語を学ぶ意義や言語を探求する意義について深く考えるきっかけになれば幸いです。

　この章では次のような流れで話しを進めていきます。次節では言語を探求する意義について考察します。言語が人間に固有の本能であり、ゆえに言語は人間性を探求する糸口になることを論じます。[1]またコミュニケーションの観点から人間とそれ以外の生物の違いを考察します。第2節では生成文法理論の考え方を学びます。生成文法理論が言語に関する難問をどのように紐解いていくかを考察します。

１．言語を探求する意義

　はじめに言語を探求する意義について考えてみましょう。言語学を含む人文科学の目標のひとつは「人間とはなにか」という問いに答えることです。この問いに答えるアプローチには文学や歴史などさまざまな分野があります。この章で紹介する生成文法理論は、「言語は人間に固有の本能である」との仮説からこの問いに挑みます。[2]

1-1　言語本能

　「本能」とは生物が生まれながらにして持っている能力のことです。わかりやすい例に、胃のはたらき（消化）があります。皆さんは消化の仕方について周囲の大人から教わった経験がありますか。「ケーキを食べたら10秒で胃液を分泌しなさい」と教わった人はおそらくいないはずです。これは消化が人間という生物種に生得的に備わっている能力、つまり本能だからです。

　人間にはどのような本能があるでしょうか。筆者は次のようなリストを作ってみました。

(1)　　a. 視覚・聴覚・嗅覚・味覚・触覚
　　　　b. 手・足・指などの運動
　　　　c. 胃・肺・腸・心臓などのはたらき
　　　　d. 言語

このリストの最後に「言語」が含まれていることが重要です。つまり筆者は言語が人間の本能だと考えます。なぜそのように考えるのか、簡単な具体例をあげてみましょう。

　皆さんは「連濁」という現象を知っていますか。二つの語を結合したときに濁音が発生する現象のことです。そしてこの現象には次のような規則性があります。

(2)　　右の語にもともと濁音が含まれる場合は連濁しない。

　たとえば「草（くさ）」と「花（はな）」を結合すると「草花（くさばな）」に、「青（あお）」と「空（そら）」を結合すると「青空（あおぞら）」になります。どちらも下線部に濁音が発生しています。ところが「花（はな）」と「飾り（かざり）」を結合しても「花飾り（はながざり）」にはなりませんし、「月見（つきみ）」と「蕎麦（そば）」を結合しても「月見蕎麦（つきみぞば）」にはなりません。これは右の語である「飾り（かざり）」や「蕎麦（そば）」にもともと濁音が含まれているからです。

　この例は言語が人間の本能だと考える根拠になります。なぜかというと、誰も(2)の規則を周囲の大人から学んだ経験がないからです。[3] そもそも、この規則の存在を周囲の大人さえも気づいていません。しかし、子ど

もはやすくこの規則をマスターしてしまいます。この事実は先ほど例に
あげた胃のはたらきとよく似ていると筆者は考えます。いろいろと意見が
分かれるかもしれませんが、以下、言語が人間の本能であると仮定して話
を進めていきます。

　さて、次のステップは人間に「固有の」本能を探し出すことです。そ
こで人間以外の生物の本能と比較してみましょう。具体例として、チンパ
ンジーやオランウータンなどの霊長類に代表選手になってもらいます。先
ほどの(1)のリストから霊長類が備えている本能を消してみましょう。

(3)　　a. ~~視覚・聴覚・嗅覚・味覚・触覚~~

　　　　b. ~~手・足・指などの運動~~

　　　　c. ~~胃・肺・腸・心臓などのはたらき~~

　　　　d. 言語

このように言語だけが残ります。他の本能はすべて霊長類にも備わってい
ますが、言語は人間にしか備わっていない本能です。つまり言語は人間に
「固有の」本能だと考えられるわけです。

1-2　人間の言語の特異性

　しかしそう簡単には納得できないという人もいるかもしれません。自
然界の生物はみなコミュニケーションをしているわけですから。しかし、
ここで重要なのはコミュニケーション（意思伝達）とコミュニケーション・
ツール（伝達手段）を切り分けることです。自然界ではすべての生物がな
んらかのコミュニケーションをしていますが、生物種ごとに伝達手段が異
なります。

　生物の伝達手段にはa) 化学的なもの、b) 視覚的なもの、c) 聴覚的なも
のの三種類があり、おおむね威嚇・服従・求愛・なわばりなどの行動に限
定されています。[4] 化学的な手段には、たとえば昆虫の匂いや犬のマーキン
グがあります。視覚的な手段には、たとえばカニのハサミの振り上げや哺
乳類の表情の変化などがあります。犬や猫が飼い主にお腹を見せたり、昆
虫が変色したり蛍が光るのもこの例です。聴覚的な手段には、キツツキの
打撃音や鳥や虫の鳴き声、コウモリの超音波などがあります。（余談ですが、

人間も香水をつけたり、顔の表情で喜怒哀楽を表現したり、叫び声を上げたりします。人間も生物の一種であるという事実にあらためて気づかされます。）

　しかし、人間にはこれらとは異なる伝達手段があります。それが「言語」です。そして、ここがとくに重要なのですが、人間の言語には他の生物にはない特徴として（ⅰ）転移性、（ⅱ）相互性、（ⅲ）創造性の三つがあることが知られています。[5]（ⅰ）「転移性」とは、ひとつの意味内容をさまざまな形式に変換する特性をいいます。たとえば「私は天才だ」という文について「私は天才だった」、「私は天才になるだろう」と時（現在・過去・未来）を移すことや、「彼女は天才だ」「あなたは天才だ」と主語を切り替えることができます。さらに「もし私が天才だったら」「私は天才ではない」と仮定文や否定文にすることもできます。（ⅱ）「相互性」とは、意思伝達が双方向におこなわれる特性をいいます。転移させたさまざまな形式の文を複数人が相互にやりとりしています。（ⅲ）「創造性」とは新しい表現を作り出す特性のことです。新しい文をつくり、それがパラグラフや文章に拡がり、文学作品や論文などの創作活動に結びつくわけです。

　これら三つの特徴が霊長類のコミュニケーションにあるとは考えられません。霊長類に以下の内容を伝達するのは不可能でしょう。

(4)　a. 昨日あっちの方にバナナがたくさんあったよ。（過去の表現）
　　　b. 明日たくさんのお客さんが来る予定だよ。（未来の表現）
　　　c. 泣きたいのは君じゃなくて僕の方だよ。（主語の切り替え）
　　　d. 僕は怒ってなんかいないよ。（否定文）
　　　e. もし僕がトラだったら、君を食べちゃうかもしれないよ。（仮定文）

このように分析すれば、言語が人間に固有の本能であるという仮説が現実味を帯びてきます。人間には他の生物にはない特異的なコミュニケーションが可能であり、それを可能にしているのが固有の本能である言語なのです。

2．生成文法理論

　それでは人間に固有の本能である言語とはどのようなものなのでしょ

うか。この問いに答える理論が生成文法理論です。この理論は生物学や物理学などの自然科学的アプローチで言語学にコペルニクス的転回をもたらしました。この節ではその理論の一端を紹介します[6]。

2-1 ● 言語知識

前節で述べたように言語が人間の本能ならば、それを支える基盤があるはずです。これを「言語知識」と呼ぶことにしましょう。ちょうど消化（胃のはたらき）が胃（内臓器官）を基盤にしているのと同じ関係です。生成文法理論は言語知識について以下の問いを設定しています[7]。

(5)　a. 言語知識とはどのようなものか。

　　　b. 言語知識はどこにあるのか。

　　　c. 言語知識はどのように獲得されるのか。

　　　d. 言語知識はなぜ人間だけにあるのか。

　　　e. 言語知識はどのように使用されるのか。

はじめに、（5a-b）の問いについて考えてみましょう。言語知識の実体は言うまでもなく大脳の中にあります。しかしそれを明らかにするのは極めて困難です。なぜかというと大脳の中を直視することができないからです[8]。生きている人間の頭を切り裂いて見ることはけっして許されません。ではどうすればこれらの問いに答えられるでしょうか。科学者が使う奥の手は「理論」という模型を構築することです。「大脳のここに言語知識があって、それがこことつながって、こんな具合に作用している。」このような模型を作ることで大脳の中を可視化するわけです。見えるのは言語知識の実体そのものではありません。しかし理論の精度を高めていくことで限りなくそれに近づくことができます。

生成文法理論では、言語知識を規則の体系とみなします。比喩的には「言語生成工場」と言えるかもしれません。この工場にはいくつかの機械（＝規則）があり、それらが連動して一定の作業工程を経ることで、良品（＝正しい文）を出荷して不良品（＝誤った文）は廃棄する。このような工場になぞらえて言語知識を可視化します。以下、その規則体系のごく一端を覗いてみることにしましょう。

2-2 句構造規則

ここでは「句構造規則」と呼ばれる語順を生み出す規則を紹介します。^[9]はじめに日本語の基本的な語順を確認してみましょう。

(6)　a. 私は［太郎を］<u>見ました</u>。

　　　b. 私は［あなたにお会いして］<u>うれしい</u>。

　　　c. 私は［音楽の］<u>本</u>を買いました。

　　　d. 私は［東京］<u>から</u>来ました。

ここで［　］で囲んだ部分と下線を引いた部分に着目してください。ここで少し専門用語を使うことにして、動詞・形容詞・名詞・後置詞に相当する下線部の語を「主要部」、そしてその意味を補っている［　］の部分を「補部」と呼ぶことにします。そうすると日本語ではすべての文において「補部＋主要部」の語順で一貫していることがわかります。(6a) では「見ました」という語（動詞）の左に、何を見たかを表す「太郎を」が置かれています。(6b) では「うれしい」という語（形容詞）の左に、その内容を表す「あなたにお会いして」が置かれています。(6c) では「本」という語（名詞）の左に本の内容を表す「音楽の」が置かれています。そして (6d) では「から」という語（後置詞）の左に出発点を表す「東京」が置かれています。

では今度は英語の語順を見てみましょう。そして日本語の語順と比較してみましょう。日本語の(6)の文を英語にしたのが以下の文です。（主要部と補部はそれぞれ図示したとおりです。）

(7)　a. I <u>saw</u> [Taro].

　　　b. I'm <u>happy</u> [to meet you].

　　　c. I bought a <u>book</u> [on music].

　　　d. I came <u>from</u> [Tokyo].

ここでいくつかのことに気づきます。第一に主要部と補部の位置関係が日本語とは逆になっています。第二にすべての文において「主要部＋補部」の語順で一貫しています。

ここに言語の普遍的な特性が顔を覗かせています。つまり二つの言語はいずれも主要部と補部の語順が一貫しており、この「一貫性」という特

徴を二つの言語は共有しているのです。このように日本と英語は異なる言語ですが、その違いはけっして無秩序ではありません。たしかに第一の観点で言えば二つの言語は真逆に見えます。しかし第二の観点で言えば二つの言語はよく似ています。

このような言語の普遍的な特性はいくつかの言語を比較することで、はじめて見えてくるものです。世界には何千もの言語があるといわれています。それらはまるで万華鏡のように多様な姿で現れています。しかし、言語理論という双眼鏡を使って上空から俯瞰して見ることで、多様性の陰に潜む普遍性が姿を現してきます。このような普遍的特性を精密に可視化できれば「人間とはなにか」という大きな問いに一歩近づくことができます。本稿で筆者が主張したい外国語学習の意義がここにこそあるのです。

2-3　普遍文法

次に（5c）の問いについて考えてみましょう。人間はこのような言語知識をいかにして獲得したのでしょうか。生成文法理論を提唱した言語学者ノーム・チョムスキー（Noam Chomsky、1928年〜）は普遍文法の原理とパラミターいう考え方でこれに答えます。この理論の考え方を簡潔にまとめます。

(8)　人間には生得的に普遍文法（UG）が備わっている。普遍文法を構成する原理にはパラミターと呼ばれるスイッチがあり、これを設定することで個別言語（日本語や英語など）が生成される。

先ほどの句構造規則を例にして考えてみましょう。UGには「主要部と補部」の位置関係を一貫して保つ原理が含まれていると考えます。そして、「補部＋主要部」と「主要部＋補部」のどちらのパターンを取るかを決めるスイッチがあります。前者を選べば日本語の、後者を選べば英語の語順になります。そしてどちらを選択するかは生後の言語環境で決まります。日本語の環境に育てば日本語の、英語の環境に育てば英語の語順になります。

これをふたたび「言語生成工場」の比喩で表現してみましょう。工場には文をつくる機械が一つだけ置かれています。[10]（日本語をつくる機械と英

語をつくる機械が別々に置かれているわけではないことに注目してください。）その機械の挿入口に材料（＝単語）を流し込んで文を作ります。その機械には切り替えをするスイッチがあります。「補部＋主要部」を選択すると機械の排出口から日本語の文が作られて出てきます。逆に「主要部＋補部」を選択すると機械の排出口から英語の文が作られて出てきます。工場ではスイッチを切り替える係の作業員が必要ですが、実際の言語習得の場面では日常の言語環境がその役割を果たしてくれます。

　このような言語獲得の仕組みを想定することで（5d）の問いにも答えることができます。自然界の生物の中で人間だけが言語知識をもつのはなぜか。それは人間だけがUGを有しているからです。おそらく長い進化の過程で人間だけがUGを獲得したのでしょう。[11]比喩的に言えば、UGとは言語の種のようなものです。それをもつ人間には言語の花が咲きますが、それを持たない人間以外の生物には言語の花が咲かないのです。

2-4　母語の獲得

　母語の獲得には以下のような興味深い特徴があります。

(9)　　a. 母語の獲得は無自覚におこなわれる。

　　　　b. 母語の獲得に教科書はいらない。

　　　　c. 母語の獲得には個人差がない。

　　　　d. 母語の獲得は驚異的な速さでおこなわれる。

　これらの特徴も生得的なUGの存在を仮定することで説明できます。人は生得的にUGを持っているわけですが、そのパラミターの選択は無自覚におこなわれます。そして句構造規則などの規則はすでにUGの中に組み込まれているので学習する必要がありません。またUGは人間に均質的なものなので個人差が生じません。そして母語の獲得はパラミターを選択するだけなので獲得が速いのです。[12]

　世間では「人間は生まれてから模倣や学習をとおして言葉を憶えていく」などと言われています。しかし、(9)の特徴は模倣や学習では説明できません。模倣や学習には自覚や大人からの教えが必要です。また母語獲得の速度やタイミングに個人差が伴うことでしょう。もちろん一定の学習

は必要ですが、学習するのは単語の発音や使い方など、ごく狭い範囲に限定されると考えられます。

おわりに

ここまで話してきた内容を振り返ると、母語の獲得と第二言語の習得は根本的に道のりが違うことがわかります。母語の獲得はUGのスイッチを切り替えることで完了します。しかし第二言語の習得はすでに母語を獲得した後、つまりUGのパラミターが固定されているので学習するしかありません。これにはとうぜん時間がかかり、記憶や感情などさまざまなバイアスがかかることが想定されます。

最後に外国語学習に取り組んでいる皆さんにエールを送りたいと思います。皆さんは「何年も英語を勉強しているのにぜんぜん話せない」と悩んでいるかもしれません。しかし、この悩みは皆さんが母語として日本語を獲得した証なのです。それが皆さんのアイデンティティなのだと思います。日本語の知識を手に外国語と向き合うことで初めて見えてくる世界があります。どうかあきらめずに、少しずつでよいので根気強く学習に取り組んでください。健闘を祈ります。

註

[1] 本稿で言及する「言語」には聴覚障がいのある人が使用する「手話」も含まれる。

[2] 詳細は以下の文献を参照のこと。スティーブン・ピンカー（椋田直子訳）『言語を生み出す本能』上・下（NHKブックス、1995年）

[3] より厳密には連濁規則を生み出す一般原理がUG（第2節を参照）に含まれていることになる。ここでは詳細な議論を省略する。

[4] 詳細は以下を参照のこと。中島平三・外池滋生編著『言語学への招待』（大修館書店、1994年）

[5] 詳細は以下を参照のこと。Charles Francis Hockett, *A Course in Modern Linguistics* (Macmillan, 1958)

[6] 詳細は以下を参照のこと。ノーム・チョムスキー（福井直樹・辻子美保子訳）『生成文法の企て』（岩波書店、2003年）、ノーム・チョムスキー（福井直樹・

辻子美保子編訳）『我々はどのような生き物なのか──ソフィア・レクチャーズ』（岩波書店、2015年）、ノーム・チョムスキー（成田広樹訳）『言語の科学』（岩波書店、2016年）、ノーム・チョムスキー（福井直樹・辻子美保子訳）『統辞理論の諸相』（岩波文庫、2017年）

[7] 詳細は以下を参照のこと。Noam Chomsky, *Knowledge of Language: Its Nature, Origins and Use* (Praeger, 1986) また本稿では（5e）の問いについては言及しない。

[8] 近年ではfMRIという手法で脳の活動をある程度観察することができる。詳細は以下を参照のこと。酒井邦嘉『チョムスキーと言語脳科学』（インターナショナル新書、2019年）

[9] 詳細は以下を参照のこと。中村捷・金子義明・菊池朗『生成文法の基礎──原理とパラミターのアプローチ』（研究社出版、1989年）

[10] 実際の工場と同様に、言語生成工場もコストパフォーマンスの優良性が求められる。機械やスイッチなど手順は少ないほど良い。つまり言語生成は経済的でなければならない。このような研究方針は「極小主義（ミニマリスト・プログラム）」と呼ばれている。詳細は以下を参照のこと。Noam Chomsky, *The Minimalist Program* (The MIT Press, 1995)

[11] 詳細は以下を参照のこと。ノーム・チョムスキー、ロバート・C・バーウィック（渡会圭子訳）『チョムスキー言語学講義』（ちくま学芸文庫、2017年）

[12] 発話が発現するまで数年かかるのは言語知識と他の人体機能（視覚・聴覚などの五感や大脳内部の思考、記憶、感情など）とのネットワークを組むのに時間がかかるからである。足という機能があっても歩行し始めるのに数年を要するのと同じである。

●執筆者紹介

*五十音順。執筆者名の下は主な専門分野。

Adamson, John（アダムソン　ジョン）
English for Academic Purposes, Sociolinguistics, Discourse Analysis

新井　貴大（アライ　タカヒロ）
憲法学

荒木　和華子（アラキ　ワカコ）
アメリカ社会史、人種・ジェンダー史研究

五十嵐　舞（イガラシ　マイ）
アメリカ文学、フェミニズム・クィア理論

伊藤　潤一郎（イトウ　ジュンイチロウ）
哲学、表象文化論

伊藤　晋（イトウ　ススム）
国際開発政策、開発金融、東南アジア経済

小谷　一明（オダニ　カズアキ）
アメリカ文学、環境人文学

金　世朗（キム　セラン）
韓国語教育、日韓対照言語学、社会言語学

権　寧俊（クォン　ヨンジュン）
東アジア国際関係史、国際社会学

櫛谷　圭司（クシヤ　ケイジ）
　　人文地理学、中国都市研究

Cook, Melodie（クック　メロディー）
　　Applied linguistics, teacher education, English education

黒田　俊郎（クロダ　トシロウ）
　　国際政治、平和研究

Ka Po Ng（カポ　ゴ）
　　International Relations, Security Studies

後藤　岩奈（ゴトウ　イワナ）
　　中国近現代文学、中国語教育

佐藤　英志（サトウ　ヒデシ）
　　理論言語学

関谷　浩史（セキヤ　ヒロシ）
　　建築デザイン、都市計画、都市情報化

高久　由美（タカク　ユミ）
　　漢字形成史、中国古文字学

高橋　梓（タカハシ　アズサ）
　　朝鮮近代文学、韓国現代文学、在日朝鮮人文学

田畑　圭介（タバタ　ケイスケ）
　　英語学、外国語教育

茅野　潤一郎（チノ　ジュンイチロウ）
　　第二言語習得、英語教育、学校教育

陳　柏宇（チン　ボウユ）
　　政治学、東アジア国際関係論

野本　洋平（ノモト　ヨウヘイ）
　　生活支援工学、福祉工学

畠山　京子（ハタケヤマ　キョウコ）
　　国際関係論、アジアの国際関係、安全保障

広瀬　健太郎（ヒロセ　ケンタロウ）
　　国際政治学、数理・計量分析

福本　圭介（フクモト　ケイスケ）
　　英語圏文学、ポストコロニアル思想

Brown, Howard（ブラウン　ハワード）
　　応用言語学、言語教育学

古川　勇気（フルカワ　ユウキ）
　　文化人類学、アンデス地域研究

水上　則子（ミズカミ　ノリコ）
　　ロシア・フォークロア、ロシア語教育

峯島　道夫（ミネシマ　ミチオ）
　　英語教育、批判的思考、読解・発問研究

宮﨑　七湖（ミヤザキ　ナナコ）
　　　日本語教育、文章表現教育

ミラー　枝里香（ミラー　エリカ）
　　　国際関係史（米国、英国、中東）

穆　尭芊（ムウ　ヤオチェン）
　　　地域・都市経済、開発経済、中国経済

柳町　裕子（ヤナギマチ　ユウコ）
　　　言語学、ロシア語学、ロシア語教育

国際地域学の課題
Crisis and Transformation

2024 年 5 月 10 日　第 1 刷発行

【編著者】
小谷一明、黒田俊郎、ハワード ブラウン、水上則子、柳町裕子
©ODANI Kazuaki, KURODA Toshiro, BROWN Howard,
MIZUKAMI Noriko, YANAGIMACHI Yuko,
2024, Printed in Japan

発行者：高梨 治
発行所：株式会社小鳥遊書房
〒 102-0071　東京都千代田区富士見 1-7-6-5F

電話 03 (6265) 4910（代表）／ FAX 03 (6265) 4902
https://www.tkns-shobou.co.jp
info@tkns-shobou.co.jp

装幀：宮原雄太（ミヤハラデザイン）
印刷：モリモト印刷株式会社
製本：株式会社村上製本所

ISBN978-4-86780-048-5　C1000

本書の全部、または一部を無断で複写、複製することを禁じます。
定価はカバーに表示してあります。落丁本・乱丁本はお取替えいたします。